期货行业助力复工复产

案例集

中国期货业协会◎编

中国财经出版传媒集团
中国财政经济出版社

图书在版编目（CIP）数据

期货行业助力复工复产案例集 / 中国期货业协会编. --北京：中国财政经济出版社，2020.12
ISBN 978-7-5223-0168-6

Ⅰ.①期… Ⅱ.①中… Ⅲ.①期货市场-案例-中国 Ⅳ.①F832.5

中国版本图书馆 CIP 数据核字（2020）第 227412 号

责任编辑：贾延平　　　　责任校对：胡永立
封面设计：陈宇琰　　　　责任印制：刘春年

中国财政经济出版社 出版
URL：http：//www.cfeph.cn
E-mail：cfeph@cfeph.cn

社址：北京市海淀区阜成路甲 28 号　邮政编码：100142
营销中心电话：010-88191522
天猫网店：中国财政经济出版社旗舰店
网址：https：//zgczjjcbs.tmall.com
北京时捷印刷有限公司印刷　各地新华书店经销
成品尺寸：170mm×240mm　16 开　20 印张　316 000 字
2020 年 12 月第 1 版　2020 年 12 月北京第 1 次印刷
定价：62.00 元
ISBN 978-7-5223-0168-6
（图书出现印装问题，本社负责调换，电话：010-88190548）
本社质量投诉电话：010-88190744
打击盗版举报热线：010-88191661　QQ：2242791300

凝心聚力谋发展，助力经济新格局

（代序[①]）

中国证监会副主席　方星海

（2020 年 12 月 19 日）

今年以来，突如其来的新冠肺炎疫情对我国和全球经济造成巨大冲击。面对疫情，在以习近平总书记为核心的党中央坚强领导下，我国人民万众一心、奋起抗击，取得了伟大胜利。疫情中，期货行业主动捐钱捐物，助力实体企业管理价格和供应链风险，助力我国经济恢复常态，发挥了积极作用。

一、2020 年期货市场发展取得良好成绩

2020 年我国期货市场在许多方面的进展令人鼓舞。

一是疫情期间期货市场运行平稳，避险功能有效发挥，有力地支持了实体企业复工复产。疫情暴发后，全球金融市场动荡加剧。在中国证监会党委领导下，我国各期货交易所积极应对，保证了正常开市和市场稳定运行。疫情期间，企业避险需求上升，期货市场资金量和成交持仓量均创历史新高，期货市场风险管理作用进一步凸显。截至 2020 年 11 月底，我国期货市场资金量突

① 中国证监会副主席方星海在第 16 届中国（深圳）国际期货大会上的讲话，略有调整。

破8 559.5亿元，同比增长55.2%；1—11月累计成交量、成交额分别达到53.8亿手和382.5万亿元，同比增长50.4%和45.5%。风险管理是衍生品市场的基本功能，外部环境越不确定，期货市场越能发挥“避风港”的作用。疫情发生后，实体企业普遍面临库存高、销售难、产业链运转不畅、原材料和现金流紧张等问题。期货交易所和期货经营机构采取多种服务手段，帮助企业渡过难关，通过期货交割、期转现、仓单交易等多种期现“转换”途径，在期货市场帮助企业实现采购和销售。灵活利用仓单服务，帮助企业盘活库存，缓解现金流压力。期货风险管理子公司围绕疫情期间抗疫物资生产企业需求，积极创新业务模式，涌现出了“口罩期权”“手套期权”等一批助力企业“战疫复产”的典型案例。面对国际原油市场大幅波动，我国原油期货制度设计、风险管理和应急能力经受住了考验。在WTI原油期货出现“负油价”等极端行情下，上海原油期货展现出较强的韧性和自我修复能力，获得国内外各方的肯定。

二是品种创新和规则制度改革加速推进，市场运行质量不断提升。今年以来，我们排除疫情带来的不利影响，加快新品种上市步伐，全年共上市12个新品种。截至11月底，我国期货和期权品种共有90个，其中，国际化品种6个，为广大实体企业提供了有效的避险工具。特别是今年液化石油气、低硫燃料油等品种上市后，以油、煤、气为代表的国内能源期货市场体系建设取得重大进展。我们持续优化交易制度，全面推广做市机制。全年新增32个期货期权做市品种，目前已实施做市制度的期货期权品种总数达到65个。做市品种的流动性和活跃合约连续性显著提升。对CPI、PPI有重要影响的期货品种如玉米、铁矿石、铜等，期货定价质量和影响力不断增强，为国家宏观经济调控提供了重要价格参考。“期货价格+升贴水”定价模式日益普及，推动了贸易方式变革；保险公司已利用大豆、玉米等农产品期货价格作为农业保险定价依据。

市场运行质量的提升，促使更多实体企业和投资机构参与期货市场交易。截至2020年11月底，全市场机构客户数达到5.74万户，机构持仓、成交量分别占全市场的55.59%和37.4%，同比增长38%和98.6%，与2015年相比，分别增长2.01倍和2.49倍。9月底，共有8 185只私募基金和1 621只资管产品投资场内商品及金融衍生品，资金规模分别为1.03万亿元和142亿元。今年，4只公募商品期货ETF基金成立，虽然目前规模还不大，但与股票、债券等资产形成了互补，填补了公募基金大类资产配置当中的空白。

三是我国场外衍生品市场建设初见成效，服务实体经济空间不断扩展。场内期权的丰富为场外市场的发展提供了有力的对冲工具。3家商品期货交易所仓单交易、基差贸易、商品互换等场外期现结合业务平台相继上线，对场内工具形成有益补充，形成期货与现货、场内与场外、线上与线下的互联互通，进一步促进了衍生品市场的发展，有效拓展了服务实体经济的空间。期货市场监控中心牵头建设的场外衍生品交易报告库近日获得了FSB的认证，成为我国首个正式获得FSB认证的报告库，这将对我国场外衍生品市场的稳定发展起到重要作用。

四是对外开放品种增加，开放路径更加多元。上半年，低硫燃料油期货同步对外开放上市；一个月前，上海国际铜期货上市；下周，棕榈油期货也要向境外投资者开放。对外开放期货品种将达到7个。通过跨境商品期货ETF、结算价授权、推出结算价交易指令等方式，对外开放的形式更加多元。今年首家外资全资控股期货公司已经成立，今后会有更多的外资控股期货机构参与中国期货市场。

五是境外投资者参与度稳步提升，我国重要大宗商品定价影响力得到提高。铁矿石期货已有21个国家和地区的约270家境外客户，包括英美资源集团、嘉能可、拓克等大型国际公司参与，已发展成为全球交易量最大、唯一采用单一实物交割的铁矿石衍生品。PTA作为我国期货市场首个引入境外交易者的化工品种，已经成为全球聚酯产业的价格风向标。天然橡胶和20号胶期货互为补充，已成为全球最主要的天然橡胶期货市场。上海原油期货2020年前10个月境外客户日均成交占比近18%，日均持仓占比近25%。2020年1—10月，原油期货累计完成交割7 932万桶，同比增长4.15倍，在低油价时期，有效地扩大了我国原油商业储备，助力保障国家能源安全。上海原油期货复出口业务落地后，使用上海原油期货价格定价的原油转运出口至韩国、新加坡等地区，进一步彰显了上海原油期货价格在东北亚区域的价格影响力。

六是期货经营机构综合实力提升，创新发展提速。截至2020年11月底，全行业总资产、净资产、客户权益5年间分别增长94.2%、62.4%、102.1%，达到9 224.6亿元、1 272.4亿元和7 741.2亿元。在以前瞻性为导向的审慎监管下，我国期货公司总体经营稳健，没有出现大的风险事件。期货行业坚持以服务实体经济为根本宗旨，一批期货公司以经纪业务为基础，以风险管理和资产管理业务为两翼，逐步从通道业务向综合服务转型。

二、加快期货及衍生品市场发展的举措

经过30年的发展，我国期货市场成绩斐然，但在市场体系、产品体系、规则体系、基础设施体系等方面还需要进一步完善，重要大宗商品价格影响力还需要进一步提升。我们要深刻理解“十四五”规划的发展目标和要求，按照刚刚闭幕的中央经济工

作会议的部署，加快推进期货市场各项工作，积极服务经济高质量发展。

一是配合做好期货法立法工作，夯实期货市场法治基础。期货行业盼望已久的期货法，即将进入一读，我们要全力做好配合，争取早日出台。期货法是期货市场的基本大法，将从法律层面对我国期货市场的改革开放做好顶层设计，明确各参与主体的法律地位，明确期货市场基础法律关系、民事权利义务和法律责任；明确对场外市场的监管；对市场准入、投资者保护和对外开放等做出明确规定，为期货市场对外开放以及跨境监管提供法制保障。

二是围绕价格发现这个期货市场的核心功能，进一步夯实期货市场的基础。要继续推动新品种上市。生猪期货将于1月8日上市，这是我国农牧业和期货界的一件大事，我们必须确保平稳推出、平稳运行。加快推进天然气、成品油、花生、30年国债期货期权等品种的上市工作，加快商品指数和商品指数期货期权品种研发和上市，支持相关机构开发更多商品指数基金、商品指数ETF等投资产品，研究推出碳排放权期货，助力2030年实现碳达峰和2060年实现碳中和。要增加交易制度供给。今年，国债冲抵保证金、差异化保证金措施已经实施；做市商制度持续优化，合约连续性问题得到改善。我们将持续解决重点品种合约连续活跃问题，实现重点品种全覆盖。加快推出组合保证金，优化持仓信息披露机制，建立交易所间结算风险隔离机制，提高交易结算便利性，降低市场交易成本。要继续扩大市场主体供给。今年期货市场主体供给取得突破，首家外资全资控股期货公司诞生，多年未有的新设期货公司已经获批，新设期货交易所工作进入尾声，商品指数公司即将开业，商业银行、保险机构已获准参与国债期货市场。下一步，中国证监会将继续推动相关工作，不断丰富市场主体。同时进一步破除国有企业、金融机构参与期货市场交易的体制机制障碍，推动更多国企、上市公司等实体企业，以及商业银行、保险机构、基本养老基金、企业年金等长期资金利用期货市场管理风险，优化期货市场投资者结构。

三是要积极稳妥发展金融衍生品市场。现代资本市场已经逐渐形成了“一级发行、二级流通和三级风险管理”为特征的层次体系，进行风险管理的衍生品市场主要是对金融市场风险进行分割、转移和再分配，优化市场风险承载结构。“十四五”规划要求扩大直接融资比重，我国将形成一个巨大的直接融资市场。这个市场需要个股、股指、利率、汇率、信用类期货期权等场内外衍生工具进行风险对冲，完成风险管理。当前，我国金融期货期权市场还处在发展的初期，远远不能满足市场参与者日益增加的风险管理需求，也远远不能适应我国实体经济发展和金融改革创新的新形势和新要求，有必要适度加快发展我国金融衍生品市场。

四是继续扩大期货市场高水平双向开放。习近平总书记不久前在纪念浦东开发开放30周年大会上要求提高我国大宗商品价格的影响力，给我们期货行业指明了努力的方向。市场越开放，越便于投资者参与；参与者越众多，市场的竞争力才越强。我们将继续扩大特定开放品种范围，拓宽市场开放模式；深入推进高水平制度型开放，更加注重制度规则与国际市场的深层次对接，以更高效、更符合国际惯例的方式，营造公平、透明、可预期的制度环境和规则体系，更多地引入境外成熟机构投资者和外资机构来华投资展业。通过双向开放，期货行业要为我国的粮食安全、能源安全和大宗原材料安全做出应有的贡献。

五是进一步丰富中介机构类型，推动期货经营机构多元化。以风险管理和资产管理业务为抓手，支持期货公司加快转型发展。继续支持期货公司以多种方式增加资本金，为机构创新转型提供资本支撑。目前，期货公司为风险管理子公司提供介绍服务，期货资管参与科创板、创业板网下打新和参与非标市场等政策均已出台，下一步，我们将针对影响行业发展的问题，进一步细致论证、分类施策，不断完善行业创新发展的制度环境。要丰富中介机构类型，培育专业交易商。场内市场工具的丰富，为场外衍生品市场快速发展创造了条件。近年，越来越多的金融企业、贸易企业利用自身专业优势，开展场外衍生品风险管理服务，互换、远期、场外期权等业务的开展，极大地满足了实体企业风险管理的个性化需求。一些大型国际现货贸易商（比如嘉吉公司），既拥有覆盖全产业链的现货网络，又具备丰富的衍生品交易经验，可以将其现货信息、仓储物流、专业交易等优势充分转化为定价优势，为产业链上各环节客户提供低成本的风险管理综合服务，增强了客户黏性，实现了多赢发展。中国期货业协会要积极将这样的具有衍生品服务功能和能力的机构吸纳为会员，给予他们应有的身份，培养其成为衍生品市场重要的中介机构。要加快培育我国商品场外衍生品的机构间市场，支持风险管理公司发展成为专业交易商和做市商，逐步在场外衍生品市场发挥核心作用。要进一步提高期货投资咨询业务、资产管理业务的专业能力，培养高水平的商品交易顾问 CTA、商品投资基金 CPO。要更好地发挥大宗商品市场资产配置作用，利用大宗商品投资策略灵活、与其他金融资产相关性低、可以优化投资组合收益等特征，加强与银行、保险等金融机构的合作，更好地服务机构财富管理。

各位朋友、各位来宾！今年是期货市场建立 30 周年，也是中国期货业协会成立 20 周年。20 年来，协会职能不断优化，在引导行业规范、有序、创新发展方面发挥了积极作用。希望协会乘势而上，积极作为，发挥好行政监管的前沿、补位、细化、传导作用，更好地推动行业高质量发展。

各位来宾，各位朋友！期货行业要认真贯彻落实党的十九届五中全会精神，以创新发展为动力，以服务实体经济为目标，不断深化改革，全面扩大开放，加快建设一个高效率、有活力、开放型的期货市场，为构建以国内大循环为主体、国内国际双循环相互促进的新发展格局贡献更多力量！

目　录

期货交易所篇

上海期货交易所多措并举，促进期货市场功能发挥 …………………（ 2 ）
郑州商品交易所发挥期货功能，服务“六稳”“六保” ……………（ 10 ）
大连商品交易所推出创新“期货方案”，助力实体企业防疫复产 …（ 15 ）
中国金融期货交易所扩充金融工具，稳定市场运行 …………………（ 21 ）

防疫复产篇[①]

案例 1　南华期货：橡胶期权助力医用手套企业复产，心“手”相连共战“疫” ………………………………………………（ 26 ）
案例 2　华安期货：“口罩期权”助力防疫企业风险管理，同心战“疫”守望相助 ……………………………………………（ 32 ）
案例 3　建信期货：探索“口罩期权”为企业生产解决后顾之忧 ………………………………………………………………（ 39 ）
案例 4　中信期货：创新运用“酒精期权”，助力生产企业抗击疫情 ……………………………………………………………（ 46 ）
案例 5　华泰期货：提供 PVC 看跌期权，有效控制消毒液库存贬值风险 …………………………………………………………（ 52 ）
案例 6　倍特期货：“酒精期权”助力实体企业抗“疫”避险 ……（ 55 ）

① 防疫复产篇汇集了期货经营机构在疫情期间帮扶防疫物资生产企业复工复产稳定经营的案例。

案例 7　方正中期期货：聚丙烯场外期权助力英威特塑胶有限公司复工复产 ……（60）
案例 8　海通期货：场外期权助力厦门象屿保障防疫物资生产 ……（65）
案例 9　国泰君安期货：共克时艰，免费期权助力江苏嘉禾复工复产 ……（68）
案例 10　华西期货：价差期权助力规避口罩原材料价格波动风险 ……（72）
案例 11　华泰期货：沥青价格看涨期权助力抗“疫”医院基建建设 ……（77）
案例 12　中信期货：发挥产融优势，助力企业抗“疫”稳产 ……（80）
案例 13　国投安信期货：利用“保险＋期货”，为医用酒精企业保“价”护航 ……（85）
案例 14　东吴期货：期权公益项目化解口罩原材料涨价风险 ……（88）
案例 15　中粮期货：“保险＋期货”为医用酒精生产提供成本保障 ……（93）
案例 16　浙商期货：巧用看涨期权，保障口罩原料供应 ……（98）
案例 17　兴证期货：万众一心，共克时艰，提高企业风险管理认知水平 ……（101）
案例 18　宏源期货：保障口罩生产“生命线”，宏源期货助力抗击疫情 ……（106）
案例 19　华泰期货：无惧原料涨价潮，巧用期权保生产 ……（110）
案例 20　华西期货：定制区间累积期权，锁住口罩原材料价格 ……（114）

行研支持篇[①]

案例 21　申银万国期货：线上沙龙，助力抗“疫” ……（118）
案例 22　长安期货：助力玉米企业管理风险 ……（122）
案例 23　华金期货：依托期市化解 PVC 贸易商疫情之殇 ……（132）

① 行研支持篇汇集了期货经营机构以投资咨询业务为载体，在疫情期间帮扶实体企业通过场内市场管理风险稳定经营的案例。

案例 24　河北恒银期货：发挥期货功能化解企业价格波动风险，服务实体企业战疫情……（137）
案例 25　广州期货：期货工具为玻璃企业排忧解难……（142）
案例 26　中信建投期货：期货助力科技公司控制疫情风险……（147）
案例 27　长江期货：期货工具帮助纺织企业锁定低价原材料……（150）
案例 28　华金期货：科技赋能，开拓线上服务新渠道……（154）
案例 29　长江期货：为鸡蛋企业套保、交割保驾护航……（156）
案例 30　中信建投期货：期货市场助力油脂贸易商渡过疫情难关……（160）
案例 31　华金期货：助力“产业基地”建设，深化服务实体经济……（164）

风险管理篇[①]

案例 32　华泰期货：及时加大豆粕供应，控制后期补货成本……（170）
案例 33　中信建投期货：疫情无情人有情，“保险 + 期货”助力胶企复工复产……（173）
案例 34　南华期货：场外期权为有色金属企业库存保值增值……（176）
案例 35　宏源期货：助力打赢疫情防控阻击战，宏源恒利在行动……（181）
案例 36　浙商期货：龙头携手，期权护航，助力养殖企业抗击疫情……（184）
案例 37　鲁证期货：灵活运用期权和互换工具，助力实体企业复工复产……（189）
案例 38　永安期货：抗疫情打造风险管理方案，助蛋企拓展生产经营模式……（194）
案例 39　申银万国期货：结构化铜期权助力实体产业风险管理……（197）
案例 40　东证期货：抗疫情，防风险，精准服务实体企业……（204）

① 风险管理篇汇集了期货经营机构以风险管理公司业务以及其他多类型业务模式为载体，在疫情期间帮扶实体企业通过场外市场进行风险管理稳定经营的案例。

案例 41　广州期货：充分发挥期货风险管理功能，排解疫情期间企业经营风险……（208）
案例 42　中州期货：猪饲料成本指数“保险 + 期货”助养殖户抗“疫”保收益……（212）
案例 43　弘业期货：场外衍生品助力 PTA 企业防疫复产……（219）
案例 44　国联期货：鸡蛋“保险 + 期货”，助力湖北武汉抗疫情……（224）
案例 45　华西期货：“一站式”服务，帮扶饲料企业渡难关……（228）
案例 46　中信期货：代销售业务助力实体企业锁定销售目标，改善经营困境……（232）
案例 47　中信建投期货：风险管理服务扶助蛋鸡养殖户……（237）
案例 48　华融融达期货：期货助力老区生猪养殖行业锁成本、稳复产……（242）
案例 49　宏源期货：“三农”为本助力甘鲁两地，企业为媒实现农企双赢……（248）
案例 50　华金期货：战“疫”所指，金融所向……（252）
案例 51　和融期货：“通链”加“扩链”，助力企业复产复工……（256）
案例 52　中原期货：“疫”路同舟　未来可“期”……（260）
案例 53　迈科期货：专业指导、贴身服务，扶助实体企业共克时艰……（265）
案例 54　金瑞期货：定制鸡蛋看跌期权，助力养殖企业抗“疫”攻坚……（272）
案例 55　华西期货：期权服务抗疫，助力钢企渡难关……（276）
案例 56　安粮期货：锁定采购成本，金财汇顶助力抗“疫”……（281）
案例 57　长江期货：长江产业金融助力疫情背景下的蛋鸡养殖……（284）
案例 58　兴业期货：“保险 + 期货”助力抗“疫”保民生……（288）
案例 59　宏源期货：巧用基差贸易解难题，服务实体企业抗疫情……（292）
案例 60　华泰期货：未雨绸缪，规避棉花动荡行情极端风险……（297）
案例 61　南华期货：含权贸易模式为豆粕企业排忧解难……（301）

后记……（306）

期货交易所篇

上海期货交易所多措并举，促进期货市场功能发挥

今年一场突如其来的新冠疫情，对上海期货交易所（以下简称“上期所”）相关业务的开展产生了冲击。新冠疫情不仅给市场相关主体人员返岗造成不利影响，还导致物流运输不畅，对大宗商品价格产生较大冲击，影响市场稳定运行。为将疫情影响降到最低，上期所坚决贯彻习近平总书记的重要指示精神，按照中国证监会的有关要求，加强主动谋划，采取多项措施，保证市场稳定运行，促进市场功能正常发挥。

一、迎难而上，保证企业实物交割顺利进行

（一）增加能源品种交割库容

疫情发生以来，国际能源价格波动剧烈，甚至出现了负油价的极端事件。随着全球原油价格进一步探底，国内实体企业避险需求日益强烈，上海原油期货的交易量、持仓量快速增长，特别是近月合约持仓增长明显，使交割压力加大。

针对这一情况，上期所靠前一步，主动作为，积极联系相关海关，协调仓库、码头、检验机构和客户，保障交割环节畅通。同时，受疫情影响，原油需求不振，导致交割油库库容需求快速增长。为此，上期所有关部门多方奔走，动员各方资源，及时扩大交割油库和可用库容。截至 6 月上旬，原油期货启用库容共计 1 070 万立方米（合 6 056 万桶），较年初 355 万立方米增加了 715 万立方米。

另外，上期所还根据市场供需变化，及时对原油和燃料油的交割仓库仓储费进行了调整，通过市场化手段缓解了潜在的库存风险。

（二）协助高风险地区企业解困

上期所金属品种注册企业大冶有色金属有限责任公司（以下简称“大冶公司”）地处湖北黄石。疫情暴发后，身处“抗疫”前线的大冶公司虽然生产正常，但因下游企业普遍推迟开工，产品销售压力较大，资金难以回笼，生产经营一时陷入困境，希望能通过期货交割进行调节，以便回笼资金，缓解当前的经营困难。

1 月 28 日至 2 月 6 日，大冶公司通过长江水运，先后分 9 船将 1.6 万吨精炼铜向上海方向分别运送至中储吴淞、上港物流和中海华东三个交割仓库，并申请制作仓单。

因大冶公司距离武汉约 100 公里，位于战“疫”前线，需重点关注。上期所了解到这个状况后，一方面主动加强服务，积极协调交割仓库和地方防疫部门及时了解和掌握防疫要求，协助大冶公司按照属地防疫部门的具体要求完成物流、交接、入库等的作业，做好船员健康信息确认、货物现场消毒和无人接触接货作业。另一方面克服疫情期间在岗人员减少的困难，加班加点，提高仓单审批和制作效率，将大冶公司提交的 A 级铜入库申请迅速制成仓单，从而帮助公司实现铜交割近万吨，回笼资金 4 亿多元，解了其燃眉之急。

在疫情严重的二三月份，交易所共完成 55 万吨有色金属期货仓单的入库审批，有力地缓解了相关企业的经营压力，体现了期货市场是金融市场全面抗“疫”的重要力量。

（三）为实体企业降费减负

新冠疫情暴发以来，实体企业，尤其是中小企业面临的困难尤为严重。为落实国务院和中国证监会为中小企业减负，共抗疫情的精神，上期所第一时间研究了相应对策，决定免除各上市品种交割手续费，并推进交割仓库存量风险准备金的退还工作，切实减轻相关企业借力期货市场的成本。

疫情期间，上期所还制定了一系列应对举措和便利化措施，包括交割业务申报材料改为全电子版传输审核，鼓励各来往单位尽可能使用电子公章，适当延后现场业务，前置非现场、非接触业务等，尽最大可能减少了不必要的人际接触和潜在的交叉感染，此举既保证了相关业务审核的正常运行，也兼顾了工作人员和外部单位来往人员的个人防护。

二、专事专办，确保结算业务顺畅运行

新冠疫情期间，正值交易所各品种2002合约到期摘牌交割，累计交割量同比增长超80%，交割金额超100亿元。原油和20号胶两个品种的交割量同比增长74%，交割金额达4.8亿元。

面对疫情期间催生的大量交割需求，上期所在防疫防护方面做了充分准备，以确保交割结算业务流程顺畅、平稳。

（一）确保结算大厅业务有序办理

为避免期货公司人员办理业务过程中密集接触，上期所妥善做好票据交接环节人员接触的物理隔离，将办理柜台前移至结算大厅外部，会员填报单据和递交发票分别在两个区域办理。

（二）便利疫区企业提交发票缓解资金压力

针对湖北等疫情暴发地区送至的交割发票，上期所开通了特别通道，采取发票电子上传、原件后补等应急措施，解决人员无法维护、快递不通等实际困难，帮助企业完成票据流转工作，尽快回笼交割保证金。

（三）推选增值税电子发票线上流转

疫情期间，上期所允许通过线上形式提交增值税电子普通发票，上期所还制定了一套增值税电子发票的传递流程，编制了提交电子发票须知以及相关文档。卖方只要将电子发票文档通过邮箱或者传真的方式发送至上期所，上期所就第一时间清退卖方发票保证金。

对增值税专用发票，目前仍需由会员送至上期所结算柜台。根据分管税务机关的通知，目前国家增值税专用电子发票工作正在持续推进中，上期所将积极配合税务部门开展相关工作，全方位服务和支持实体企业。

三、线下转线上，市场服务不暂停

2020年的新冠疫情对上期所许多现场活动，特别是会员市场推广、投

资者教育等活动产生了较大冲击。

为全力落实“针对特殊时期，以线上投教基地为抓手，鼓励开展线上投教活动”的重点工作要求，保护市场发展，上期所针对市场行情波动剧烈、开户数量增长明显的情况，于5月7日至22日正式推出了“线上期货大讲堂——上海期货交易所业务巡礼”线上直播，支持“油气大讲堂”“能化产业培训”“期权大讲堂”“线上金属论坛”等市场推广活动，帮助市场参与各方进一步了解上期所业务运行和创新发展情况，为企业风险管理建言献策，积极做好疫情防控背景下新产品上市推广工作。同时，依托现有投教网站，对会员线上活动资源进行了整合，加强移动端等精准信息投放渠道建设，鼓励会员开展优质线上活动，推进期货推广与互联网融合，推出精彩纷呈的线上活动。

截至2020年9月底，上期所累计与会员单位开展线上活动800多场，130家会员参与，累计观看人次接近6万次，尤其加大了对湖北地区期货公司的支持，举办了“期货大讲堂　产业沙龙群英会暨第四届樱花论坛——钢情战‘疫’”等特色市场推广活动，较好地满足了实体企业抗“疫”复产、平稳运营的实际需要。与中国期货业协会合作举办了“油市八日谈”系列活动，聚焦能源市场，助推低硫燃料油品种上市。

与此同时，上期所持续加强实体基地建设，统筹交易所内外资源，发挥龙头企业在行业的示范引领作用，会同地方期货业协会和期货公司会员为基地建设持续注入活力，坚持常态化开展符合地方需求的投教推广活动。今年以来，上期所共对接20余家单位和机构，覆盖了15个省份、11类主题，为在全国建设投资者教育基地夯实了基础。5月15日，上期所建设的投资者教育基地以及与海南橡胶共建的投资者教育基地均被中国证监会批准为“全国证券期货投资者教育基地”。

四、保市场稳定，促功能发挥，助力多行业抗“疫”复产

（一）启动“保险+期货”项目，助力橡胶行业脱贫攻坚

新冠肺炎疫情给贫困胶农的脱贫工作及橡胶企业的复工复产带来了较大的困难和挑战。一方面，自疫情发生以来，国内天然橡胶期货主力合约

由年前最高时的13 455元/吨跌至10 500元/吨左右，价格已处于两年来的最低水平，胶农售胶收入已远低于割胶成本，这对广大贫困胶农实现脱贫致富目标无疑是雪上加霜，可能也会发生因疫致贫、因疫返贫的情况。另一方面，橡胶生产企业即将迎来复工复产的关键时期，如果胶农因胶价大跌而“弃割”“弃收”，橡胶生产企业将可能面临因疫情导致的上游原料短缺、下游需求下滑的双重经营困境。

面对疫情给橡胶行业造成的不利影响，上期所党委书记、理事长姜岩表示，今年是脱贫攻坚战最后一年，收官之年又遭遇疫情影响，各项工作任务更重，要求更高。面对当前疫情给脱贫攻坚工作带来的困难，交易所要提高政治站位，积极作为，破解疫情对精准扶贫的影响，千方百计地在抗“疫”期间支持“三农”发展。

为此，上期所特事特办，果断将原定召开的“保险+期货”项目立项“现场答辩会”更改为“线上答辩、评委分散评分”的形式。在减少人员聚集产生的疫情扩散风险的同时，坚持“公平、公正、公开”的评审原则，利用“互联网+”等创新手段，迅速完成了2020年的立项评审工作，加快抗“疫”、扶贫资金的落地。

上期所“保险+期货”项目将在2020年投入1.5亿元，为全国25个产胶县约19万吨天然橡胶提供价格保险，实现了海南白沙、保亭、琼中、临高、五指山、乐东、文昌、云南西盟、永德9个县市的民营橡胶生产全覆盖，预计为超过10万户胶农提供价格托底保障。另外，扶持橡胶生产龙头企业的场外期权产业扶贫项目的投入资金也由2019年的1 600万元增加至2 000万元。

上期所自2017起连续三年开展天然橡胶“保险+期货”精准扶贫试点工作，已累计向近19.3万户次的贫困胶农赔付约1.6亿元，其中，建档立卡户约7.6万户次。相关试点工作得到了开展地区政府的高度肯定和支持，引发了积极的社会反响，也吸引了越来越多的地方财政资金与社会资金的进入。

随着2020年项目的开展，试点工作将为贫困胶农带去更大力度的价格托底保障，给疫情期间胶农脱贫工作送去“及时雨”，以便缓解橡胶生产企业原料短缺的困难，克服疫情影响，为橡胶产业的复工复产提供有力支持。

（二）采取针对性措施，为油市保驾护航

1. 背景概述

今年春节以来，受新冠肺炎疫情快速蔓延、“OPEC + 减产谈判”失败、沙特大幅增产并下调销售价格等因素影响，原油需求疲软，价格大幅快速下跌。

为有效应对油价大幅振荡，芝加哥商业交易所修改交易系统并陆续发布通知，允许51个原油、成品油期货和期权产品以负价交易。2020年4月20日，WTI原油期货近月合约价格崩跌，结算价报 -37.63 美元/桶，史上首次跌至负值区域。

上海原油期货面临同样的市场极端行情考验。3月6日至4月23日，上海原油期货合约先后有5次触及涨跌停板。其中，3月9日，13个合约跌停；3月10日，8个合约第二个跌停及4个合约第一个跌停；3月20日，4个合约涨停；4月22日，14个合约跌停；4月23日，1个合约涨停。

2. 采取措施沉着应对

在WTI原油期货出现“负油价”等极端行情下，上期所子公司上期能源交易中心（以下简称“上期能源”）本着“降温、消肿、软着陆”的总策略，及时在交易端“降温”，采取了调整交易保证金比例、涨跌停板幅度等一系列措施来防范化解风险。在交割端“消肿”，从增加库容入手，缓解库容紧张问题。今年以来，原油期货交割仓库存放点从年初的9个增加到15个。交割仓库总启用库容从355万立方米增加到1 130万立方米，为扩库前总库容的3.2倍，可存储约6 000万桶原油，接近WTI原油期货交割地库欣地区的库存水平。同时，上期所加强市场宣传和舆论引导，积极缓解市场情绪，实现极端行情下的“软着陆”。疫情期间未发生会员穿仓事件，风控制度经受住了极端行情的考验。

为更好地服务实体企业特定时期的套保需求，上期所在审慎评估市场风险的前提下，还优化了对产业客户的套保额度的审批流程，适当放宽了对产业客户的套保额度的审批，方便产业客户运用期货市场进行风险管理。

3. 部分油企利用期货市场规避了价格风险

疫情期间，许多涉油企业利用原油期货解决了采购过程中面临的风

险。从中东采购的原油运抵我国大约需要20天，采购和销售环节之间的时间差对企业而言存在较大价格风险，其间油价下跌会影响销售利润。企业在采购的同时，在对应月份期货合约上建立同等规模的卖出头寸，通过期货盈利来对冲现货端的损失，以规避运输期间的价格波动风险。今年上半年，能化企业积极运用上海原油期货有效对冲了现货价格下跌的亏损，保障了企业正常的生产经营。例如，京博石化公司一方面积极与下游客户签订远期销售订单，在原油期货上买入锁定原材料价格，进而锁定加工利润，维持公司生产规模；另一方面利用期货工具，卖出沥青期货合约，对应买入原油期货，实现对冲，锁定沥青裂解利润。

疫情以来，我国炼厂开工率同比下降15个百分点，地方炼厂曾一度停止采购原油，但原油贸易企业仍需要履行采购合同，所以原油贸易企业面临很大压力。通过实物交割功能，企业利用期货市场卖出了原油，及时回笼了资金。

（三）推广仓单交易平台，为银行分忧解难

浦东某银行2019年完成上期标准仓单交易平台（以下简称“仓单交易平台”）的开户后，就一直积极探索利用平台拓展业务，先后推出了委托供应、委托销售、直接现货买卖等多种业务模式。

2020年2月12日至13日，该银行计划和两家大型铜业公司开展22吨白银的买入交易，但这两家铜业公司受疫情影响，后台业务人员不足，指定印鉴授权人不在岗，无法完成合同签署。在获知两家公司同为仓单交易平台客户后，为按原计划执行合同，该银行与两家公司商定利用仓单交易平台完成该批白银仓单的委托销售任务。于是该银行在平台上与两家公司达成成交，合同金额近8 900万元，从而帮助两家实体企业实现了实时销售回款。

上期标准仓单交易平台，不仅解决了此次疫情期间原合同计划难以执行的问题，而且还提高了效率。

该银行认为，仓单交易平台对其业务开展有三方面好处：一是仓单交易平台的交易模式极大地拓展了银行服务供应链上下游企业的能力。银行借助仓单交易系统确认成交功能，节省了协议签署、开立结算户占用的时间。疫情期间，遇到重要岗位人员不在致使协议无法签署、无法开户等问

题时，银行借助仓单交易平台非常高效地解决了这些问题。二是仓单平台的清算模式，避免了先款后货、先货后款等环节产生的清算问题。三是疫情期间，借助仓单交易平台，银企之间都是电话联系，避免人员流动，减小了疫情扩大的风险。

该银行利用委托销售模式，帮助众多上游商品企业在销售不畅的节点上先将仓单卖给银行，为企业提供迅速的资金支持，与企业共渡难关。

五、总结

在抗击新冠疫情的斗争中，上期所坚决贯彻习近平总书记关于统筹推进疫情防控和经济社会发展的重要指示精神，按照中国证监会有关“充分发挥期货市场功能，助力解决一些实体企业产品库存高、原材料紧张、价格波动等问题”的要求，围绕疫情防控、市场运行、会员服务、一线监管、业务创新等重点任务，主动筹划，采取有效措施，保市场主体，助企业经营，从而稳定了市场运行，更加充分地发挥了期货市场功能。

郑州商品交易所发挥期货功能，服务“六稳”“六保”

今年以来，为应对复杂经济环境，中央在强调加大“六稳”① 工作力度的同时，首次提出全面落实“六保”② 任务，以保促稳，稳中求进。作为金融市场的重要基础设施和期货市场枢纽，郑州商品交易所（以下简称“郑商所”）提高政治站位，在中国证监会领导下，坚决贯彻落实中央“六稳”“六保”工作部署，充分发挥期货市场功能作用，助力保护和激发市场主体活力，为有序推动复工复产、保持经济平稳向好发展贡献期货力量。

一、确保正常开市，保障风险管理渠道畅通

受疫情冲击，很多市场主体的生产经营计划都被打乱了，正常的市场活动面临较大风险。郑商所切实发挥组织期货交易的基本职能，确保春节后郑州市场正常开市，为产业企业等市场主体主动利用期货市场管理风险提供保障。

一是高度重视，加强领导。疫情初期，郑商所迅速成立疫情防控领导小组，研究制定疫情防控整体方案，做好相关工作部署安排。

二是制订专项技术保障方案，开展全市场系统测试，合理安排运维人

① “六稳”，即稳就业、稳金融、稳外贸、稳外资、稳投资、稳预期。

② “六保”，即保居民就业、保基本民生、保市场主体、保粮食能源安全、保产业链供应链稳定、保基层运转。

员分工，保障技术系统安全稳定运行。

三是全面梳理各项业务系统流程，制订交易场所极端情况下应急预案，保障交易、结算等核心业务的连续性。2 月 3 日，郑商所正常开市交易，5 月 6 日正式恢复夜盘交易，满足了市场主体利用期货市场管理风险的迫切需求。

二、妥善应对市场波动，保障市场平稳运行

2020 年上半年，受疫情持续蔓延等因素影响，全球金融市场出现剧烈动荡，美股市场在短短 10 天内出现 4 次熔断，原油等大宗商品市场波动明显增加。郑商所结合自身品种特点，妥善应对市场波动，确保市场平稳运行。

一是加强对主粮、动力煤等重点品种及合约的风险监测和评估分析，及时向主管部门报告品种运行情况，制订风险防范处置预案。

二是针对 PTA、甲醇、棉花和苹果等品种出现的短期价格大幅波动或交割风险隐患，及时采取加强风险提示与实时监控，调整交易保证金标准、涨跌停板幅度和手续费标准等措施。

三是扩充交割库容，保障交割顺利。为应对多品种现货库存高企、仓单注册量激增问题，积极协调现有仓库并征集新库，上半年累计扩充约 34 万吨库容，有效地保证了 PTA、甲醇、玻璃、硅铁和锰硅仓单顺利注册。对动力煤 5 月主力合约交割新手提前跟踪服务，保证 160 万吨动力煤顺利交割，再次刷新国内商品期货单一合约交割量记录。

四是加强市场监管，上半年严格依规处理异常交易及违规线索 213 起，对 35 名客户采取了监管措施，积极推进风控办法修订，研究完善监管手段。

三、降低企业交易成本，缓解资金和供应链压力

新冠疫情暴发导致供应链中断和复工延迟，企业的资金和保供压力加大。郑商所充分考虑企业面临的实际困难，切实采取措施降低企业交易成本，缓解企业资金与供应链压力。

一是降低资金占用，提升套保效率。疫情期间，郑商所及时根据会员及客户需求，新推出纯碱、玻璃期货跨品种套利指令，减少保证金占用，同时加快套保审核速度，提升企业套保效率。

二是加大全市场手续费优惠力度，降低交易成本。郑商所在疫情期间阶段性地提高手续费返还比例至40%，并减免湖北两家期货公司今年会费和席位费。

三是创新仓单业务，帮助企业融资纾困。为进一步满足复工复产期间产业客户的需求，郑商所结合PTA期货仓单周期性特点，研究推出了PTA临时存货点新模式并增设免检品牌，降低交割成本。同时，新增硅铁、锰硅、尿素、红枣为仓单交易品种，积极服务相关行业企业利用期货仓单纾解资金压力。

四、创新市场服务形式，努力提升服务质效

郑商所克服疫情期间无法开展现场活动的不利因素，主动创新服务形式，积极创建服务品牌，多种方式推动市场活动走上“云端”，着力提升极端市场形势下的市场服务效果。

一是为服务疫情防控及复工复产，创新开展“稳企安农、护航实体”行动计划，推动更多实体企业通过期货市场管理风险。截至2020年7月底，共支持开展各类线上活动1 586场，累计支出费用1 566.2万元，累计在线观看70.3万人次，超过2019年全年同类活动规模。

二是为满足产业企业日益高涨的风险管理需求，举办“极端行情下风险管理”云端主题讲座29场，参与人数达15.5万人次。探索开展“产业云调研”活动，及时了解甲醇、尿素品种产业客户的真实需求。举办“大宗商品风险管理线上圆桌论坛”4场，单场在线观看达8 000～10 000人次。

三是为适应疫情防控期间的线上办公需求，发布《郑商所市场服务项目一览表》，修订《郑商所投资者教育专项工作管理办法》，上线新一代会员服务系统，提高市场服务效果。

五、推进市场建设，提升服务实体经济的能力

2020年以来，郑商所主动贴近市场，紧跟市场形势和需求，有序扩充新产品供给，着力提高市场质量，努力提升期货市场服务能力。

一是上市菜粕和动力煤期权。为满足油脂油料行业的风险管理需要，推出今年期货市场首个新产品——菜粕期权，“菜系企业风险管理工具箱”进一步丰富，应对国内外市场风险将更加从容。为更好地满足煤电企业多样化、精细化避险需求，郑商所上市了动力煤期权，进一步完善煤炭价格形成机制，服务煤电市场化改革，助力保障产业链供应链稳定和维护国家能源安全。

二是推动更多已上市品种连续活跃，在菜油、玻璃、锰硅、硅铁期货上引入做市商，进一步提升期货市场的运行质量，方便企业参与。

三是为推动湖北地区实体企业积极利用期货市场管理风险、助力稳健经营，新增武汉光谷农产品交易市场等两家湖北企业为郑商所2020年产业基地合作单位，以产业基地为示范进一步引导当地产业链企业有效利用期货衍生品工具。

六、深化市场功能，持续做好服务“六稳”“六保”工作

市场波动越大，越需要期货市场发挥作用。实践表明，期货市场通过发挥功能，在助力实体企业抗击疫情、推进复工复产、畅通产业链供应链等方面发挥了独特作用，期货市场服务实体经济的能力迈上了新台阶。

一是功能发挥更全面。疫情期间，郑商所期货、期权齐发力，场内、场外共“战疫”，吸引大量实体企业“跑步”进入期货市场避险，稳定了企业经营，保障了产业链供应链畅通。2020年2月到5月疫情防控的重要时段，郑商所新增一般法人客户3 102家，同比增长34.6%，增幅高于2019年同期。

二是功能发挥更精准。套期保值为企业锁定成本收益，熨平价格波动，稳定生产经营。期货交割充分发挥“纽带”作用，使期现价格迅速聚敛，准确反映现货基本面信息，成为引导广大实体企业复工复产的风向标

及产品购销的补充渠道。期货仓单冲折抵、质押和回购融资等功能助力企业盘活现货资金，缓解融资困境。

三是企业运用更娴熟。目前，在棉花、白糖、菜油、菜粕、PTA、甲醇等众多成熟品种上，基差贸易已经取代“一口价”交易，成为行业主流的定价方式。龙头企业熟练使用套期保值、基差贸易、仓单交易等多种工具，在规避自身风险的同时，主动为产业链中小微企业提供合作套保、购销、融资等帮助，“大手牵小手”促进产业整体健康发展，实现了保企业主体和保产业链供应链的有机统一。

四是交割功能更突显。我国商品期货交割均为实物交割，在疫情防控期间现货贸易物流中断、复工复产时间不统一、对手方信用风险上升的特殊背景下，期货实物交割的功能作用更加突显，企业大量通过期货实物交割化解过剩产能及库存，完成现货购销。疫情期间，郑商所交割商品在库仓单量峰值达 32 万张，仓单货值峰值达 206 亿元，总计有 129 家交割仓（厂）库或车船板服务机构参与交割服务。

下一步，面对复杂的外部环境和广泛的市场需求，郑商所将在中国证监会的领导下，继续深化市场功能，持续做好服务“六稳”“六保”工作。一方面，持续加大产品供给。力争上市花生期货，加快鸡肉期货研发，推动场外期权业务落地，拓宽风险管理工具谱系。注重产业链品种体系构建，助力稳定国内国际双循环。推动上市短纤、瓶片、PX 上市进程，围绕 PTA 打造聚酯产品全产业链金融避险工具。推进电力期货研发，实现煤电品种避险联动。另一方面，加强市场服务。持续打造“稳企安农、护航实体”服务品牌，有针对性地举办更多“产业云调研”“线上圆桌论坛”等市场活动，引导更多实体企业有效参与期货市场规避经营风险，助力保市场主体，稳住经济基本盘。

大连商品交易所推出创新“期货方案”，助力实体企业防疫复产

新冠肺炎疫情发生以来，大连商品交易所（以下简称“大商所”）始终贯彻落实党中央、国务院对疫情防控的重要指示和战略部署，按照五部委要求，在中国证监会党委正确领导下，从疫情防控和维护市场稳定出发，在加强自身防疫的同时，积极回应会员和市场诉求，结合聚丙烯等品种为防疫物资生产原料的特点，大力引导市场创设支持实体企业防疫保障、复工复产的新工具新方案，并通过上市新品种、调整业务流程、提高监管弹性等具体措施，提供有速度、有弹性的服务，扎实推进“六稳”“六保”工作，服务实体产业，坚决打赢疫情防控阻击战。

一、防风险：保障安全生产，维护稳定运行，为企业应对不确定性因素提供有效工具和平台

（一）加强安全运维管理

春节过后，期货市场开市以来，大商所在合理调配资源、确保关键岗位力量配备基础上，着力加强生产值班管理，确保业务操作准确无误，以保证市场安全平稳运行，更好地发挥市场定价和风险管理功能，服务产业企业应对不确定的内外部形势。根据形势，大商所实行了关键岗位AB岗管理及同城灾备中心与本部进行再备份管理的轮班安排，确保关键业务岗位人员健康和人力保障，以合理人力配置，保障市场正常运行；认真落实市场运行监测、监控、分析和报告制度，做好极端情况下的压力测试和应

急预案，确保早发现、早识别、早处置、早化解各类潜在风险。

（二）强化预研预判，保障春节后市场安全运行

为确保市场自身安全运行，更好地服务产业企业而不给市场带来新的风险，大商所采取措施全力保障假期后延迟开市及开市后市场运行。一是做好春节假期延长相关业务保障工作。由于1月31日是大商所有关合约当月原定最后交易日，春节假期延长至2月3日后，假期后开市时大商所业务和技术系统将面临较大影响。为此，大商所高度重视，研究部署做好重复结算、系统测试等工作，确保春节后市场安全稳定运行。二是扎实做好2月3日开市后市场运行风险防控工作。受疫情等多重因素影响，春节期间大商所相关品种国内现货价格及国际市场价格波动较大，大商所密切跟踪监测市场运行情况，对2月3日开盘后市场的行情、风险和运营等情况进行全面评估和研判，积极做好应对预案。三是根据防疫需要和中国证监会统一安排，自2月3日起暂停夜盘及仿真交易。随着疫情防控进入常态化阶段，大商所响应市场呼声，于5月6日21：00起恢复夜盘交易，以此减少隔夜持仓风险，提高风险管理效率。

通过持续开展上述市场监管和保障工作，2月3日开市后，大连期货市场始终保持较平稳运行，期货价格变化较好地反映了国内外宏观经济、政治环境及疫情防控等形势变化，与现货及外盘价格密切联动，期现价格相关性的波动趋势方向一致，为企业管理价格风险提供了公开、有效和可靠的工具。

二、善创新：防控疫情与服务创新两手抓，凝聚期货力量服务企业

（一）上市期货、期权新工具

疫情期间，液化石油气期货及期权3月30日在大商所同步挂牌上市，实现我国气体能源衍生品“零”的突破，开创了我国期货及期权同步上市之先河，是我国期货市场加速扩板提质、推进改革开放、回应市场呼声、笃行服务之举的具体行动，为承受国内外疫情影响、价格波动剧烈的液化

石油气产业雪中送炭。7 月 6 日，国内塑化产业迎来聚丙烯、聚氯乙烯和线型低密度聚乙烯期权，同一产业同日上市 3 个期权工具也属我国首次。上述期货、期权上市后保持平稳运行，液化石油气期货成交量跃居全球 LPG 衍生品市场首位。化工期权法人客户持仓占比超过 50%，中石油国际事业有限公司、马森能源有限公司、浙江物产化工等企业均主动参与新衍生品市场，液化石油气期货成为企业防疫复工和稳产保收的有效工具。其中，受今年国内外疫情严重影响，液化石油气进口企业面临国外采购和国内销售两端的不确定性风险。作为我国主要的液化石油气进口企业之一，马森能源通过买入期货套保的方式锁定液化石油气的远期采购成本，有效地对冲了价格风险。

（二）推广交易、交割新业务

疫情导致不少品种的现货市场价格大幅波动，产业企业风险对冲需求增强。大商所支持各方积极利用期货、期权等场内和场外工具进行套保，规避突发事件冲击，稳定企业利润；大商所持续优化和推广相关品种制度，提高服务实体经济水平。例如，为保障疫情期间交割安全，大商所大力推广鸡蛋协议交收，买卖双方可以通过便捷提货的方式，在场外市场自己协商鸡蛋期货交收品质、交易地点。2020 年上半年协议交收占总交割量的 94%，受到市场认可。

（三）降低风险管理成本

受疫情影响，不少实体企业，特别是中小企业面临资金压力。对此，大商所急产业之所急，应市场之所需，在行业内率先推出了一系列降低企业套保成本的举措，实现我国期货市场的新突破，让产业服务落到实处。3 月份以来，大商所对产业企业套保交易手续费减收 90%，对湖北地区产业客户的套保交易手续费全部减收，减轻企业了参与期货市场的资金压力。同时，推出差异化保证金政策，18 个品种的套期保值交易保证金较投机交易保证金下降 1 ~2 个百分点，让风险防控和市场效率在更高水平上保持平衡，支持企业参与期货套保交易和复工复产。此外，陆续推出免收交割手续费及标准仓单充抵保证金手续费的措施，切实降低企业套保、交割成本，方便产业进行风险管理，助力实体经济回暖。

（四）开创服务产业抗疫复产的新模式

聚丙烯、玉米等品种是防护服、口罩、酒精等防疫物资的重要生产原料之一。突如其来的新冠疫情让很多防疫物资生产企业措手不及，很多企业克服重重困难复工复产后面临上游原料断供、价格波动剧烈等困难。为此，大商所组织市场各方积极创新衍生服务模式，在抗击疫情、物资生产的关键时期，携手兴证、华泰、永安等期货公司的风险管理子公司，为道恩、厦门美润无纺布、仙桃富源等防疫物资生产企业量身定做了个性化的场外期权工具和风险管理方案。通过场外期权工具，当采购价格超过约定的行权价格时，由风险管理子公司等进行赔付，以此为企业锁定了原料采购价格，保障了防疫物资生产，同时对冲了价格波动，缓解生产压力。

其中，湖北仙桃富源、鑫宝利是两家湖北疫区的口罩生产企业，2 月份以来接收大量无纺布生产订单，但企业面临原料供应困难、后期原料和成品价格波动的风险。为保障疫区防疫物资供应，国内塑化贸易商明日控股集团携手华泰长城资本公司，为两家企业提供含权贸易的解决方案：在聚丙烯期货主力合约 6 893 元/吨时买入为期半个月、行权价为 6 963 元/吨的虚值看涨期权。保价期内客户可选择提前平仓日或合同到期日平仓。若期货价格高于 6 963 元/吨，企业以合同约定的 6 963 元/吨确定最终结算价，锁定采购成本；若期货价格低于 6 963 元/吨，则双方按期货价格加上事先约定的固定升贴水作为最终结算价。最终，由于价格继续走低，企业在低于 6 963 元/吨的价位点价，获得了更低的采购价。

（五）加强业务宣传引导

大商所组织收集整理疫情期间各产业企业利用期货市场进行风险管理的典型案例，携手多家财经媒体刊发“期货及衍生品助力产业战‘疫’复产”“期货市场助力企业战疫复产”等系列主题宣传文章约 30 篇。大力推广套期保值、期货点价等避险模式和个性化衍生工具、方案，全面展示疫情期间期货市场多措并举服务产业企业复工复产、稳健经营的成果，为抗疫复产期间期货市场更好地服务实体企业进行宣传引导，推动企业借鉴经验，应用衍生品市场，服务企业可持续经营。

三、促服务：直接助力会员单位复产复工、共克时艰

（一）助力会员全方位应对突发情况

一是在中国证监会统一安排下针对延期开市调整了相关业务，暂停了夜盘交易，同时通过暂停仿真交易、非常规业务参数调整和部分系统测试等措施，缓解会员单位一线业务人员调度压力。二是通过做好远程操作和人工操作安排，为会员单位应对系统突发情况提供结算、交割等业务的替代解决方案。例如，在结算方面，提供了授权大连当地人员办理出入金业务和网银转账人工办理两种方案，并支持会员单位授权大连本地人员人工获取结算文件。三是提高监管弹性，从保持市场公平、维护交易者权益角度出发，适当推迟持仓超限客户的强平时限，适当延长会员单位持仓大户报告的报送时限和做市商协议邮寄时间。四是加强技术服务，为会员单位提供必要的托管机房远程管理服务和全天候的技术故障申报、业务办理、技术咨询等服务，保障会员单位交易及业务顺利开展。五是加快开发市场培育活动网络申报系统，鼓励支持会员单位通过线上开展市场培育和投教活动，以非现场方式做好客户服务。

（二）"普惠""特惠"政策，靶向施策

2 月初以来，大商所先后三次面向会员单位及其他市场机构发布温馨提示，为疫情防控及业务应急提供支持帮助。为支持会员单位展业，大商所免除湖北省期货公司应缴纳的 2020 年度会费和席位费，免除其他会员在湖北省的 2020 年席位费；推出将会员单位的手续费减收比例从 20% 提高至 40%，减免至年底仓单冲抵保证金手续费，减免大连期货大厦内期货经营机构三个月租金等措施，切实降低全体会员经营成本，缓解期货公司经营压力，稳定市场情绪。

四、继续努力，在疫情防控常态化背景下深化市场发展和创新服务

面对疫情防控常态化的新形势，大商所继续全面贯彻落实中国证监会

党委要求，进一步增强做好疫情防控的使命感、责任感、紧迫感，坚持底线思维，按照一切有利于疫情防控和促进市场稳定运行的原则，在维护市场正常秩序、保障市场平稳运行的基础上，扎实推进各项改革创新。品种工具方面，持续推动废钢、集装箱运力、生猪等品种上市，早日实现“扩板计划”，拓展服务实体经济领域。市场创新与服务方面，推进 DCE 交易 7.0 系统平稳上线，继续开展和丰富“大商所农民收入保障计划”“大商所企业风险管理计划”等内涵，加大市场服务和培育力度。对外开放方面，在深化铁矿石期货国际化的基础上推动铁矿石国际定价中心建设，拓展棕榈油等国际化品种早日实现对外开放，实现“从 1 到 N”的突破。会员支持方面，大商所将持续响应会员单位和产业企业诉求，提供全方位业务和技术支持服务。

当前，我国正处于全面建设小康社会、实现第一个百年目标的关键阶段。在新冠疫情影响下，我国及全球经济发展面临重大考验，当前，经济形势仍然复杂严峻，不稳定性、不确定性较大。破局的关键是加快建设以国内大循环为主体、国内国际双循环相互促进的新发展格局。下一步，大商所将充分贯彻落实党中央、国务院对疫情防控、国内国际双循环战略的部署安排，继续发挥交易所在资本市场的枢纽作用，与市场各方众志成城、同舟共济，为打赢疫情防控阻击战、服务实体经济高质量发展和全面建设小康社会，贡献期货方案和期货力量。

中国金融期货交易所扩充金融工具，稳定市场运行

面对新冠疫情期间复杂严峻的市场环境，中国金融期货交易所（以下简称“中金所”）全面统筹、周密部署、积极应对，实现了金融期货市场平稳有序运行，做到了“交易不断、数据不乱”，技术系统运行正常、保障有力，市场资金状况良好，交易所财务保障资源充足，各项资金风控措施有效。国债作为保证金业务运行情况平稳，到期合约交割行权开展顺利。金融期货市场经受住了疫情冲击下短期大幅波动的考验，为自身功能稳健发挥提供了扎实基础。

一、支持抗“疫”国债发行，服务疫情防控和实体经济发展

2020年以来，受新冠疫情影响，境内外经济形势不确定性增加，我国债券市场波动加大，国债期货市场充分发挥了市场避风港的功能，在支持抗“疫”特别国债发行、增强债券市场稳定性方面发挥了积极作用，有力地支持了实体经济发展。

为筹集财政资金，统筹推进疫情防控和经济社会发展，财政部于6月启动抗“疫”特别国债招标发行工作。从6月18日第一笔发行到7月30日发行完毕，共发行4期总计1万亿元。发行筹措的资金全部转移给地方，直接惠企利民，用于支持减税降费、减租降息、扩大消费和投资等。

抗“疫”特别国债属于记账式国债，发行期限为5年、7年、10年，同时在全国银行间债券市场、上海证券交易所和深圳证券交易所上市交易。中金所主动与财政部国库司沟通，全力支持抗“疫”特别国债发行。

抗“疫”特别国债招标发行后，中金所第一时间向全市场发布公告，将其纳入国债期货可交割券范围。

市场机构普遍表示，将抗“疫”特别国债纳入可交割券范围，国债承销商可利用国债期货锁定认购成本，提高一级市场定价效率，对于支持抗“疫”特别国债平稳发行具有积极意义。此外，6月、7月市场利率整体波动幅度较大，将抗“疫”特别国债纳入国债期货可交割券范围，机构投资者可利用国债期货对冲利率风险，有助于提升抗“疫”特别国债在二级市场的流动性。

总体来看，国债期货市场有效发挥了风险管理市场的积极作用，促进了特别国债的平稳发行。特别国债认购踊跃，认购主体多元，平均投标倍数达到2.54倍，高于二季度一般记账式国债的平均投标倍数；平均发行利率为2.77%，比发行前5日的国债二级市场收益率平均低10个基点，符合市场预期，整个发行工作平稳顺利。

二、满足市场各方主体需求，提升市场运行质量

（一）国债期货方面

对冲市场利率波动风险，提升债券市场稳定性。疫情期间，我国债券市场波动幅度加大。1—4月，在新冠肺炎疫情导致市场避险情绪升温、主要经济指标回落、市场资金利率下降等因素的综合影响下，国债收益率振荡下行。进入5月，疫情防控形势趋于好转，提振了经济预期和市场信心，国债收益率转为上行，债券市场振荡下跌。

作为重要的基础性利率风险管理工具，国债期货已深度融入债券市场的发展和运行中，通过服务债券市场进而服务实体经济。一方面，国债期货有助于缓解现货市场下跌时的抛压，减轻市场流动性的冲击，增强债券市场安全性和韧性。另一方面，国债期货满足了市场避险需求，增强了金融机构持债信心和经营稳定性，助力其更好地服务实体企业。2020年的前8个月，国债期货日均持仓14.84万手，同比增长66%，持仓增加明显。

（二）股指期货方面

一是充分发挥“蓄水池”功能，缓解大幅波动下现货市场流动性短缺

现象。随着逐步恢复常态化管理，股指期货市场流动性明显恢复，为大幅波动时灵活调节、及时补充现货流动性提供了基础。例如，2月3日10：00前的半小时内，沪深300股指期货主力合约成交量高达2 700多手，是IF主力合约1月同时间段的1.9倍，帮助沪深300指数在同一时间段内成交额达到2020年1月日均成交额的44%，实现了筹码充分换手，疏导了卖出意愿，避免了“堰塞湖”效应，及时释放了风险。再比如，某机构客户作为场外期权一级交易商和沪深证券交易所ETF期权主做市商，持有大量的场内和场外期权头寸。疫情期间，由于市场波动较为剧烈，公司每日都需要交易上亿元市值的现货对冲风险，但在现货市场出现较为严重的流动性短缺的情况下，公司难以通过交易大量现货对冲所持有期权头寸，遂使用股指期货替代了大部分现货交易。据初步统计，疫情发生后的一段时间，该机构总计交易1 000余手股指期货用于期权对冲，代替了十几亿元的现货交易需求，避免了近2 000万元的损失。

二是避免价值投资者被动减仓，缓解系统风险。在系统性风险发生时，个股很难避免遭到冲击。此次疫情发生后，2020年2月3日交易当天，在交易的3 700多只股票里面，超过3 200只股票跌停。若投资者单独持有股票，将蒙受较大的损失。但若使用股指期货进行套保，则可以避免或者减小系统性风险带来的冲击，且大大降低触发止损操作的可能性，避免了对市场的二次伤害。某机构客户自营量化投资项目拥有近10亿元市值的股票持仓，其使用股指期货进行100%套期保值。该项目通过多种量化模型筛选股票，需要大样本保证模型的有效性，长期稳定持仓尤为重要。由于使用了股指期货执行完全套保，该项目在疫情期间没有受到行情波动的冲击，避免了被迫减仓，保证了持仓的长期稳定，进而保证了项目策略的有效性。

三是为理性投资者提供做多的有效工具，帮助股票市场快速恢复。相对个股而言，股指期货有着良好的流动性，能容纳大资金的进出。当理性投资者判断市场短期超跌时，流动性最好的股指期货将成为最好的做多工具，在帮助其实现资产配置目的的同时，也有力地保障了股票现货市场。例如，2月3日，由于承接较大抛压，中证500股指期货短期出现较大贴水，理性投资者判断市场短期超跌，遂积极利用股指期货做多。该品种主力合约IC2002在跌停后成交额约120亿元，非主力合约的IC2003在下午

13：20—13：30 和 14：20—14：30 的 20 分钟内，在跌停板附近也出现了大额买单，总计成交约 4 660 手、45 亿元，超过该合约 2020 年 1 月日均成交量的 20%。

总体来看，疫情防控期间，金融期货各品种发挥了助力资本市场稳定运行、服务疫情防控和实体经济发展等功能。下一步，中金所将按照《全面深化资本市场改革总体方案》的部署，进一步加大金融期货期权新产品供给、优化市场参与者结构、完善各项业务规则，以更好、更充分地发挥金融期货市场在风险管理特别是在应对突发风险事件方面的作用，更好地服务多层次资本市场建设和经济高质量发展。

防疫复产篇

案例 1

南华期货：橡胶期权助力医用手套企业复产，心“手”相连共战“疫”

一、项目背景介绍

2020 年初，新冠肺炎疫情突然暴发，牵动着全国人民的心。疫情防控的关键时期，除口罩外，医用橡胶外科手套成为一线医疗人员最紧缺的防护用品之一。江西云鸽橡塑有限公司（以下简称“江西云鸽”）是一家拥有 8 条国内先进全自动医用橡胶外科手套的生产商。春节期间，江西云鸽积极复工，全力保障医用橡胶手套这一医疗耗材的供应。如何发挥期货行业力量，助力企业复工复产，成为南华期货公司思考的问题。为此，南华期货风险管理子公司南华资本，根据江西云鸽实际复工产能情况，主动为该企业免费提供了一份医用橡胶外科手套期权产品，为企业做好原材料成本管理。

二、项目开展情况

（一）项目简介

2020 年新冠肺炎疫情的暴发使口罩、手套等防疫物资需求陡增，但这些物资的库存有限，防疫物资相关原材料价格短期疯狂上涨，给医疗物资生产企业稳定生产、扩大供给造成十分不利的影响。南华资本场外衍生品团队运用专业的金融衍生品知识，携手江西云鸽共同研究开发了基于原材料成本价格的“手套期权”，免费为企业提供价格风险管理工具，帮助企业在扩大再生产中解决原材料成本控制的后顾之忧（见图1）。

图1　医用手套生产企业加班加点赶工复产

（二）服务方式及原理简介

医用橡胶外科手套的主要原材料是乳胶，每吨乳胶可生产约3万只医用橡胶外科手套。乳胶的价格与上海期货交易所上市的天然橡胶（简称RU）期货品种价格的相关性较强。南华资本设计了“手套期权”，利用自有资金通过天然橡胶期货主动为企业进行风险对冲服务。若对冲盈利，盈利部分支付给江西云鸽；若对冲亏损，南华资本承担相关损失。

由于疫情暴发突然，生产原料储备不足，又正值春节放假，江西云鸽生产的恢复与扩大面临重重困难。南华资本从生产计划匹配、未来橡胶价格走势研判及有效降低原材料成本的角度出发，设计了期权结构易理解、赔付损益计算清晰的“阶梯二元橡胶期权”，挂钩标的为RU2005。该期权结构分两个阶段。在第一阶段，若未来橡胶价格上涨超过执行价，企业可以获得每吨75元的赔付；若未来橡胶价格跌至执行价以下，企业可以获得每吨25元的固定赔付。在第二阶段，若未来橡胶价格上涨超过执行价，可以获得每吨125元的赔付；若橡胶行情价格跌至执行价以下，可以获得每吨25元的固定赔付。

（三）具体操作流程

两阶段期权的周期均为 1 个月，标的资产为 RU2005，权利金合计为 1.95 万元，承做数量为 300 吨，具体要素情况见表 1。

表 1　　两阶段期权交易要素

	第一阶段	第二阶段
开始时间	2020 年 2 月 17 日	2020 年 3 月 17 日
到期时间	2020 年 3 月 17 日	2020 年 4 月 17 日
标的资产	RU2005	RU2005
进场价	11 465 元月吨	2020 年 3 月 17 日 RU2005 收盘价
承做数量	100 吨（Q_1）	200 吨（Q_2）
执行价	11 465 元月吨（$k1$）	2020 年 3 月 17 日 RU2005 收盘价（$k2$）
期末价格	2020 年 3 月 17 日标的收盘价（S_{t1}）	2020 年 4 月 17 日标的收盘价（S_{t2}）
权利金	19 500 元	
赔付条款	（1）若第一阶段期末价格小于或等于第一阶段执行价（$S_{t1} \leqslant k1$）且第二阶段期末价格小于或等于第二阶段执行价（$S_{t2} \leqslant k2$），则南华资本将于权益收益金额支付日前（含当日）交付 25 Q_1 +25 Q_2 金额给客户 （2）若第一阶段期末价格大于第一阶段执行价（$S_{t1} > k1$）且第二阶段期末价格小于或等于第二阶段执行价（$S_{t2} \leqslant k2$），则南华资本将于权益收益金额支付日前（含当日）交付 75 Q_1 +25 Q_2 金额给客户 （3）若第一阶段期末价格小于或等于第一阶段执行价（$S_{t1} \leqslant k1$）且第二阶段期末价格大于第二阶段执行价（$S_{t2} > k2$），则南华资本将于权益收益金额支付日前（含当日）交付 25 Q_1 +125 Q_2 金额给客户 （4）若第一阶段期末价格大于第一阶段执行价（$S_{t1} > k1$）且第二阶段期末价格大于第二阶段执行价（$S_{t2} > k2$），则南华资本将于权益收益金额支付日前（含当日）交付 75 Q_1 +125 Q_2 金额给客户	

第一阶段期权的开始时间为 2020 年 2 月 17 日，到期时间为 2020 年 3 月 17 日，进场价与执行价均为 11 465 元月吨，承做数量为 100 吨。

第二阶段期权的开始时间为 2020 年 3 月 17 日，到期时间为 2020 年 4 月 17 日，进场价与执行价为第一阶段期权到期日的收盘价，承做数量为 200 吨，是第一阶段的两倍。

阶梯二元期权的产品结构图参考图 2，最终赔付金额分成 25 元/吨、75 元/吨与 125 元/吨三个阶梯。

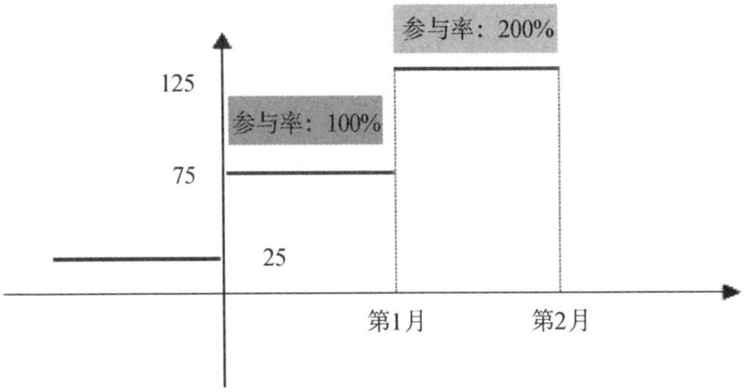

图 2 “手套”期权产品结构

（四）合同执行情况

第一阶段期权于 2020 年 3 月 17 日到期，RU2005 合约收盘价为 10 335 元/吨，低于执行价 11 465 元/吨；第二阶段期权于 2020 年 4 月 17 日到期，RU2005 合约收盘价为 9 770 元/吨，低于执行价 10 335 元/吨（见表 2）。

按照损益结算条款约定，由于两个阶段的期末价格都低于执行价，江西云鸽可以获得最低 25 元/吨的赔付。因此，第一阶段赔付金额为 2 500 元，第二阶段赔付金额为 5 000 元，共计赔付 7 500 元。

表 2 赔付情况

	第一阶段	第二阶段
期末价格	10 335 元/吨	9 770 元/吨
赔付金额	25 元 ×100 吨 =2 500 元	25 元 ×200 吨 =7 500 元
合计	7 500 元	

三、项目成果

江西云鸽通过“手套期权”获得 7 500 元的赔付，该笔赔付资金可降低其原材料采购成本，助力其在疫情特殊期间复产复工，保障相当于 900 万只医用外科手套的生产。

虽然RU2005合约在期权承做期间呈现整体单边下跌趋势，导致两个阶段的期权到期日收盘价均比执行价低，与预期的价格大幅上涨存在背离，但该期权的运用，可以免除江西云鸽在手套生产过程中原材料采购成本大幅上涨的担忧，使企业可以更加放心地扩大生产，全心为一线医护人员和防疫工作者提供重要的防护物资。此外，由于最低赔付条款的设置，在标的价格跌破执行价的情况，江西云鸽仍然可以获取部分收益，进一步降低采购成本。

本项目为江西云鸽首次尝试运用金融衍生品工具对原材料进行套期保值，并取得了较为显著的成效。在初尝衍生品带来的便利后，江西云鸽表示往后要加强对金融衍生品工具的学习，多运用市场化的手段来提高自身抗风险能力，增强企业竞争力，并会将成功经验分享给同业。这次成功合作经《期货日报》专题报道后，取得了良好的社会反响。为了表达对奋战在抗“疫”一线的医护人员的敬意，南华资本母公司南华期货联合杭州橡胶同业公会，共同出资从江西云鸽处购买共计6万副约150箱医用手套，无偿捐献给在杭医疗机构，共同抗“疫”（见图3）。

图3　南华期货携手杭州橡胶同业会向浙大二院捐赠防“疫”物资

四、总结与建议

（一）总结

本项目从开始便得到公司领导的大力支持，从最初的构想到具体落地仅用了短短一周的时间，涉及产品设计、交易、风控结算等各个环节，大家都铆足干劲，争分夺秒抓落实，尽快为企业扩大生产免除后顾之忧。

本案例的期权结构简单，赔付条款清晰，操作上与现有的场外期权流程相当，整体上操作简便，风险可控，具有可复制性，可进行大范围推广。

鉴于该项目筹备时间较短，回顾来看仍有可以改进的地方。一方面，本项目两个阶段的周期分别为一个月，在外围环境高度不确定的情况下，可以缩短周期，从而更好地防范短期波动风险；另一方面，在期权的结构设计上，本项目将整个期权周期拆分成两个阶段，但两个阶段的赔付相互独立，后续可以考虑将两期的赔付进行关联，即：若第一期的赔付金额较多，则相对第二期的赔付金额会少一些；若第一期的赔付金额较少，则相对第二期的赔付金额就适当增加。这样做可以平滑企业的收益结构，保障企业在各种场景下能实现相对稳定的收益。

（二）建议

一是建议协会充分发挥纽带作用，在抗“疫”等特殊时期，加强对特定行业、企业的联系，开展风险管理、捐赠等资源对接，联合全体行业经营机构积极履行社会责任，同舟共济，共克时艰。

二是建议监管机构增加涉及医疗等民生基本保障的大宗商品的期货、期权产品供给，便于更精准地开展风险管理业务。

三是建议风险子公司开展更多的企业调研，设计更贴近产业客户的风险管理产品。针对企业自身贸易、经营上的差异，根据企业情况设计个性化产品，再将典型案例进行推广，供同业学习。

四是建议协会联合各家期货公司共同加强场外投资者教育力度，提高实体企业风险管理意识和能力，降低企业运用金融工具进行套期保值的成本。

五是在全球疫情和经济衰退的大背景下，国内实体企业特别是涉及进出口的企业产销压力巨大。建议地方政府可以尝试为风险承担能力较低的企业提供场外衍生品的相关支持，来帮助其锁定利润，稳定企业的生产能力，提升运用市场手段进行风险管理的能力。

案例 2

华安期货："口罩期权"助力防疫企业风险管理，同心战"疫"守望相助

一、项目背景介绍

疫情期间，医用口罩是疫情防控环节最重要的基础物资之一，与居民生活、企业复工都密切相关，是保障广大群众健康和生命安全的有效屏障。医用口罩的核心制作原料为聚丙烯（PP），PP 纤维颗粒经过融化塑形后，熔喷成无纺布，无纺布再经驻极处理之后制作成医用口罩，每吨聚丙烯约可制成 20 万只 N95 口罩，或 90 万只医用口罩。3 月份以来，受国际疫情及国际原油价格等因素的多重影响，聚丙烯（PP）价格波动显著加剧，这不仅增加了防疫物资企业的原材料采购压力，影响防疫物资的产能，还会进一步影响疫情防控大局。因此，帮助防疫物资企业做好原材料价格风险管理显得尤为重要。

疫情之下，履行社会责任，彰显国企担当，积极发挥期货及衍生品工具的风险管理功能，纾困小微企业是国有金融企业应尽之责。为支援疫情防控，帮助防疫物资生产企业化解风险，积极扩产，华安期货有限责任公司（以下简称"华安期货"）迅速联合股东单位华安证券股份有限公司（以下简称"华安证券"）携手风险子公司安徽华安资本管理有限责任公司（以下简称"华安资本"）成立工作小组，积极对接相关企业，为企业降本稳产伸出援手。

合肥杰事杰新材料股份有限公司（以下简称"杰事杰"）是医用口罩芯层熔喷无纺布专用料供应商。春节后，受疫情影响，口罩需求量快速上

升，口罩芯层原材料聚丙烯（PP）价格波动较大，给杰事杰公司的采购价格带来了极大不确定性。在充分了解企业需求和困难的基础上，结合该企业生产实际，华安期货、华安资本及时启动“口罩期权”项目，开发设计出系列场外期权方案以帮助企业控制原材料成本剧烈变动的风险。该期权项目的对冲标的品种是聚丙烯（PP）。当原材料价格上涨时，项目利用套期保值收益锁定原材料采购成本，从而帮助企业锁定采购价格，熨平风险，保障产能，稳定口罩生产。

二、项目开展情况

（一）项目简介

杰事杰公司的聚丙烯熔喷无纺布专用料产能为50吨/天，可用于制备1 250万只医用外科口罩。为缓解国内医用防护材料的紧缺问题，企业当时正计划调整生产线扩大产能到120吨/天，PP月用量约500吨，但PP价格的剧烈波动给企业扩产造成了一定困扰。

在了解情况后，华安工作小组迅速响应，与企业签订了“口罩期权”捐赠协议书，通过捐赠期权的方式帮助企业锁定1 000吨聚丙烯（PP）的采购成本。由华安证券公益基金会划拨资金为企业支付期权费，华安资本负责具体期权对冲的落实。

（二）服务方式及原理简介

1. 服务方式

本项目以捐赠方式为合肥杰事杰提供品种聚丙烯（PP）的场外期权服务。同时，根据企业的生产经营特点以及生产需求，为企业量身定做、设计个性化的期权组合方案。

2. 原理简介

合肥杰事杰公司作为口罩专用料生产企业，生产原材料聚丙烯（PP）价格上涨将导致生产成本增加，企业通过购买PP场外看涨期权可以实现锁定PP采购成本的目的。当PP价格上涨时，华安资本将按合同进行赔付，企业获得期权收益，弥补现货价格上涨带来的成本上涨损失。疫情期间，大宗商品价格普通波动较大，原油的暴涨暴跌更是扰动了整个化工品市场，PP 波动加大。在这样的背景下，为企业免费提供场外期权可谓是送给企业的“及时雨”，帮助企业管理市场风险，平滑企业营业利润，助力企业稳产扩产。

（三）具体操作流程

整个项目运作高效，沟通顺畅，历时两个月，保障聚丙烯（PP）总名义数量 1 000 吨，正好满足合肥杰事杰两个月的原料需求。期间各参与主体各司其职，配合默契，共同为企业提供专业、个性化、符合企业实际需求的产品和服务。项目结束，企业高度满意。

第一步：成立工作小组。春节后，大宗商品价格波动剧烈，给防疫物资生产企业的生产运营带来了成本压力。为助力防疫保障工作，华安期货联合华安证券、华安资本迅速成立工作小组，主动对接新冠肺炎疫情防控重点保障企业，调研、了解企业风险管理需求。

第二步：确定服务对象。经了解，医用口罩芯层熔喷无纺布专用料供应商合肥杰事杰公司为保障防疫物资供应，正处于扩产阶段，但原材料价格波动给其生产造成了一定困扰和压力，故确定其为服务对象，确定以捐赠期权方式为其提供风险管理服务。

第三步：期权方案设计及落实。在与合肥杰事杰进行详细沟通后，结合企业实际生产采购需求，为企业量身设计期权组合方案，并于 3 月 12 日正式落地。

第四步：项目结束。本项目于 5 月 15 日到期结束。通过项目运作，有效帮助企业降低原材料采购成本 184. 8 元/吨，对该企业防疫物资生产线的稳产扩产起到了切实保障作用，项目效果直接、显著，企业高度满意。

（四）合同执行情况

华安证券、华安资本与合肥杰事杰签署了期权捐赠协议、场外衍生品相关协议及交易确认书、交易结算单。参与各方均依据签署的相关协议的条款约定，履行了相应的职责和义务，并已全部完成所涉款项划转。

本次“口罩期权”项目主要分三批入场，具体的入场价、执行价等要素如表 1 所示。

表 1　　具体的入场价、执行价要素

序号	入场价（元/吨）	执行价（元/吨）	结算价（元/吨）	结算赔付情况（元）	对冲时间（天）	对冲规模（吨）
1	6 900	6 900	7 040	119 680	29	500
2	6 861	6 861	6 936. 6	15 120	17	200
3	6 861	6 861	6 911	50 000	1	300

第一批：根据企业的经营诉求，华安资本为企业量身定做了一个有价格保障的看涨触碰失效式期权。项目于 3 月 12 日开始，对冲规模为 500 吨，入场价格为 6 900 元/吨，执行价格为 6 900 元/吨。4 月 10 日，期权触及约定敲出价格为 7 040 元/吨，华安资本按照约定的结算方式，在 140 元/吨基础上附加执行价乘以约定系数①的方式，对合肥杰事杰公司每吨赔付 239. 36 元，该笔期权共实现赔付 119 680 元。

第二批：根据企业的经营诉求，与企业商讨设计了一个期权组合，包含两个看涨期权，分别是触碰式期权和亚式看涨期权。项目于 4 月 29 日开始，对冲规模分别为 300 吨和 200 吨，入场价均为 6 861 元/吨，执行价均为 6 861 元/吨。其中，触碰期权于项目开始后第二天 4 月 30 日即触及约定的敲出价格 6 911 元/吨，因此按照约定的固定结算金额 50 000 元完成赔付。亚式看涨期权于 5 月 15 日结束，按照结算价 6 936. 6 元/吨计算，每吨赔付 75. 6 元，200 吨共实现赔付 15 120 元。

“口罩期权” 项目为客户完成赔付总计 184 800 元。

三、项目成果

本次“口罩期权”项目于今年 3 月份开始，5 月份结束，历时两个月，各方机构各司其职，积极配合，有效帮助防疫物资重点保障企业合肥杰事杰公司降低口罩原材料采购成本 184. 8 元/吨，并完成赔付 18. 48 万元，以专业的金融服务助力实体企业降风险、稳生产、扩产能。具体影响表现在以下方面：

---

① 约定系数由华安资本与合肥杰事杰公司根据市场情况、经营需求等各方面因素共同商议确定。

（一）生产经营

本次项目帮助杰事杰锁定了 1 000 吨口罩熔喷布专用料聚丙烯（PP）的采购成本，相当于保障了 9 亿个一次性外科口罩或 2 亿个 N95 口罩的原料成本，为企业后期复工复产打下基础。

（二）风险管理

本次项目通过前期调研，为杰事杰量身设计期权组合方案，帮助企业风险管理，同时杰事杰通过参加项目，对期货市场的避险功能和作用有了直观的了解和认识，并表示后续会加强对期货知识的学习，逐步使用金融工具，提高风险防范能力。

（三）内部管理

本次项目成功帮助杰事杰规避原材料价格波动风险，保障了疫情期间口罩供应，同时也为杰事杰后期的内部管理提供了新方向。企业合理运用金融工具，在日常生产过程中降低生产成本，实现扩产。面对突发市场行情时，金融工具可帮助企业稳定原材料价格，锁定生产成本，稳产扩产。

四、总结与建议

（一）总结

1. 对期货经营机构和帮扶对象产生的影响

作为该项目的参与方，华安期货及其风险管理子公司华安资本，在其股东单位华安证券的支持下，高效对接，果断出动，圆满完成项目，成效显著，取得了很好的社会反响。项目的成功实施对于参与各方也产生了积极影响：对于华安期货及其子公司华安资本来说，该项目的实施为期货经营机构在探索利用场外衍生品工具服务实体企业方面进行了新尝试，提供了新思路。而作为该项目的被帮扶对象，合肥杰事杰成功规避了原材料的价格风险，持续经营，为后续复工复产打下基础。另外，企业通过参与项目也对期货市场的避险功能及作用有了更直观的了解，并表示后续将加强期货知识的学习与培训，逐步学会运用金融工具，增强风险防范能力，以助力企业稳步发展。另外，该项目已成为安徽辖区证券期货行业利用金融专业优势携手助力抗疫的典型案例，在行业内得到了广泛好评。

2. 在市场创新方面的突破

业务模式的创新。该项目是场外衍生品工具服务实体企业的一次模式创新。项目设计中，灵活运用场外期权的特点，根据期权的非线性盈亏结构特征，为企业量身定制了期权组合，以满足企业的特定风险管理需求，从而提高了企业风险管理能力，助力企业稳产扩产，稳健经营。

服务形式的创新。该项目由华安证券、华安期货及华安资本公司联合参与，华安上下协同出动，共同发力，构建了多方联动的服务平台，高效发挥各方优势，为企业风险管理和生产经营保驾护航。另外，该项目还将公益事业与防疫抗疫相结合，由安徽华安证券公益基金会出资向企业捐赠期权费，让企业“零”成本获得采购价格“保险”，全力全心投入防疫物资的生产。

3. 对行业发展做出的贡献

从期货服务实体经济角度看，该项目充分体现了运用期权等衍生品工具是实体企业进行风险管理的有效途径，是金融与实体相互促进、协同发展的表现，是助力期货在服务实体经济方面再上台阶的有效方式。

从期权等衍生品工具创新角度来看，该项目在期权模型的组合运用上进行了新的尝试、探索和创新，使得产品设计更符合企业风险管理的个性化需求。

（二）思考

在项目运作期间，由于受到全球疫情、原油等多方因素的综合影响，大宗商品波动剧烈，项目对冲标的聚丙烯（PP）振幅加剧，波动率猛增，项目对冲风险超出预期，给对冲工作带来了压力。对于风险管理机构而言，后期要在极端行情下对加大风险认知的敏感性建立风险多维度分散机制开展进一步研究。同时，为提高实体企业对金融产品的了解，后续可以通过对接各实体行业协会，对企业开展风险管理培训，帮助企业树立风险管理意识，构建金融风险管理知识体系，引导其合理运用衍生品工具。

（三）建议

1. 对行业机构的建议

在此次疫情中，期货市场充分展现出衍生品工具助力实体企业风险管理、复工复产的实力。事实证明，面对突发的市场环境，合理使用期货、期权等衍生品工具可以有效对冲风险。但与此同时，当极端的“黑天鹅”行情来临时，期货公司及其子公司本身面临的风险加大。因为衍生品市场在我国的发展还处于探索阶段，期货公司子公司从 2014 年发展至今才走过 6 个年头，所以行业协会提供衍生品的系统学习和交流的机会，提高从业人员专业能力和对冲水平，从而更好地推进行业稳健发展。

2. 服务对象对项目的建议

在项目运作过程中，企业也反馈了一些想法和建议：

（1）目前大多数中小实体企业的经营者对期货市场还不了解，不熟悉，甚至还有些理解误区，因此建议加强对期货市场功能作用的宣传广度，以及对场外衍生品等金融工具及产品的知识培训力度。

（2）拓宽期货公司及风险管理子公司与实体企业的沟通渠道，增进沟通频次。通过此次项目，打开了企业风险管理的思路。企业表示，原材料管理只是他们风险管理需求的一部分，实际上企业的风险管理需求是多样化、个性化的，希望后续能够与期货公司加深互访、增进了解，将金融产品设计融合到企业产供销各环节，共同探讨研究更贴合企业实际需求的综合化、系统化风险管理解决方案。

案例 3

建信期货：探索“口罩期权”为企业生产解决后顾之忧

一、背景介绍

2020 年初，新型冠状病毒引发的肺炎疫情席卷全国，给实体企业带来极大冲击，在全民抗“疫”背景之下，期货行业不断思考探索新方法，为抗击疫情贡献力量。建信期货及其下属风险管理子公司建信商贸积极响应行业号召，在建行总行金融市场部的支持下，利用场外期权工具，主动为山东大型民营企业道恩集团免费提供了 PP2005 看涨期权，以创新行动支持了道恩集团为抗击疫情做出贡献。该项目是期货行业支持抗“疫”工作的创新探索，为推动与疫情高度相关企业利用场外期权进行风险管理提供了宝贵的经验。

二、项目介绍

（一）项目背景

建信期货是建设银行子公司。新冠疫情发生后，建设银行要求境内外各分行及子公司发挥各自功能及优势，共同在疫情防控中发挥好作用。同时，期货行业亦开展了大量抗“疫”行动。建信期货积极响应并落实期货行业号召与建行总行的工作要求，迅速成立抗“疫”专项领导小组，摸底排查公司内部的各类情况，很快制定出一套抗“疫”特别事项工作方案。

其中，针对春节期间仍和下属风险管理子公司建信商贸有存续合同的疫情较重地区的部分客户以及中小企业客户，考虑到节后大宗商品价格波动剧烈的不利局面，主动给予客户减免费用、延长合同履约期限等措施。同时，由于公司层面直接采购物资援助疫情难度很大，考虑到市场大量缺乏抗“疫”物资，如口罩、橡胶手套、防护服、护目镜、酒精棉片等原材料均和大宗商品息息相关，建信期货便开始探索利用期货市场套期保值的优势，为生产抗“疫”物资的企业提供支持，间接支援疫情防控。

抗“疫”专项领导小组成立后，迅速与建行总行金融市场部取得联系，寻找符合条件的客户名单，很快锁定了生产口罩布原材料的行业龙头、建行山东省烟台分行的大客户道恩集团，向其提出免费赠送基于口罩布原材料塑料聚丙烯（PP）的看涨期权，获得了企业的认同。

道恩集团始建于1991年，现已形成以化塑贸易、高分子新材料、钛白粉、物流仓储、煤炭工贸、金融服务、建筑建材、旅游餐饮等多产业并举的发展格局。道恩集团拥有国家级和省部级以上科研创新平台10个、国家技术发明二等奖1项、发明专利33项、国家重点新产品5种、主持或参与制定国家标准9项，先后承担国家和省部级科技计划26项、获得各类荣誉100余项，成功跻身中国民营企业500强行列。

春节长假本是生产型企业的运营淡季，但受此次疫情暴发的影响，超长假期给道恩集团带来了前所未有的困难和挑战，原料库存不足、工人无法正常返工、运输道路阻断、生产设施无奈停摆。然而，作为口罩重要原材料——塑料聚丙烯（PP）熔喷专用料原材料的供应商，道恩集团召必回、回必战，全面排查梳理内外部风险后，确保各项保障工作有序进行，同时多方协调人员、仓库、物流和装卸等环节，确保了防疫物资的有效供给。

（二）企业困境

医疗用口罩的原材料主要是聚丙烯（简称PP，大连商品交易所上市期货品种），每吨聚丙烯可制成10万到20万个N95口罩。医疗用口罩一般为纺粘层（S层）、熔喷层（M层）、纺粘层（S层）的多层结构，即SMS结构，其中纺粘层主要起支撑作用，熔喷层则可以隔离飞沫、颗粒物、酸雾、微生物等，是整个口罩的核心层。口罩生产中，熔喷聚丙烯专用料和纺粘料是整个口罩产业链的核心原材料，聚丙烯的价格关系到口罩产业链的成本，只有帮助企业稳定采购价格，企业才能安心生产，才能投入更大的精力提升产能，为抗击疫情做更大的贡献。

由于疫情形势严峻，国内对口罩的需求骤然暴增，加上未来预期企业复工后，市场对口罩的需求量会进一步上升。建信商贸预测随着口罩生产量的上升，口罩重要原材料——塑料聚丙烯（PP）在未来一段时间内的价格可能会大幅上涨。经过跟道恩集团充分的沟通，道恩集团也担心未来塑料聚丙烯（PP）的价格上涨引起生产成本过快上升，甚至影响其正常的生产经营。因此双方一拍即合，建信商贸以特有的行业优势为道恩集团解决口罩生产的后顾之忧。

（三）助力方式

为了协助道恩集团管理塑料聚丙烯（PP）未来价格上涨的风险，建信商贸联合建行总行金融市场部设计了一个期权方案：建设银行免费为道恩集团提供一个基于 PP2005 合约的亚式看涨期权，未来期权到期时若 PP2005 的平均价格高于执行价格，则建设银行赔付一定的金额给道恩集团，从而协助道恩集团将未来 PP 价格控制在执行价格以下。同时，建设银行向建信商贸购买同样的期权，将该笔亚式期权的风险转移给建信商贸，由建信商贸在大连商品交易所进行对冲交易，如果期权到期时 PP2005 平均价格高于执行价格，由建信商贸赔付一定金额给建设银行，建设银行再将该金额赔付给道恩集团。在本次交易中，建信商贸免收建设银行期权费，建设银行以赠送的形式免费赠予道恩集团（见图 1）。

图 1　向员工发放抗疫物资

该笔亚式期权的要素见表1。

表1　　亚式期权的要素

期权类型	亚式看涨期权
结算价格	期权起始时间至截止时间收盘价格的平均价
标的合约	PP2005
入场价格	6 890 元/吨
行权价格	7 234.5 元/吨
规模	500 吨
截止日	2020 年 3 月 6 日
该笔期权对应名义货值（按入场价格计）	344.5 万元

建信商贸在设计该笔期权时，最初考虑设计成具有保底收益的看涨“鲨鱼鳍”期权结构，但最终还是选择了亚式期权结构。主要原因在于企业采购原材料的时候是根据生产经营活动进行分批次采购的，当期盘面价格波动过大，后续价格走势如何发展有待观察。此外，因为业务期限暂定1个月，PP2005 作为标的合约，其流动性已经满足对冲要求，无须更换合约，可以减少换合约带来的不确定性。在行权价方面，建信商贸考虑到春节前 PP2005 价格都在 7 300 元/吨以上，虽然近期有一定回落，但是按照当期市场对口罩极度需求的局面，不排除后期原材料价格因紧缺而上涨，因此，建信商贸将期权设计成了执行价格为入场价格上浮 5% 的情况（6 890 × 1.05 = 7 234.5）。在和客户完成对亚式期权相关交易要素条款确认后，建信商贸持续关注市场变化，和客户一直保持密切的沟通。

在持续跟踪的过程中，建信商贸发现 PP2005 的价格从 2 月 10 日至 2 月 14 日均在 6 800 元/吨附近波动。2 月 14 日，建信商贸给道恩集团建议，考虑到原先设计执行价格 7 234.5 元/吨的不利局面并未出现，建信商贸方面拟为道恩集团另行增加 300 吨欧式平值看涨期权，以便进一步控制风险。新增加的欧式平值看涨期权的要素见表 2。

根据新的期权方案，期权到期时如果 PP2005 价格高于执行价格 6 800 元/吨，建设银行将赔付道恩集团 PP2005 到期价格高于执行价格 6 800 元/吨的金额，同时建信商贸向建设银行进行赔付。道恩集团通过持有欧式平值看涨期权的多头确保其未来一段时间内采购 PP2005 的价格不高于当前

表 2　　欧式平值看涨期权的要素

期权类型	欧式看涨期权
标的合约	PP2005
入场价格	6 800 元/吨
行权价格	6 800 元/吨
规模	300 吨
期权起始日	2020 年 2 月 17 日
截止日	2020 年 3 月 16 日
该笔期权对应名义货值（按入场价格计）	204 万元

价格 6 800 元/吨，锁定未来最高采购价。该笔期权的交易流程及赔付流程均与前一笔亚式看涨期权相同，该笔期权，建设银行仍免收道恩集团的期权费，建信商贸免收建设银行的期权费见图 2。

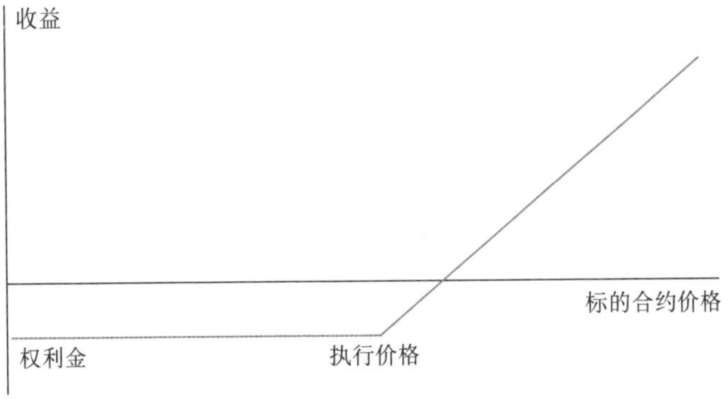

图 2　看涨期权损益

三、风险管理效果

上述亚式看涨期权和欧式平值看涨期权的综合效果如下：如果期权到期时 PP2005 价格高于 6 800 元/吨，但是亚式期权存续期 PP2005 平均价格低于 7 234. 5 元/吨，则欧式平值看涨期权可行权，道恩集团获得对欧式平值看涨期权的赔付；如果期权到期时 PP2005 价格高于 6 800 元/吨，亚式期权存续期 PP2005 平均价格高于 7 234. 5 元/吨，则欧式平值看涨期权和亚式期权均可行权，两笔期权均可获得赔付；如果期权到期时 PP2005 价格低于 6 800 元/吨，亚式期权存续期 PP2005 平均价格低于 7 234. 5 元/吨，则两笔期权到期后价值为零，自动失效，建设银行及建信商贸均无须赔付。当两笔期权均失效时，道恩集团可以直接通过市场以较低价格购入原材料，其原材料成本可控制在较低水平。当期权获得赔付时，聚丙烯（PP）价格较高，道恩集团虽然从市场上以较高价格购入原材料，但因期权行权时获得赔付，可以确保其原材料成本控制在一定范围，不会因原材料价格的大幅上涨而产生经营上的亏损。

因 PP2005 价格 3 月份持续下跌，2020 年 3 月 6 日，亚式看涨期权到期，PP2005 期间均价为 6 988 元/吨，低于执行价格 7 234. 5 元/吨。2020 年 3 月 17 日，欧式看涨期权到期，PP2005 到期价格为 6 691 元/吨，低于执行价格 6 800 元/吨。亚式看涨期权和欧式看涨期权的观察价格均低于对应的执行价格，两笔期权到期后价值自动为零，未发生实际赔付。道恩集团直接在市场以较低价格购入原材料，将其原材料成本控制在较低水平（见图 3）。

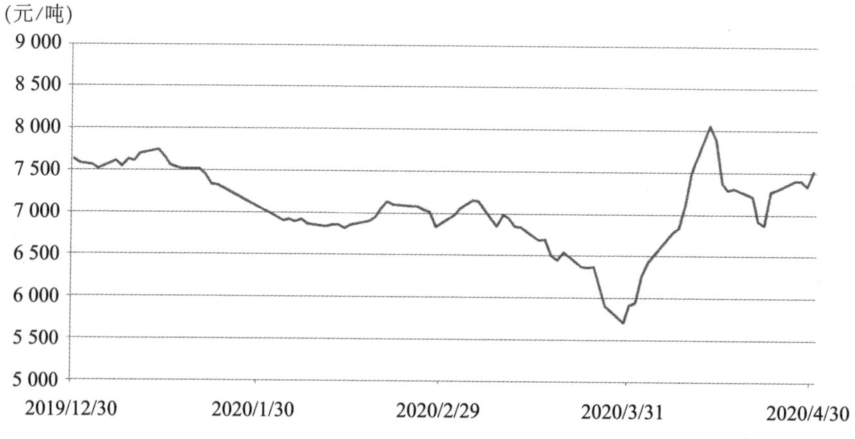

图 3　PP2005 价格走势

四、总结与建议

本项目虽然最后因聚丙烯 PP2005 合约价格不断下跌未达到赔付条件，但方案具备较强的代表性、可持续性与可复制性。首先，本项目试图探索运用场外期权抗击疫情的模式创新为行业相关企业在面临市场突发状况时，利用场外期权工具进行风险管理提供了新的思路，在企业后续的生产经营中可随时利用该模式进行持续的风险管理。其次，该模式不但可以用来协助口罩生产企业管理其原材料价格上涨的风险，也可以用于协助其他生产企业，例如生产医用无菌手套的企业、生产防护服的企业，或者是生产医用酒精的企业等，可借鉴性很强。另外，参与本项目的实体企业道恩集团极具代表性。道恩集团在抗击疫情的过程中，多次定制聚丙烯纺粘料，该材料用于生产口罩无纺布（S层）。同时，道恩集团旗下的道恩股份是一家口罩布聚丙烯熔喷专用料国家标准的制定者，是国内最重要的口罩布聚丙烯熔喷专用料供应商。口罩生产中，熔喷聚丙烯专用料和纺粘料是整个口罩产业链的核心原材料，聚丙烯的价格直接关系到口罩产业链的生产成本，虽然本次方案未达到赔付条件，但也是作为类保险措施让企业吃下了一颗定心丸，为7.2亿只一次性外科口罩或1.6亿只N95口罩保障了原材料价格，值得各类生产企业参考借鉴。

案例 4

中信期货：创新运用“酒精期权”，助力生产企业抗击疫情

一、项目背景介绍

新冠肺炎疫情发生以来，出于疫情防控的需要，医用酒精的用量显著增加，市场资源一直紧缺。玉米深加工是生产酒精的一种常用工艺，玉米作为酒精生产的原材料，两者相关度在 80% 左右。疫情期间，玉米价格波动显著加剧，酒精企业在生产过程中面临的原材料成本上升的风险显著增加。

为贯彻落实中央政治局会议提出的“继续做好科学防控推动有序复工复产，为实体经济发展提供精准金融服务”的要求，并结合上述实际情况，中信期货有限公司（以下简称“中信期货”）、中信中证资本管理有限公司（以下简称“中信中证资本”）于 2020 年 2 月底签订有关协议，在黑龙江省桦南县利用“保险 + 期货”的模式，以玉米价格险的形式，为当地的酒精生产企业保驾护航。

本次项目的服务企业是黑龙江鸿展生物能源有限公司。该公司于 2019 年 10 月建成投产，年加工玉米 105 万吨，企业酒精产能 35 万吨。新冠疫情发生以来，为满足疫情防控需要，该公司紧急进行技术改造，调整产品结构，自 2020 年 1 月 26 日开始生产普级酒精和乙醇消毒液。该公司先后被国家和黑龙江省列入防控疫情重点物资保障企业名单，在不到一个月的时间内，向社会供应普级酒精 1.6 万余吨，乙醇消毒液 200 余吨。

对酒精生产而言，原料玉米占生产成本的 85% 以上，原料玉米的价格

波动对产品成本影响非常大。每到春夏之交，玉米供应不及时且市场保有量不大的时候，价格波动会很大，对成本的影响会很大，进而对企业的正常生产影响也会非常大，更何况是在这样一个抗“疫”的关键时刻。

二、项目开展情况

（一）项目简介

考虑到玉米价格上升会增加企业的生产成本，进而对成品酒精的价格造成抬升的压力，中信期货、中信中证资本积极响应中央利用金融工具支持实体企业共同抗击疫情的号召，为黑龙江鸿展生物能源有限公司量身制定了一套“保险＋期货”方案，帮助企业控制成本端价格上升的风险。

（二）项目服务方式及原理介绍

“保险＋期货”模式是一项创新型的农业风险管理模式。农业相关企业购买农产品保险，一旦遭遇市场价格动荡触发价格保险赔付条款，将由保险公司赔付亏损，而保险公司则通过向风险管理公司购买场外期权产品转移赔付风险，实现“再保险”，形成风险多方共担的共赢格局。通俗来讲，就是把农业领域不擅长的事情交给专业机构去打包完成，以农业领域比较熟悉的保险产品形式呈现。在投保主体（农业相关企业）看来，和普通购买保险一样，其只需支付保费，便能实现对“因市场价格波动而造成的亏损”部分进行保障。从本质上来解释，“期货＋保险”为投保主体（农业相关企业）提供了一种灵活的避险工具，将农业领域所面临的价格风险转移至期货市场，保险则像是一个纽带，衔接了农业生产经营者与陌生的期货市场，这样的协同合理地利用了期货市场的风险管理功能，也得到了政策的大力支持。近年来，玉米、苹果、天然橡胶、大豆等农产品纷纷被纳入“保险＋期货”项目中，“保险＋期货”的模式应用也连续几年被写入“中央一号”文件，有力助推了农产品目标价格改革。

（三）项目执行情况

考虑到企业地处黑龙江省桦南县，该县作为国家级贫困县，在2019年刚刚实现脱贫摘帽。中信期货、中信中证资本本着“脱贫不脱政策，摘帽不摘帮扶”的扶贫工作原则，从扶贫专项资金中拨付20万元，赠予黑龙江鸿展生物能源有限公司作为保险费，携手中华联合保险，共同支持抗“疫”企业。

中信期货子公司——中信中证资本为项目设计了对应的期权方案。该方案属于奇异期权，由向上敲出看涨期权和二元期权组合而成，为玉米价格提供保险，保障周期为1个月、保障玉米规模1.1万吨。之所以选择上述期权结构，主要是基于对行情的研判。中信中证资本认为在项目开展期间玉米上涨的概率较大，加上期权存续期相对较短，使用向上敲出结构可以在达到一定涨幅时触发敲出事件，锁定收益、获利了结；如果玉米上涨但始终未触发敲出事件，那么该期权就会转化为一个欧式期权，按照到期日收盘价作为结算价进行结算。无论玉米价格在存续期是涨是跌，二元结构都可以进行赔付。

总之，本项目的期权结构兼顾灵活性与赔付效果（见表1）。从对冲角度来看，以Delta中性对冲策略为基础，严格约束Delta风险敞口，并采用动态择时交易策略结合基本面研究，应对波动率变化风险，控制对冲成本。

表1　　场外期权要素

挂钩标的	玉米2005合约
期权类型	奇异期权（向上敲出看涨期权+二元期权）
期权起始日	2020年3月11日
期权到期日	2020年4月10日
数量	11 000吨
入场价格	1 952元/吨
目标价格	平值，等于入场价格
障碍价格	入场价格×101.2%
二元执行价	入场价格×80%
结算价格	①若期权存续期内标的价格向上击穿障碍价格，则发生敲出事件，结算价格等于障碍价格 ②若期权存续期内标的价格从未击穿障碍价格，期权持有到期，结算价格等于标的资产在合约到期日的收盘价格

续表

结算方式	现金结算
结算金额	max {结算价格 - 目标价格，0} ×数量 + 二元结算价格
期权权利金	200 000 元
最终赔付情况	触发敲出事件，结算价格为 1 982 元/吨，赔付金额 307 664 元，赔付率 153.83%

从实操结果来看，玉米价格确实如期上涨且触发了敲出事件，实现赔付共计 307 664 元，赔付率达到 153.83%，在不到一个月的时间实现了通过衍生品工具为参保企业降低采购成本的显著效果。通过对原材料玉米的货值进行保障，为企业锁定了约 3 600 吨酒精生产的成本，是目前国内保障医用酒精规模最大的“保险 + 期货”项目。

三、项目成果

黑龙江鸿展生物能源有限公司参与项目的相关人员表示，随着“保险 + 期货”模式在当地种植户、合作社进行试点推广，他们对此类项目在对抗价格下跌风险方面的应用有一定了解。但是，本次项目给了他们耳目一新的感觉，“保险 + 期货”不仅可以保价格下跌的风险，也可以保价格上涨的风险，让他们对“保险 + 期货”的灵活性和适用性产生了全新的认识。同时，本次项目产生的赔付确实弥补了生产原料成本上涨给企业带来的利润损失，使其充分体会到，如果能够合理运用金融工具，可以对生产经营过程进行科学管理，让经营风险变得更加可控。相关人员表示，未来将对各类金融工具进行仔细研究和合理利用，让企业的生产经营变得更加有序、更加稳健。

四、总结与建议

（一）经验总结

从社会效应而言，本次项目开展期间正是全国上下齐心抗击新冠疫情的关键期，疫情防控使得酒精生产企业的原材料成本上升的风险显著增加，中信期货充分发挥自身金融衍生品领域专长，积极服务实体企业，保障疫情期间黑龙江鸿展生物能源有限公司能够正常生产，且供应价格平稳，为抗击疫情做出努力，体现了中信期货的社会担当。

从公司业务而言，本次项目充分体现了中信集团始终秉持的理念——创新。自“十三五”规划以来，“保险＋期货”模式连续五次被写入“中央一号”文件，在农业保险方面已经颇见成效。而利用“保险＋期货”为防疫物资生产企业的生产成本进行保险，是本次项目的一大创新。“保险＋期货”模式不仅可以用于上游的种植和养殖主体，还可以用于中游的贸易主体和下游的消费主体。业务模式在产业链上中下游的延展，可以大大拓展同类型业务的扩展空间。下一步，中信期货和中信中证资本还将继续发挥专业优势，充分运用金融工具，在抗击疫情、支持实体经济、防范价格风险中进行更多创新，做出更大贡献。

（二）思考建议

本次项目对“保险＋期货”业务颇具启发性，为该业务从上游向下游、从农业端向工业端的扩展打开了思路。中信期货就这一课题对政府部门、相关金融机构、相关实体企业展开调研。调研发现，如果要进一步推广“保险＋期货”模式，使之真正成为企业在进行风险管理时除场内衍生品和场外衍生品之外的又一有力的工具，还存在一定的瓶颈。

对生产企业开具保单、保障价格风险，保险公司普遍存在一个疑问：为什么企业不直接在期货公司开立账户，直接进行金融衍生品交易？事实上，金融衍生品尤其是场外衍生品对于国内部分企业而言存在使用障碍，考虑到财务处理和审计方面的因素，企业对金融衍生品持望而却步的态度。另有部分企业虽然可以使用金融衍生品，主观意愿也很强，但是由于企业中没有相应的人力资源储备以及组织架构，无法系统性地进行衍生品交易。但是如果使用保单，上述问题可能就迎刃而解了。上述问题也充分说明，中信期货在投资者教育和相关业务的市场培育方面可以做更多工作，希望监管部门、交易所以及其他期货公司也可以参与到这项工作当中，让企业、保险公司充分认识和掌握相关知识是开展此类业务的基础。

目前“保险＋期货”设计的品种全部都是农产品，这也就决定了目前此类业务只能在与农产品相关的产业链上推广，存在局限性。中国是一个产业门类齐全的国家，拥有众多的工业企业门类。我们希望可以对工业品的“保险+期货”进行研究，设计相关险种，完善法律法规，让“保险+期货”更加丰富多样，成为金融服务“三农”、服务实体企业的抓手和亮点，为我国农业和工业稳健发展提供有效保障。只有一二三产业齐头并进，才能真正助力我国经济结构转型迈向成功。

案例 5

华泰期货：提供 PVC 看跌期权，有效控制消毒液库存贬值风险

一、项目背景介绍

四川某上市公司年产消毒液伴生品[①] PVC 约 45 万吨，但受下游复工延缓影响，造成库存积压，企业面临的 PVC 库存贬值的风险越来越大。华泰长城资本管理有限公司（以下简称“华泰长城资本”）了解到这个情况后，为支持企业全力抗“疫”，免费提供 310 吨的 PVC 欧式看跌期权，规避了未来 2 个月价格下跌的风险。

二、项目开展情况

（一）服务方式及原理简介

服务方式：企业与华泰长城资本签署场外衍生品协议，华泰长城资本为企业无偿提供了 310 吨的 PVC 欧式看跌期权，成功锁定未来两个月 PVC 的销售价格，有效控制企业 PVC 销售价格下降的风险。

原理简介：企业买入 PVC 欧式看跌期权，提前平仓或持有到期时，平仓价格或到期收盘价下降至看跌期权执行价时，企业可以获得来自华泰长

---

① 伴生品：指生产 A 产品时同时产出的 B 产品，A、B 产品互为伴生品。此处消毒液与 PVC 互为伴生品。

城资本赔付的差价。

（二）具体操作流程

企业早在半年前就已完成场外期权户的开立，但因对期权策略没有把握，一直未进行实际操作。面临疫情期间的巨大风险，企业拿起了期权工具，华泰长城资本根据企业提出的风险管理需求，进行针对性方案设计并减免期权费。2020 年 2 月 18 日，PVC2009 合约价格为 6 390 元/吨，华泰长城资本向企业免费提供了上述标的期货合约的 310 吨看跌期权，执行价为 6 390 元/吨，到期日为 2020 年 4 月 17 日。

（三）合同后续执行情况

企业持有此期权后，于 2020 年 3 月 9 日提前平仓，PVC2009 提前平仓价为 6 240 元/吨，提前平仓收益为 62 468. 10 元。项目要素见表 1。

表 1　项目要素

标的合约	V2009
期权结构	欧式看跌
保障规模（吨）	310
执行价（元/吨）	6 390
到期日	2020 年 4 月 17 日
入场日期	出场日期
2020 年 2 月 18 日	2020 年 3 月 9 日
入场价格（元/吨）	出场价格（元/吨）
6 390	6 240
开仓权利金（元/吨）	平仓权利金（元/吨）
0	201. 51
期权了结收益（元）	62 468. 10

三、项目成果

企业通过 PVC 场外看跌期权工具，在特殊时期消除了因大量生产消毒水而不断累积的 PVC 库存贬值风险，免除后顾之忧的企业得以开足马力生产消毒水原料，进而为全社会的抗“疫”行动及时提供了更多实实在在的支持。通过此次成功的案例，使得企业从实际操作中切实体会到了场外期权工具特有的风险管理功效，积累了利用衍生品主动管理价格风险的经验，并为与华泰长城资本今后更紧密的合作打下良好基础。

四、体会与建议

本项目通过针对性的风险管理措施，有力地助推了相关企业在疫情期间防疫物资的紧急生产，产生了良好的社会效应。但我们同时发现，企业在选择具体策略时，表现出对期权结构和时间价值的理解不够深刻，这也反映了很大一部分对期权工具有需求的企业的现状。市场的培育和行业的发展需要逐步向前推进，相信未来真正需要衍生品工具来管理风险的企业都可以对期权工具有更加清晰的认识，能做出更加契合实际需求的工具选择和结构设计。

案例 6

倍特期货："酒精期权"助力实体企业抗"疫"避险

一、项目背景介绍

突如其来的新冠肺炎疫情，使医用防控物资的重要性凸显，医用酒精几乎成为家家必备的防疫物资。疫情导致医用酒精需求量急速上升，使其成为紧缺的防控物资之一。四川沙淇实业有限公司（以下简称"四川沙淇"）是一家酒精生产企业，抗"疫"期间，四川沙淇为保证酒精生产作业顺利进行，在其库存中积压了大量的生产原材料——玉米。与此同时，受疫情影响，外盘 CBOT 玉米价格指数持续下跌，该玉米库存面临的贬值风险越来越大。

倍特期货有限公司（以下简称"倍特期货"）及其风险管理子公司上海茂川资本管理有限公司（以下简称"茂川资本"）积极响应"金融抗疫"的号召，履行社会责任，彰显企业担当。在了解了四川沙淇遇到经营困难后，茂川资本第一时间与其进行充分沟通，为该企业量身定制风险控制方案，并免费向其提供为期一个月的玉米亚式看跌期权，挂钩现货玉米 3 000 吨，可用于加工生产出约 1 200 吨食用酒精，配比成近 1 500 吨的医用酒精[①]。倍特期货及茂川资本希望通过发挥专业优势，充分利用衍生品工具，解决该企业面临的困难，助力实体企业共渡难关，为实体企业保驾

① 玉米是食用酒精的生产原料，通过配比的方式，可以将食用酒精配比成一定比例的医用酒精（酒精纯度 75%）。

护航，共同打赢这场没有硝烟的战争。

二、项目开展情况

（一）项目简介

疫情期间，四川沙淇认为玉米价格后续存在下跌趋势。为管理原材料玉米下跌的风险，锁定玉米原材料成本，减少库存价值贬值，经过沟通，茂川资本向四川沙淇提供为期一个月的玉米亚式看跌期权风险管理服务。

按照服务方案，茂川资本在期货市场上择机入场，执行价格为1 923.00元/吨，期权费为21 600.00 元，以期权存续期内的标的物日收盘价的算数平均值为结算价。若期权到期日结算价低于执行价格，则由茂川资本向四川沙淇进行赔付，茂川资本免收四川沙淇此单期权费用。

（二）具体操作流程

签署协议：茂川资本对四川沙淇进行客户资信评估、适当性评估，将客户类别及适配的产品或服务告知四川沙淇，并向其做出风险揭示，双方签署“中国证券期货市场衍生品交易主协议”、补充协议等相关文件。

交易下单：四川沙淇询价，并在盘中点价确定入场价格，盘后茂川资本发送电子版场外期权交易确认书，四川沙淇确认文本内容后，双方签署纸质版本确认书并加盖印章。

风险对冲：由茂川资本进行风险对冲，并在此期间逐日盯市，向四川沙淇发送逐日盯市结算报告。

到期行权：期权到期，茂川资本与四川沙淇依据实际对冲情况进行结算，双方签订交易结算单。

操作流程图见图 1。

（三）合同执行情况

2020 年 2 月 26 日，茂川资本与四川沙淇完成了适当性材料的评估。2020 年 3 月 3 日双方签订场外主协议等文件，完成场外开户操作；根据疫情期间的行情研判，茂川资本与四川沙淇对玉米价格、行情走势进行充分

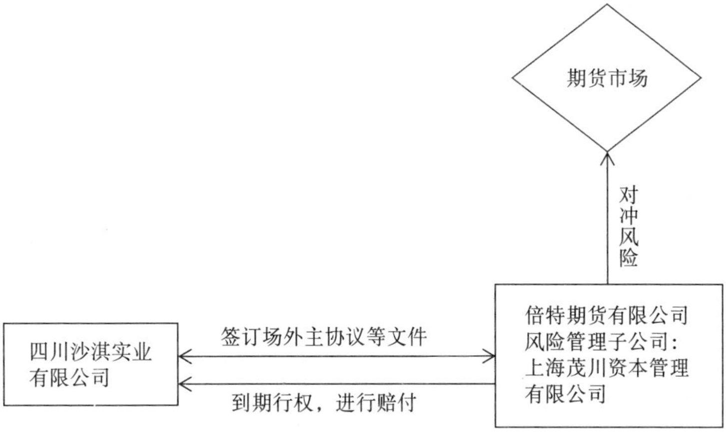

图 1　具体操作流程

沟通，采用亚式看跌期权方案，择机入场，并于 2020 年 3 月 3 日下午确定了期权对应标的为 3 000 吨玉米，对应大商所 C2005 合约，执行价格为 1 923元/吨，期权有效期自 2020 年 3 月 3 日至 2020 年 4 月 2 日，双方签订了场外期权交易确认书。

茂川资本免收四川沙淇期权费，并向其提供逐日盯市报告。

2020 年 4 月 2 日，期权到期，双方签订交易结算单。由于到期日结算价高于执行价，茂川资本不用向四川沙淇进行赔付，结算金额为 0 元。

表 1 为详细的交易结算要素表。

表 1　交易结算要素

卖方	上海茂川资本管理有限公司	买方	四川沙淇实业有限公司
交易编号	short - p - C - 20001		
期权生效日	2020 年 3 月 3 日	期权到期日	2020 年 4 月 2 日
标的合约	C2005	规模数量	3 000 吨
执行价格	1 923. 00 元/吨	期权费	216 000. 00
结算规则	在结算日，结算价低于执行价时，期权买方有权按照“（执行价格 - 结算价）× 标的物规模数量”的方式获得期权交易结算金额		
到期结算价	1 954. 04 元/吨（期权存续期内标的物收盘价的算数平均值）		
最终结算金额	0 元		

三、项目成果

此次项目开展前期，茂川资本预估玉米价格看涨，但四川沙淇认为玉米价格后续下跌可能较大。茂川资本遵循客户的意愿，向该企业提供免费一个月的亚式看跌期权，不需要企业承担期权费用。到期行权后，茂川资本虽未对四川沙淇实际赔付，但在项目中，双方充分沟通，使四川沙淇了解了通过期权规避价格风险对于生产型企业的重要性，更加肯定了茂川资本对价格判断的准确性和专业性。此次项目也为双方后续开展场外期权业务奠定了良好基础。

四、总结与建议

（一）总结

新冠疫情的传播使对疫情的防控和为实体企业生产作业保驾护航刻不容缓。此次项目是倍特期货及茂川资本落实“金融抗疫”号召的重要实践，对公司有效参与期货行业扶贫、服务实体企业的意义重大。玉米“酒精期权”的落地，让实体企业了解到金融扶贫的专业性以及共同抗“疫”的高效性。

金融扶贫、专业扶贫在服务实体企业中显得格外重要。期货、期权原本对于生产型企业来说比较陌生，但通过在生产中的实际运营，场外期权以其自身的优势，在期货市场上对冲风险，为实体企业提供了交易品种的价格保障，有效规避了价格风险，减小了货值损失，甚至增加了收益。此次项目的开展，有效帮扶了实体企业减轻疫情影响，维持其正常运行，对四川沙淇这类生产型企业来说，不仅加深了企业对金融知识和期货期权知识的了解，还为以后更多的实体企业加入期货行业、参与金融扶贫起到了良好的示范作用。

茂川资本将不断探索场外期权创新模式，运用好衍生品工具，发挥专业优势，期待帮助和服务更多的实体企业。

（二）思考

此次玉米“酒精期权”项目虽然顺利完成，但实施过程中还存在以下不足和需要改进的地方：

一是在对玉米价格走势、行情判断上，茂川资本与四川沙淇对玉米后期走势的看法相反。但茂川资本还是依据客户四川沙淇的意见进行了场外期权方案设计，没有干预四川沙淇做出的交易行为。事实证明，茂川资本的研判更准确，但当时茂川资本没有提供足够的数据及投研报告作为支撑，没能向实体企业充分展示自身的专业优势。

二是实体企业对金融知识的学习和掌握水平不高，对期权的认知和整个业务流程也比较陌生，对使用期权做套期保值还存在认识误区，即便茂川资本为客户提供了免费的期权，四川沙淇仍然存在一定的犹豫和观望情绪。后续开展场外业务中应加强对实体企业的培训，提供优质的服务，切实做好专业扶贫。

三是因为原材料玉米的价格行情在此期间出现上涨，四川沙淇囤积的玉米库存没有出现贬值风险，所以此案期权没有赔付。但是考虑到疫情的扶贫性质，没有赔付不利于客户今后的参与和推广，后续茂川资本还需要更好地把握行情，为客户提供精准的指导意见，客户只有从期权中获利，才会更愿意参与金融市场交易。

（三）建议

四川沙淇作为此次项目的服务对象，切实感受到了期货行业“金融抗疫”不仅仅是口号，而是让企业真正获得价格保障，他们期待后续与茂川资本的进一步业务合作。通过此次合作，茂川资本看到了服务实体经济的广阔空间，今后要加强行业机构参与“金融抗疫”的宣传力度，加强与所在区域实体企业的交流，了解实体企业的需求和面临的困境，以距离优势、专业优势为其提供帮助，排忧解难。同时，还需改进方式方法，勇于业务创新，针对实体企业需求，为其量身定制风险方案，合法合规地开展金融扶贫。

案例7

方正中期期货：聚丙烯场外期权助力英威特塑胶有限公司复工复产

一、项目背景介绍

（一）项目主体对象

方正中期期货有限公司（以下简称“方正中期”）作为本次项目的承担主体，是一家连续6年获得A类AA级的期货公司。公司以经纪业务为资源平台，不断加快资产管理、风险管理等相关创新业务的发展步伐，行业排名、市场竞争力、总体盈利水平等均实现稳步提升。上海际丰投资管理有限责任公司（以下简称“上海际丰”）是方正中期全资子公司，注册资本为3亿元，2013年经中国期货业协会备案通过，是国内首批成立的8家风险管理子公司之一，是从事期现经营的专业化风险管理公司。目前已备案通过全部试点业务，其中包括仓单服务、合作套保、基差贸易、做市业务和场外衍生品（定价服务）业务。作为方正中期全资控股的子公司，上海际丰投资管理有限责任公司积极履行社会责任和义务，在场外衍生品业务上积极参与“保险＋期货”试点项目的实践，涉及天然橡胶、苹果、黄大豆一号、红枣、玉米、豆粕等多个期货品种。

（二）项目服务对象

辛集市英威特塑胶有限公司是专业生产PP纺粘型无纺布、无纺布袋、购物袋、西服袋、口罩等产品的企业，成立于2004年，注册资本500万元，总部设在河北省辛集市，拥有完整、科学的质量管理体系。

公司从成立初期就尝试使用期货及衍生工具来管理库存和经营风险，通过套期保值以及期现套利参与大连商品交易所塑料和聚丙烯的交易，为企业的高速安全发展保驾护航。

（三）产业背景及企业风险管理需求

海外疫情的加剧使全球防护用品的需求显著提升，口罩等个人防护用品需求更加激增，多国进入医疗用品紧缺的状态。世界卫生组织估计，为满足日益增长的全球需求，防护用品制造业须将产量提高40%，所以世界卫生组织不断与各国政府、产业界进行沟通与合作，以促进产量的提高，并确保相关资源向急需的国家分配。防疫物资中首当其冲的就是口罩，口罩的生产主要由三个环节组成，上游由聚丙烯、橡胶等原材料组成，中游由无纺布、熔喷布、耳挂和鼻塑条等配件组成，下游进行口罩生产组装。口罩生产的中间环节，即熔喷布的加工生产由于初始投入较大，设备安装周期较长，关键零部件短期紧缺，成为口罩生产的主要“限速”环节。而口罩的基础原材料是石化工厂生产的聚丙烯，具体是指医用无纺布专用料和医用熔喷布专用料，熔喷布专用料因整体需求占比较小，在短期内阶段性地出现短缺。

在塑胶产业链中普遍采用基差点价的采购模式。下游企业担心点价前价格上涨，点价点在高位上，增加采购费用，提高采购成本，因此需要在点价前对聚丙烯价格进行保护，降低价格上涨的风险。上游企业在贸易商进行点价时担心价格处于相对低位，使自身以较低价格销售，减少公司利润，因此希望在贸易商点价前为自身售价进行保护，降低聚丙烯价格下跌的风险。在传统的“基差交易”模式中，上下游企业通常在点价前，通过期货交易来套期保值。当期货价格与上下游企业套保头寸发生反向变动时，企业将面临在期货端追加保证金，产生额外资金投入的风险。“含权贸易”的创新套保模式，在帮助企业规避商品价格波动风险的同时，解决了期货套保占用过多保证金，削弱企业资金流动性能力的问题。此外，国内很多企业对期货账面的浮亏非常排斥，使用期权进行套保，可以有效避免期货浮亏情况的发生。

二、项目进展情况

（一）项目介绍、操作流程、服务方式及原理简介

上海际丰投资管理有限责任公司作为方正中期期货的风险管理子公司，是本次期权的设计方与风险承担方，其通过期货对冲来规避风险。为了增加英威特塑胶有限公司风险管理的灵活性，上海际丰将场外期权期限设计为一个月。考虑到疫情及目前市场对含权贸易的接受程度不高，上海际丰为客户设计买入看跌平值欧式期权。本次项目于 2020 年 4 月 13 日启动，2020 年 5 月 13 日结束。对应的合约为 PP2009。辛集市英威特塑胶有限公司在买入欧式看跌期权后，若在期权到期时聚丙烯的市场价格高于行权价，该公司虽然损失权利金，但在现货端可以用相对高的价格进行销售；若在期权到期时聚丙烯的价格低于行权价，看跌期权的盈利部分可以弥补公司在现货端低价卖出导致的损失。期权的损益图见图 1。

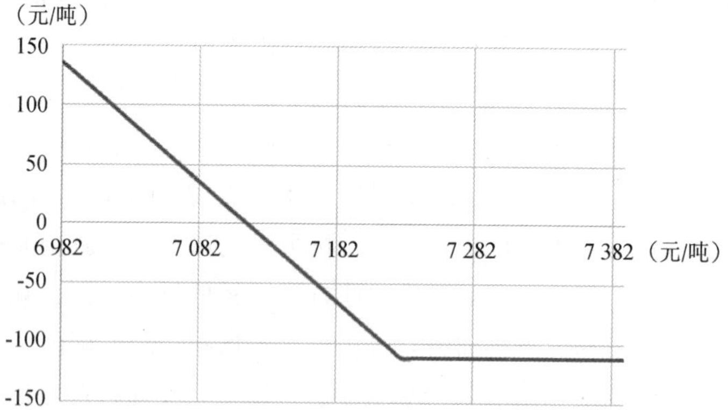

图 1　期权的损益

上海际丰在本次交易中的对冲操作是在聚丙烯期货上进行追涨杀跌的避险交易。在波动率上升时，上海际丰对冲频率增加，避险成本增加，产生亏损；在波动率下降时，上海际丰对冲频率降低，避险成本减少，产生盈利。因为受疫情的影响，聚丙烯作为防护用品的重要原材料之一，其价格波动较大，所以本次期权结构中交易的波动率选取为高于历史波动率。对冲策略选取 delta 中性，根据 BS 期权定价公式计算出实时 delta 值，并进

行对冲。看跌期权的 delta 值为负，聚丙烯价格下跌时 delta 变小并趋向于 -1，期权对冲时增加期货空单持仓；当价格上涨时，delta 变大并趋向于 0，对冲时减少期货空单持仓。

（二）合同后续执行情况

此看跌期权卖方为上海际丰投资管理有限责任公司，期权的买方为辛集市英威特塑胶有限公司。方正中期为辛集市英威特塑胶有限公司免费提供权利金——价值 3 万元的聚丙烯价格风险管理服务，并委托上海际丰为其具体执行场外期权服务，共开展 65 吨聚丙烯现货的保价服务。期权的生效日为 2020 年 4 月 13 日，标的合约为大连商品交易所聚丙烯 PP2009 合约，入场点位 7 190 元/吨，期权到期日为 2020 年 5 月 13 日。由于入场后聚丙烯的价格持续下跌且跌幅较大，为了最大化保障客户的利益，上海际丰在遵照客户的要求下，于 2020 年 4 月 22 日通过客户卖出相同结构，执行价格及规模、到期日与原交易一致的场外期权的形式实现了提前平仓，平仓价格即最终结算价格为 6 433 元/吨。总体而言，期权产生赔付 49 205 元，平仓后上海际丰净收益为 -19 205 元，客户的净收益为 19 205 元。

三、项目成果

为响应中期协“众志成城抗击疫情”的倡议，方正中期为辛集市英威特塑胶有限公司设计了欧式看跌期权的期权方案，对应聚丙烯大规模 65 吨。据了解，每吨聚丙烯大约可制成一次性外科口罩 90 万个或 N95 口罩 20 万个。本次期权相当于保障了 5 850 万个一次性外科口罩或 1 300 万个 N95 口罩所需的聚丙烯原料。今年受新冠疫情影响，口罩供需关系失衡，直接导致了作为原材料的聚丙烯价格出现剧烈波动。在此环境下，原材料成本价格的大幅振荡对口罩生产加工企业造成了冲击，致使口罩生产无法有序进行。本次方正中期向辛集市英威特塑胶有限公司赠送了一份口罩“价格保险”，成功为客户企业规避了聚丙烯价格不利波动的风险，帮助了客户企业复工复产，稳定了生产经营环境。

四、总结与建议

（一）总结

近几年聚烯烃装置大量投产，再加上全球经济低迷不振，为聚丙烯行业带来较大挑战。目前，我国交易所尚未上市聚丙烯期货期权，实体企业的风险管理需求无法通过场内期权工具得到满足。风险管理子公司提供场外期权工具，不仅提供了专业化的风险管理服务，也提供了一个满足企业需求的风险管理渠道。

另外，资金是企业发展的血液，一直以来，融资成本与融资渠道是企业正常经营面临的难点。企业在采购销售中通过购买场外期权，可以使用一定的期权费支出锁住未来采购原材料的成本或锁住未来产品的销售利润，企业不需要使用大量资金囤积原物料，大幅度降低企业的运营资金占用，就可有效降低企业的融资成本，将资金更大限度地用于自身的生产经营中。此外，通过购买场外期权，还可以有效避免期货价格大幅波动带来的追加保证金的不利影响，从而提升企业的资金使用效率。

本项目通过场外期权为企业规避了市场价格带来的成本风险。疫情当前，方正中期积极利用自身优势，找到企业生产中的问题，并协助其解决，为保障企业运行做出了自身的贡献。虽然设计的期权结构较为简单，但赔付效果好，企业在提前平仓后取得了良好的风险管理效果。

（二）建议

通过参与中期协号召的向防疫物资生产企业提供价格风险管理服务，辛集市英威特塑胶有限公司进一步了解了运用金融工具可以为企业的稳健发展起到保驾护航的功效。场外期权的非线性赔付方式，为上下游企业锁定了销售利润或采购成本，有助于产业进行风险管理，在一定程度上扩大了经营规模。为保障抗疫物资的生产做出了巨大贡献。但对于大多数企业来说，在了解期权产品的适用性上有较大困难，希望中期协与风险管理子公司能够增加期权的相关培训，帮助企业了解并用好期权工具，达到管理企业运行中规避并对冲风险的目的。

案例 8

海通期货：场外期权助力厦门象屿保障防疫物资生产

一、项目背景介绍

2020 年年初，突如其来的新冠肺炎疫情给各行各业的生产经营带来了困难。随着疫情在全球各地的蔓延，各大综合指数、商品价格出现异常走势，整体波动大幅上涨。随着疫情防控工作的有效展开，国民的防疫意识提高，口罩成为市民出行必不可少的日常用品，需求量急剧上升，一时间市场上口罩供不应求，口罩生产压力激增，口罩生产原材料的价格波动急剧加大。

厦门象屿物流集团有限责任公司（以下简称“象屿物流”）是厦门当地一家供应链服务提供商，疫情期间积极响应当地政府号召，发挥自身采购优势为口罩生产厂商提供聚丙烯采购服务支持口罩供给。但由于存在下游开工率受到人手限制、大型生产厂商较少等问题，象屿物流需要维持一定量库存才能保证原料的供应，此时企业库存的保价成为一大难题。3 月 3 日，海通期货风险管理子公司海通资源主动出击，向服务口罩生产供应链的象屿物流免费提供了一份保障口罩生产原材料价格的熊市价差期权，标的为 PP2005 合约，帮助企业转移所持有库存的价格下行风险，支持企业提供优质、稳定的供应链服务，通过发挥金融机构专业能力，携手实体企业共同抗击疫情，为经济的恢复贡献力量。

二、项目开展情况

象屿物流拥有强大的供应链综合服务能力，疫情初期，该企业按照厦门市委市政府及市国资委的部署要求，充分发挥企业市场采购优势，积极为厦门当地口罩生产厂商持续提供制作口罩所需原材料聚丙烯（以下简称“PP”），以制作无纺布、喷绒布等口罩配件，加速口罩的市场供给，共同为抗“疫”做出自己的贡献。

由于疫情发生在春节长假前后，许多产业链上实体企业的开工受到了阻碍，化工原料的需求骤减、聚丙烯期现价格双双走低，作为口罩的生产商可以享受原料价格下跌带来的成本降低优势，但为生产厂商提供聚丙烯原材料的供应商却因必须维持一定库存水平而承担着库存价值下跌的风险。海通的场外衍生品团队意识到口罩产业链中的企业可能面临价格风险，主动联系到供应链服务商象屿物流，决定通过免费向象屿物流提供以聚丙烯为标的的场外期权产品，帮助其解决面临的库存跌价问题，从而支持口罩的市场供给。

经过与象屿物流的沟通和交流，再根据象屿物流的库存实际情况及对未来聚丙烯市场价格的判断，双方一致决定使用熊市价差策略对象屿物流的聚丙烯库存进行套保。象屿物流作为客户，购买一个较高行权价（K1 = 6 908 元/吨）的看跌期权并卖出一个较低行权价（K2 =6 732 元/吨）的看跌期权构建熊市价差，期权标的为大连商品交易所上市的 PP2005 合约，数量为 700 吨，有效期为一个月。若到期时 PP2005 合约价格低于 K1，则厦门象屿物流可获得（K1 – 到期价格）乘以数量的赔付，若到期价格低于 K2，则可获得（K1 – K2）乘以数量的赔付。海通资源免收象屿物流构建熊市价差策略的建仓成本，运用聚丙烯期货对期权进行动态对冲，复制期权的到期损益，从而帮助企业转移价格风险。

3 月 19 日，聚丙烯 5 月合约价格一路走低，自入场以来跌幅超过 8%，考虑到象屿物流库存率已大幅降低，象屿物流选择对项目头寸进行对冲平仓。

三、项目成果

海通资源提供的熊市价差策略包含的两笔期权详细情况见表1，两笔期权于3月19日提前平仓，最终产生了111 888.00元的赔付，每吨收益达到159.84元，有效弥补了聚丙烯价格下跌给象屿物流带来的库存价值损失。

表1　两笔期权的详细情况

标的	买卖方向	进场价（元/吨）	行权价（元/吨）	期权方向	成交数量（吨）	生效日	平仓日	平仓收益（元）
PP2005	买入	7 049.0	6 908.0	看跌	700.00	2020年3月3日	2020年3月19日	111 888.00
PP2005	卖出	7 049.0	6 732.0	看跌	700.00	2020年3月3日	2020年3月19日	

四、总结与建议

本次合作中，海通期货风险管理子公司海通资源充分发挥了自身服务实体企业的优势，通过为象屿物流设计并无偿提供的场外期权策略，帮助其弥补了在提供防疫物资原材料的过程中产生的库存价值损失，为抗"疫"物资产业链上的企业做好风险管理，进一步支持了抗击疫情行动，践行了海通期货服务实体经济的使命。

因时间比较紧迫，本项目采用的期权策略主要依据象屿的库存水平，在业务的覆盖程度与套保的操作细节上还有提升空间。

海通资源致力向实体企业推广场外衍生品工具以管理价格风险。价格风险管理水平是企业经营能力的重要体现，越是在市场异动的情况下，价格风险管理的重要性越是得到凸显。相比于单边价格较为稳定的上游或下游厂商，供应链中端的贸易商受到货物价格波动的影响更大，合理地运用场外衍生工具可以帮助其降低价格波动带来的风险，实现稳健经营的目标。海通团队将针对更多上下游相关企业的需求，推出更多贴合需求的场外期权风险管理方案，推动供应链体系的发展与完善。

案例 9

国泰君安期货：共克时艰，免费期权助力江苏嘉禾复工复产

一、项目背景介绍

新冠肺炎疫情时刻牵动着全国人民的心，目前，这场全国人民共同投入的抗“疫”战争取得了阶段性胜利。这与抗疫相关企业争分夺秒复工、加班加点扩大产能、不分昼夜生产医疗物资并紧急驰援疫情一线，在保障防控重点地区的医疗资源供应方面贡献力量是密不可分的。但随着抗疫物资需求暴增，众多实体企业也背负着沉重的压力，面临未知的价格风险。值此万众一心、共克时艰之时，期货行业充分发挥专业优势，利用期货、期权等金融衍生工具，精准帮助实体企业解决产品库存高、原材料紧张、价格波动等痛点问题，为防疫复产纾困解难，体现了中国“期货力量”。

在这个特殊节点，国泰君安风险管理有限公司主动出击，发挥行业专长，利用场外期权工具，帮助防疫物资生产企业进行风险管理，向生产口罩原材料的江苏嘉禾股份有限公司（以下简称“江苏嘉禾”）免费提供价格保险，以专业的金融服务助力实体企业降风险、稳生产、扩产能。

二、项目开展情况

（一）项目简介

抗击疫情急需的口罩和防护服，其原材料主要是熔喷布，然而受新冠

肺炎疫情影响，熔喷布的供给始终处于紧缺状态。众所周知，熔喷层是口罩里最重要的阻隔层，其纤维直径比较细，在 2 微米左右，只有纺粘层直径的十分之一，可以有效隔离飞沫、颗粒物、酸雾、微生物等，是整个口罩的“心脏层”，对防止细菌、血液渗透起至关重要的作用。随着国家和企业的不断努力，熔喷料的供给量相较疫情初期得到了相应保障，但企业仍然会面临正规熔喷料采购难的问题，无法解决口罩、防护服告急的困难。熔喷布的主要原材料是聚丙烯（PP），每吨聚丙烯约可制成一次性外科口罩 90 万个或 N95 口罩 20 万个。

为满足一线医护人员和普通百姓的口罩需求，口罩生产企业紧急恢复生产。一贯积极响应国家号召的江苏嘉禾在疫情暴发之初就临危受命，搭建熔喷布生产线，投入聚丙烯（PP）生产熔喷布。他们的产品供给中石化，由中石化提供至疫区生产线，尽可能为疫区生产口罩及防护服提供基本保障，也为逆行的一线医护工作者提供基本保障。

由于口罩的紧缺，聚丙烯的价格波动很大，生产企业面临原材料价格大幅上涨的风险。为解决原材料聚丙烯价格受疫情影响上涨而给江苏嘉禾带来后顾之忧，国泰君安风险管理有限公司决定为江苏嘉禾提供一份价值约 800 万元货值的价格保险，即一份聚丙烯“价格保险”。

（二）服务方式及原理简介

通俗来讲，期权可以被理解为一份保险，可以满足实体企业更加个性化、精细化的风险管理需求。当企业担心原材料价格上涨时，可以通过购买看涨期权来锁定成本。如果价格上行，看涨期权的收益能够弥补现货采购中的损失；若价格下行，企业依然能够享受到原材料价格下行的收益。若企业出现库存累积且短期无法销售，担心价格下跌造成损失，可以通过购买看跌期权来管理价格风险。在此过程中，如果价格下跌，企业可以通过行权来获取收益，弥补价格下跌带来的库存损失；当价格上涨时，企业可以放弃行权，从而有效进行风险管理。

具体来讲，期权若是一份保险，国泰君安风险管理有限公司则相当于保险公司，江苏嘉禾为投保人和被保险人，风险管理公司为生产企业提供原材料的价格保险，而生产企业向风险管理公司支付权利金，相当于购买保险。当采购价格超过约定标准（即行权价格）时，由风险管理公司进行赔付，而风险管理公司则可以运用自身的专业优势完全对冲风险。此份保险由国泰君安风险管理有限公司免费提供，所以生产企业无须支付购买保险的权利金。

（三）具体操作流程及合同执行情况

通过买入聚丙烯的看涨价差期权避免原料价格上涨的风险，当PP期货合约价格上涨超过50元，企业即可获得相应的上涨部分的赔付，补贴企业采购成本，最大赔付125元/吨。该产品涉及1 000吨聚丙烯原料，可满足企业1个月的用量，预计可生产2.5亿只医用口罩。

国泰君安风险管理有限公司通过提供1 000份看涨期权组合，帮助企业实现控制成本的目的。该期权通过买入执行价格为7 145元/吨的看涨期权、卖出执行价格为7 020元/吨的看涨期权构建组合，充分利用看涨价差期权有效规避原料价格上涨风险。虽然本项目最终没有触发行权条件，没有产生实际赔付金额，但这份免费的“价格保险”预防了抗“疫”原材料成本价格上涨的风险。期权组合到期盈亏见图1。

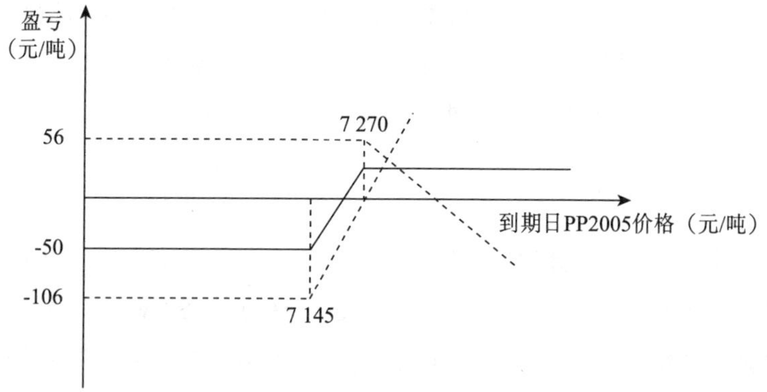

图1　期权组合到期盈亏

三、项目成果

利用场外期权工具，为防疫物资生产企业进行风险管理，是期货公司支持疫情防控工作的新思路。这份“保险”在一定程度上缓解了原材料生产商的成本压力，有助于鼓舞企业信心，间接促进了口罩产量回升。本项目的实施为企业降低了制造口罩的成本，提高口罩的产量，为全民抗“疫”做出了巨大贡献。由于原材料成本的降低避免了口罩价格的大幅上涨，全民抗“疫”行动变得更加铿锵有力。

四、项目总结

在新冠肺炎疫情暴发的特殊时期，众多期货机构积极响应中期协“发动期货行业力量，众志成城抗击疫情”的倡议，携手有责任有担当的实体企业，积极履行社会责任，最大限度地发挥自身优势，服务实体经济，为抗击疫情做出贡献。

（一）社会效应

此次疫情深刻彰显了“疫情无情，服务有爱”的深远内涵。国泰君安风险管理有限公司积极发挥专业优势，科学利用场外期权工具为防疫物资生产企业进行风险管理，是证券、期货行业支持疫情防控工作的新思路、新方法，为防疫物资企业支援前线战“疫”提供了有力支撑，为广大实体企业保障后方民生注入了坚实力量，真正做到了与实体企业同舟共济、共克时艰，彰显了金融企业的责任和担当。国泰君安风险管理有限公司通过积极扶持因疫情影响而受到损失的实体企业，管理疫情带来的风险，减弱不利影响，利用期权、基差贸易、仓单服务等专业服务能力，助力实体经济尽快回到正常发展的轨道。

利用场外期权工具，为防疫物资生产企业进行风险管理，不仅缓解了口罩制造商的燃眉之急，而且对社会的抗“疫”正向发展起到了推动作用，让口罩不再是“天价”稀缺品，而是人人都买得起的防护“神器”。

（二）行业发展建议

针对目前疫情给实体经济带来的影响，期权经营机构可以在以下几方面发展行业优势。

一是优先保障春耕和农业生产。风险管理公司可针对不同企业推出个性化期权产品，有效规避原材料采购价格的大幅波动。

二是为防疫物资生产企业进行风险管理。“口罩期权”“酒精期权”“防护服期权”成为行业的新产物。对于口罩原材料价格的上涨，期权成为对冲原材料价格上涨的有力工具。

案例 10

华西期货：价差期权助力规避口罩原材料价格波动风险

一、项目背景介绍

2020 年是我国全面建成小康社会的关键一年，开年以来，一场突如其来的新冠肺炎疫情，牵动了亿万国人的心。此次疫情传播速度快、感染范围广、防控难度大，给中国乃至全球经济造成了极大的冲击，大宗商品行情巨幅波动，给实体企业的经营带来了严峻的挑战。随着政府开始大力整治不符合质量标准的假口罩，并且严厉查处哄抬防疫物资及原材料价格的行为，无正规资质的假口罩企业被陆续关停，作为口罩原材料聚丙烯的价格可能进一步下跌。四川中兴汇金国际贸易有限公司（以下简称“中兴汇金”）是一家聚丙烯销售贸易企业，疫情期间该公司有大量聚丙烯的存货，市场前景的晦暗不明使该公司对库存产品的保值问题产生了一定的担忧。华西期货有限责任公司（以下简称“华西期货”）及其风险管理子公司华期创一成都投资有限公司（以下简称“华期创一”）在全国上下万众一心阻击疫情的关键时期，积极为中兴汇金量身定制风险管理方案，为疫情防控、复工复产纾困解难，与企业共渡难关。

二、项目开展情况

（一）项目简介

根据前期与中兴汇金的沟通，华西期货发现该公司在疫情期间囤积了大量聚丙烯的现货库存，由于疫情期间国内国际形势瞬息万变，中兴汇金作为一个贸易企业，面临存货贬值的风险。身为一个国有背景的企业，华西期货肩负服务实体经济的社会责任，联合子公司华期创一为降低中兴汇金的贸易风险，保障该公司对口罩生产物资的供应，积极主动地为中兴汇金免费提供聚丙烯的半亚式熊市价差期权。合约标的为 PP2009，数量约为 145 吨，期限为两个月，保障了聚丙烯最大 700 元/吨的市场价格下跌的风险。

（二）服务方式及原理简介

华西期货为该项目的负责人，以及项目资金的提供方；华期创一为华西期货的风险管理子公司，为该风险管理工具的主要提供方和实操企业。

华期创一为中兴汇金有限公司免费提供了 145 吨、价值约 99.47 万元的聚丙烯（口罩生产主要原材料之一）半亚式熊市价差期权。该期权存续期为两个月，采用期权合同期内最后一个月标的资产价格的平均值为结算参考价，结算参考价低于入场价格则获得赔付，最大赔付 700 元/吨。

期权赔付示意图见图 1。

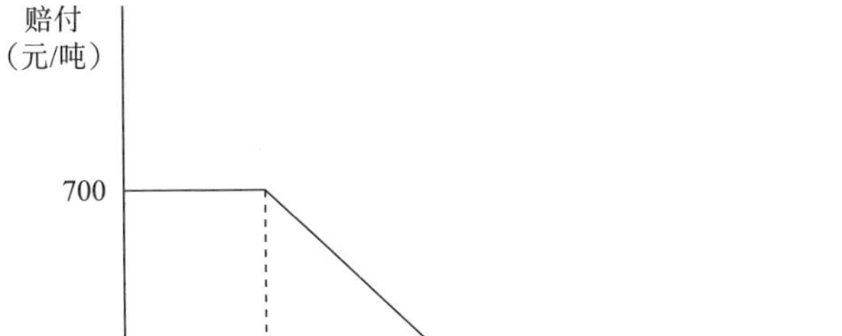

图 1　期权赔付示意图

只要期权存续期内期货价格下跌进入固定区间，中兴汇金都能够获得华期创一的赔付，有助于锁定约 2 900 万个普通口罩的原材料的价格，有效降低了企业短期面临的价格波动风险，从而锁定该企业储存的聚丙烯的价值，助力该企业防疫物资的销售。

（三）具体操作流程

2020 年 4 月 16 日，华期创一与中兴汇金就中兴汇金的经营状况、即将开展的风险管理方案进行深刻的讨论。华期创一针对中兴汇金的实际生产经营情况确定了以半亚式熊市价差期权对冲聚丙烯存货风险的方案。在签订合约之后，华期创一持续进行对冲交易，确保在合约存续期严格控制风险。具体操作流程见图 2。

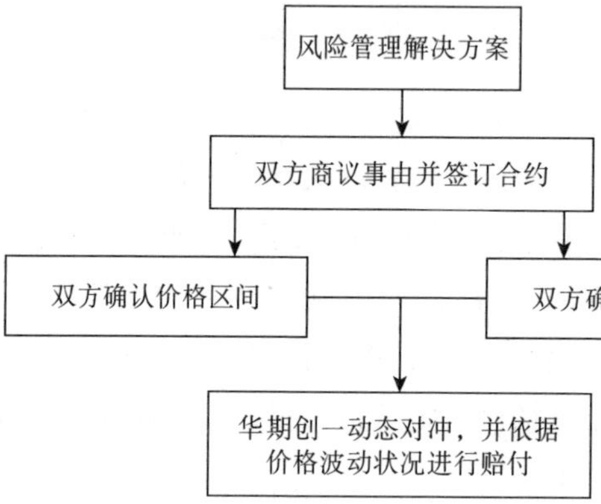

图 2　操作流程

（四）合同执行情况

2020 年 4 月 16 日，中兴汇金向华期创一购买标的为 PP2009 的期权合约，合约数量为 145 吨，签约行情价为 6 661 元/吨，并在大连商品交易所进行对冲交易。在合约存续期间，华期创一公司每日进行 delta 对冲交易，确保了合约的顺利进行与完成，并且时常与客户公司联系，跟进其聚丙烯的生产经营情况，一起协同努力，保障企业的复工复产。2020 年 6 月 15 日，合约到期并结算，企业担心的情况并未发生，PP2009 合约结算参考价为 7 254.81 元/吨，未跌出 6 661 元/吨。华期创一成都投资有限公司未向中兴汇金进行赔付。项目要素见表 1。

表 1　　项目要素

期权买方	四川中兴汇金国际贸易有限公司
期权卖方	华期创一成都投资有限公司
合约类型	半亚式熊市价差期权
标的物	大连交易所 PP2009 合约
期权起始日	2020 年 4 月 16 日
签约行情价	6 661 元/吨
期权到期日	2020 年 6 月 15 日
行权价格	6 661 元/吨
期权费合计	0 元
卖方向买方赔付金额	0 元

三、项目成果

该项目是期货行业支持抗疫工作的创新探索，为推动与疫情高度相关的企业利用场外期权进行风险管理提供了宝贵的经验。在合约存续期内，此期权合约较有效地保证了企业收益的稳定性，减轻了企业对市场前景的担忧。在生产经营方面，该企业在华期创一的指导下优化了企业的库存管理，学习了新型的风险管理工具，坚定了抗击风险的信心，积极地投入复工复产。

项目存续期间，中兴汇金在有风险管理工具的情况下专注稳健经营，聚丙烯的市场价格波动在该企业的风险承受范围内，该企业库存的聚丙烯在华期创一公司提供的服务下维持了原有的价值，因此即使在疫情期间，公司仍然获得了期望的利润。在合约结束时，这些交付给其他企业的聚丙烯也按时被用于口罩生产，保证了医疗物资的生产，为抗击疫情持续输送医疗物资贡献了力量。

四、项目总结与建议

面对严峻复杂的疫情形势，积极发挥资本市场优势，切实助力实体企业管控风险，稳健经营，既是金融企业的初心使命，也是证券期货公司的职责所在。后期，华西期货将继续为更多的企业提供原材料及产品的风险管理服务，让企业无后顾之忧地投入生产，帮助企业管理市场风险，齐心协力共度“疫情”难关。

在未来的业务开展过程中，华西期货和华期创一会根据服务实体的实际情况对相关企业加强衍生品知识的培训与指导，以期实体企业能够更好地运用金融工具进行风险管理。

案例 11

华泰期货：沥青价格看涨期权助力抗“疫”医院基建建设

一、项目背景介绍

科顺防水科技股份有限公司是主营建筑防水材料的上市公司。为抗击新冠疫情，从 1 月 25 日开始，企业紧急行动支援雷神山医院建设，同时还积极向湖北省外多地医院捐赠防水材料，用于疫情防控的紧急建设。该企业生产的防水材料的主要原材料中，沥青所占采购成本比例最大。2020 年，该企业的沥青采购量预计达 46 万吨。疫情期间，受国际原油价格及供求关系影响，沥青价格波动较大。华泰长城资本管理有限公司（以下简称“华泰长城资本”）主动担当，为企业无偿提供了 430 吨的沥青价格看涨期权，成功锁定未来一个月原材料的成本上限，有效控制了企业采购成本风险，助力企业支援医院建设。

二、项目开展情况

（一）服务方式及原理简介

服务方式：华泰长城资本与科顺防水科技股份有限公司签署场外衍生品协议。华泰长城资本为企业无偿提供了 430 吨的沥青价格看涨期权。

原理简介：科顺防水科技股份有限公司买入沥青看涨期权，企业提前平仓或持有到期时，平仓价格或到期收盘价上涨超过看涨期权执行价时，科顺防水科技股份有限公司可以获得华泰长城资本赔付的差价。

（二）具体操作流程

华泰长城资本在2月19日收到开户材料后，优先加急推进开户流程，于2月20日完成开户，为企业及时对冲创造条件。根据科顺防水科技股份有限公司提出的风险管理需求，华泰长城资本进行针对性方案设计并减免期权费。2020年2月21日，沥青2006合约价格为3 084元/吨，华泰长城资本向科顺防水科技股份有限公司免费提供了上述标的期货合约的430吨看涨期权，执行价为3 084元/吨，到期日为2020年3月20日。

（三）合同执行情况

科顺防水科技股份有限公司持有此期权到期，由于疫情对建筑行业的猛烈冲击，沥青2006合约2020年3月20日到期收盘价大幅下跌至1 940元/吨，期权不产生赔付，但很好地防控了潜在的价格上涨风险。项目要素见表1。

表1　　项目要素

标的合约	BU2006
期权结构	欧式看涨
保障规模（吨）	430
执行价（元/吨）	3 084
到期日	2020年3月4日
入场日期	出场日期
2020年2月21日	2020年3月20日
入场价格（元/吨）	出场价格（元/吨）
3 084	1 940
开仓权利金（元/吨）	平仓权利金（元/吨）
0	0
期权了结收益（元）	0

三、项目成果

科顺防水科技股份有限公司通过场外期权工具，在特殊时期控制采购成本上涨的风险，并且为企业保留了比期初价格低 1 144 元/吨（按期货价格计）的采购机会，节省了 49 万余元的采购成本。看涨期权的存在，使得企业能够消除成本端的后顾之忧，全力投入到医院的紧急建设中，为及时有效控制疫情发挥了积极作用。

四、体会与建议

本案例帮助企业进一步认识期权工具的非线性损益结构和应用场景，拓宽了企业风险管理工具的选择范围。一笔简单的普通期权应用在恰当的时机，就能在价格大幅波动的环境下，为企业提供有效保护，推动宝贵的资源流向最需要的地方，并产生积极的社会效益。但场外期权的作用和策略在建筑行业中仍不够普及，企业在特殊时期通过受赠的方式尝试性地运用了一次期权工具，并不代表企业自身已对此具备了深刻的认知、丰富的经验和专业的能力。在期权工具的灵活运用方面，需要投入持续的投资者教育和专业服务，因此，期望期货业协会等机构对此类助力抗“疫”行动正面宣传，以便更多的有此类风险管理需求的企业可以认识、了解并丰富自身风险管理工具。

案例 12

中信期货：发挥产融优势，助力企业抗“疫”稳产

一、项目背景介绍

自新冠疫情暴发以来，大宗商品演绎了一波跌宕起伏的大行情，下游终端需求不足，上游生产企业库存高企，使得原料价格波动剧烈，不利于生产企业的稳定生产和订单承接。与抗“疫”物资联系最为紧密的能化板块，价格剧烈波动的表现尤为突出。口罩和防护服生产所用到的纤维料，由于市场的狂热炒作，从原本几千元每吨被炒到了几万元的价格，价格飙升的同时也使得相关联的聚丙烯行业经历了剧烈的起伏波动。在市场调节的作用下，石化纤维料市场占比不断提升，拉丝料的排产不断减少，导致拉丝 PP 水涨船高，相关品种的 PE 价格也被不断地往上推。疫情期间，在下游订单不足的情况下，上游原材料拼命涨价，中游生产企业的压力剧增。许多企业，尤其是抗“疫”相关企业急需流动性支持和相关风险管理途径来疏解原材料价格波动带来的风险。

二、项目开展情况

中信寰球商贸（上海）有限公司（以下简称“中信寰球商贸”）始终秉承服务实体产业客户的经营宗旨，在中期协的监管下为大宗商品产业链上的上、中、下游客户提供仓单服务及基差贸易等个性化风险管理解决方案。为响应中信期货的号召，助力实体企业发展，共同抗击疫情，中信寰

球商贸勇担时代赋予的责任，通过调研相关企业的实际情况，寻找企业的痛点难点，发挥中信寰球商贸期现子公司的优势，助力企业抗“疫”脱困。

（一）项目简介

某企业①是一家主要生产熔喷料和口罩布的中小型公司。在疫情期间，积极复工复产，全力保障口罩布原料的供应。在生产经营过程中，由于原材料涨价导致原料成本增加，同时企业还需要增加抗“疫”生产设备，种种问题都对企业日常经营的现金流提出了更高要求。但疫情期间库存高企，资金难以回笼，企业的现金流状况恶化，给日常生产经营造成了严重的不利影响，向市场寻求有效的流动性来源迫在眉睫。

在了解了企业生产经营及库存情况后，中信寰球商贸以其库存中较多的闲置聚乙烯为交易标的，为企业提供了合同标的 1 000 万元、期限一个月的约定式购回服务，帮助企业解了燃眉之急。

（二）服务方式及原理简介

约定式购回业务是中信寰球商贸仓单服务业务中的一种典型的业务模式。仓单服务业务是指以商品现货仓单串换、仓单质押、约定购回等方式为客户提供服务的业务行为（见图 1）。其中，约定式购回业务是指客户将存放于指定仓库的现货或标准仓单先销售给中信寰球商贸，并约定远期购回该仓单，从而实现存货变现目的的一种业务模式。中信寰球商贸通过该笔仓单服务业务盘活了客户库存，解决了其流动性需求，帮助其实现了扩大再生产、再采购的经营目标。

图 1　仓单服务业务

① 应客户要求不公布名称。

（三）具体操作流程

流程1：中信寰球商贸与客户签订即期采购合同和远期销售合同，采购合同约定由中信寰球商贸购入客户的聚乙烯，销售合同约定远期客户购回同批次聚乙烯产品；

流程2：客户在仓库内将货权转让给中信寰球商贸，仓库管理方向中信寰球商贸出具入库单后，中信寰球商贸获得该聚乙烯产品的货权；

流程3：业务期间，针对聚乙烯价格的波动，中信寰球商贸对客户采取盯市追保措施；

流程4：到期日前，客户购回该批次聚乙烯，中信寰球商贸与仓库办理货权转让手续，客户获得货权。

流程见图2。

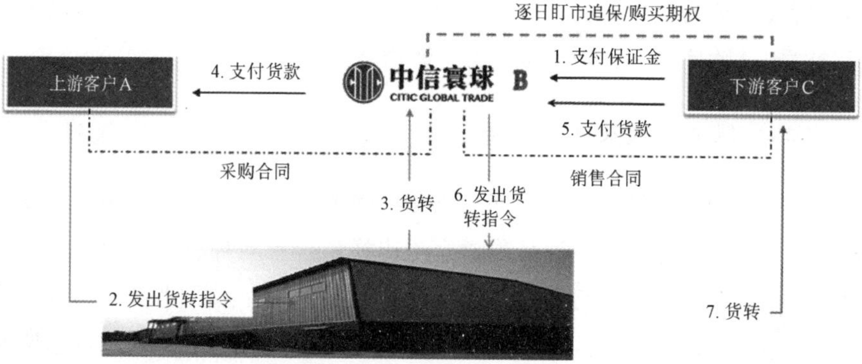

图2 流程图

（四）合同执行情况

业务开展后近一个月，客户向中信寰球商贸付款赎回货物，该笔交易完成，开票情况正常。

中信寰球商贸的仓单服务主要依据交易货物的物流特点、质量标准、存储期限、客户需求等特点，灵活确定业务期限，一般1至12个月均可，最短可为1至2周。本次客户业务需求期限为1个月，所以双方约定了1个月的远期购回时间。

三、项目成果

对客户来说，实现了盘活库存的目的，解决了其迫切的流动性需求，保证了其资金链顺畅。通过该笔业务，有效地帮助企业盘活了存量库存，也为企业生产50万平方米医用包装膜提供了资金支持。此外，该笔资金可帮助企业生产上亿个医用口罩。

疫情暴发以来，中信寰球商贸采用灵活多样的业务模式为客户解决生产经营中的实际困难，通过线上高效办公，同事之间的密切配合，保障了业务审批和执行效率，与疫情拼速度，助力客户及时脱困。对中信寰球商贸来说，既服务了产业客户，又提升了自己的投资能力，响应了金融服务实体经济的号召，同时为抗“疫”工作贡献力量。把金融服务落到实处，切实解决了客户困难，增加了客户黏性，为未来进行更好的合作打下了坚实的基础。

四、总结与建议

（一）总结

在疫情暴发之后，部分客户受疫情冲击、下游需求萎靡、物流不畅等不利影响，无法如期履行与中信寰球商贸签订的购销合同，中信寰球商贸在对原交易、客户资信和疫情的影响进行审慎评估后，积极与这些客户磋商并达成展期协议，雪中送炭，保障客户持续、稳定经营，避免了因疫情导致客户出现违约、资金链断裂等情况。除了满足客户的新增流动性需求以外，中信寰球商贸不囿于传统规则，针对疫情期间物流、人员管制等实际情况，解决了存量客户的许多实际困难。

近年来，中信寰球商贸立足于服务实体经济的经营宗旨，以仓单服务和基差贸易为主要抓手，以能化、有色、黑色、农产品、软商品等产业链为主要经营板块，为产业上、中、下游客户提供多样化、个性化的风险管理解决方案，同时与300多家客户形成了稳定的业务合作关系。未来，中信寰球商贸将不断创新业务模式，提升服务理念，一如既往地为广大客户提供优质高效的综合服务。

（二）建议

结合这次疫情期间遇到的实际案例，中信寰球商贸仍将致力于期现结合与风险管理业务，以服务实体产业客户为宗旨，以品种基本面研究为基础，依靠期货、现货各方面的渠道资源，结合场内交易和场外交易两个市场，综合利用期货、期权、互换等金融衍生工具对冲自身价格风险，帮助实体企业降低成本、产业升级，为实体客户提供更加优质的风险管理服务。

案例 13

国投安信期货：利用“保险 + 期货”，为医用酒精企业保“价”护航

一、项目背景介绍

新冠肺炎疫情暴发以来，习近平总书记在中共中央政治局常务委员会议上多次强调，疫情防控不只是医药卫生问题，而是全方位的工作，全社会、全行业各项工作都要为打赢疫情防控阻击战提供支持。国投人在集团党组的带领下，积极发挥央企责任担当，切实履行社会责任，为打赢疫情防控阻击战积极贡献力量。

随着疫情发展和防控工作的展开，医用消毒酒精等防疫物资的需求急剧增加，国投生物旗下企业发挥自身行业优势，主动调整产能生产供应医用酒精，填补疫情防控期间的物资短缺。玉米作为酒精生产的原材料，市场价格波动也随之增大，这给国投生物旗下医用酒精生产企业全力投入抗“疫”工作带来一定的市场风险，国投安信期货有限公司（以下简称“国投安信期货”）以“保险 + 期货”的模式，为国投生物医用酒精生产化解原材料价格波动风险，为全国抗“疫”大局助力。

二、项目开展情况

（一）服务方式及原理简介

国投安信期货通过全资子公司——国投中谷（上海）投资有限公司

（以下简称“国投中谷”），携手中国太平洋财产保险股份有限公司北京分公司（以下简称“太平洋产险北分”）及金智农（北京）风险管理科技有限公司（以下简称“金智农”），以“保险+期货”的模式，无偿地向国投生物旗下的医用酒精主要生产企业——吉林省博大生化有限公司（以下简称“博大生化”）提供风险管理服务，赠送医用酒精生产成本价格保险，帮助解决一部分因玉米价格上涨导致医用酒精成本后期上涨的风险。保险以大连商品交易所 C2005 合约价格为参考依据，对应期权为 30 天的美式平值看涨期权。在保险期限内，如果 C2005 合约价格上涨，博大生化将获得相应的保险赔付。

（二）具体操作流程

保险对应的保费金额为 17 万元。国投安信期货和国投中谷各捐赠其中的 5 万元；太平洋产险北分捐赠其中的 2 万元，并免除保险出单的相关服务费用 3 万元；金智农捐赠其中的 2 万元。各方支付保费后，太平洋产险北分针对涉及抗“疫”保险启动创新产品申报绿色通道，迅速响应，完成相关保险出单工作，同时向国投中谷购买场外期权转移其面临的价格风险。

向博大生化无偿提供的保险共保障医用酒精 2 000 吨，相当于 94 万桶 2 500 毫升医用酒精，按转化率折合原材料玉米约 6 000 吨；承保价格为 5 745元/吨，对应大连商品交易所 C2005 合约的执行价格为 1 915 元/吨；保险保障期间为 2020 年 2 月 27 日至 2020 年 3 月 27 日，共 30 天。在保险期限内如玉米期货价格出现上涨，博大生化可获得保险赔付。太平洋产险北分向国投中谷购买的场外期权数量及要素与保险一致。

（三）合同执行情况

保险及场外期权均已到期，期间 C2005 合约价格上涨 59 元/吨，赔付总额为 35. 4 万元，已完成相关款项的支付工作。

三、项目成果

项目借助期货工具为博大生化降低了采购成本，切实实现了规避原材料价格上涨风险的目标，为防疫物资的生产与供应提供了有力保障。

四、体会与建议

“保险 + 期货”已连续五年被写入“中央一号”文件，在农民收入保障方面已颇见成效。利用“保险 + 期货”为医用酒精生产企业提供生产成本保障，是本次项目的一大创新。目前，风险管理已经是企业发展的重要内容，项目的成功运行为相关生产企业提供了稳定生产成本的新思路。企业直接购买场外衍生品，需要和国投中谷签订场外协议，对企业来说跨度相对较大，而采用“保险 + 期货”模式，利用保险产品进行风险管理，企业相对容易理解。由此可见，“保险 + 期货”模式一是以保险为桥梁，丰富了企业的风险管理渠道；二是企业获得的保险赔付无须缴税，节省了企业的风险管理成本；三是降低了门槛，可以较好地满足中小企业的风险管理需求。

但因时间紧迫，项目没有针对企业上下游提供延伸服务，如直接为企业匹配玉米采购渠道，规避可能出现的因玉米涨价惜售导致的原材料不足的风险及复工不及时带来的物流层面的影响等。因此，未来国投中谷将继续与保险公司展开合作，发挥产品创新优势，积极开发贴合企业需求的保险产品，同时充分考虑企业需求及企业所在行业的特性，利用现有渠道、资源，提供更多具有针对性的增值服务，真正做到服务实体经济。

案例 14

东吴期货：期权公益项目化解口罩原材料涨价风险

一、项目背景介绍

一场新冠疫情肆虐华夏大地，亿万国民戮力同心抗击疫情。这次疫情暴发后，市场上口罩需求激增，价格一涨再涨，甚至出现了一“罩”难求的现象。作为生产医用口罩的主要原料聚丙烯（PP）的价格也随之大幅上涨，给口罩生产企业带来了成本大幅增加的风险。为了能够利用期权产品为口罩生产企业规避因价格上涨造成的损失，东吴期货有限公司（以下简称“东吴期货”）携其风险管理子公司上海东吴玖盈投资管理有限公司（以下简称“东吴玖盈”）积极响应中国证监会与中国期货业协会的号召，立即参与到抗击新冠肺炎疫情这场没有硝烟的战役中，为口罩生产企业量身定制期权产品，以保障若 PP 价格超过约定的期权行权价格，将由公司全额赔付企业超出部分的损失，从而化解了价格风险，保障了口罩的正常生产，有效地满足了市场需求，为抗击疫情尽到了社会义务和责任。

二、项目开展情况

（一）项目简介

张家港瑞泰美弹性材料科技有限公司是本地一家专业生产口罩的企业。新冠疫情暴发后，张家港瑞泰美弹性材料科技有限公司积极响应政府防疫号召，2020 年 1 月 24 日就陆续安排口罩车间开工（见图 1），口罩日产量稳定在 15 万只到 20 万只。东吴期货张家港营业部主动与该企业联系，了解到企业存在的风险管理需求后，由东吴期货出资赞助，东吴玖盈设计期权产品，免费给企业提供亚式看涨期权。

图 1　张家港瑞泰美弹性材料科技有限公司口罩生产现场

（二）服务方式及原理简介

本项目的服务方式为与服务对象协商并签订场外期权交易协议。该期权保障周期为 1 个月、行权价格为 7 145 元/吨的以大连商品交易所 PP2005 合约为标的的亚式看涨期权，保障规模为 300 吨，期权价值约 2 万元，若 PP 月均价超过约定的期权行权价格，企业将获得超出部分的全额赔付，相当于帮助企业规避了 2. 7 亿个一次性外科口罩或 6 000 万个 N95 口罩原料的上涨风险。

服务原理为利用期权单边买入方亏损有限而收益无限的可能为企业进行风险管理，同时选用了亚式期权的结构，即期权存续期间标的每日收盘价的平均数如果大于执行价格，则向服务对象赔付两者的差额，预期赔付可能性较大，保障效果好。

（三）具体操作流程

本项目服务企业的基本原理是：东吴玖盈基于期货市场上相应的聚丙烯期货价格，开发价格保障的场外期权产品；东吴期货为企业购买场外期权提供完全的资金支持；企业通过购买场外期权产品，提前锁定采购原料的成本；东吴玖盈在期货交易所进行相应的复制期权操作，对冲风险，最终形成风险分散、各方受益的闭环。亚式看涨期权到期损益见图2。

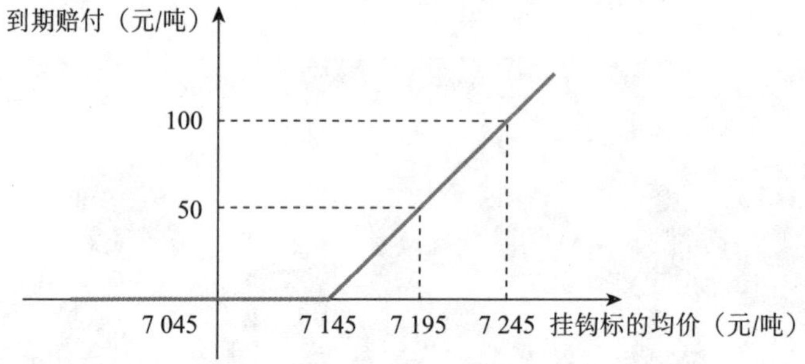

图2　亚式看涨期权到期损益

第一环节：企业通过购买东吴玖盈开发的口罩期权，锁定采购端成本。东吴玖盈根据企业面临的风险设计方案，企业向东吴玖盈购买挂钩聚丙烯2005的场外期权合约，若聚丙烯2005合约在合同期内的均价上涨超过合同约定价格，则补贴企业高价采购口罩原料之一聚丙烯的成本亏损。

第二环节：东吴玖盈在期货交易所进行相应的复制期权操作，对冲聚丙烯期货价格波动可能带来的风险。

第三环节：东吴玖盈在期权到期后给予企业赔付。

具体操作流程见图3。

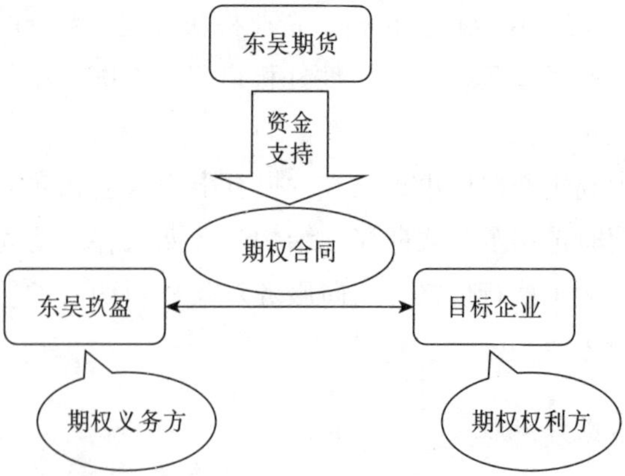

图3　操作流程

(四) 合同执行情况

在项目运行过程中，东吴玖盈通过场内期货复制期权的方式进行对冲。具体操作过程为：通过买卖标的 PP2005 合约来实现 delta 中性的动态对冲期权。随着标的价格的波动，不断调整期货多单持仓量，以求期货头寸上的盈亏能完全覆盖期权理论价格的变化。实操过程中，在期货市场中紧跟价格变化动态调整，从而使价格风险得到充分的对冲。此外，期权开始后，受到外盘原油价格大跌的影响，东吴玖盈认为聚丙烯期货价格可能下跌，在期初开仓了 20 手 PP2005 合约，在对冲时适度保留了做空敞口。到期时，PP2005 合约期间收盘价格的算术平均值为 6 670.27 元/吨，低于合同约定价格 7 145 元/吨，结果未发生赔付。

口罩期权项目要素见表 1。

表 1　　口罩期权项目要素

项目起始日	2020 年 2 月 26 日
项目到期日	2020 年 3 月 26 日
挂钩标的	大商所 PP2005 期货合约
期权类型	虚值亚式看涨期权
期权费率（%）	0.9282
期权金额（元）	19 617.8
执行价格（元/吨）	7 145
开仓点位（元/吨）	7 045
项目规模（吨）	300
平仓点位（元/吨）	6 152
结算价格（元/吨）	6 770.27
结算金额（元）	0

三、项目成果

(一) 类似保险模式成功推广至张家港实体加工企业

自 2015 年以来，“保险 + 期货” 试点模式已成为我国农产品价格形成机制改革的有机组成部分。本项目也秉承相同模式继续探索，从农产品价格保险推广至化纤材料的价格保障期权，成功落地苏州张家港。期货公司风险管理子公司与实体化纤纺织加工企业实现了深度合作，证明了基于大商所聚丙烯期货价格与期货公司及其子公司的合作机制在服务实体企业中也具有良好的普适性。

（二）企业参与获得感强

在本项目产品设计阶段，东吴玖盈和企业进行深度探讨。为了尽可能解决企业面临的困难，东吴玫盈在期权产品上做出创新并改良了对冲方案。最终，产品的保障效果使得企业在一个月内免受一次性外科口罩原材料价格上涨的风险。

（三）项目宣传力度大

本项目重视与媒体的沟通，在运行过程中由《期货日报》进行了专项报道。本项目也作为典型案例被东吴证券收录进了抗击新冠肺炎疫情大事记中，极大地增强了打赢疫情防控阻击战的信心。

四、体会与建议

“口罩期权”是在抗疫物资紧缺的非常时期出现的产物，它出现的目的主要是为了平抑原材料价格，是将口罩成本从行政管控向市场调控过渡的一种尝试。由于得到“口罩期权”的助力，口罩生产厂商生产经营的压力得到了很大程度的缓解，保障了口罩生产厂商的产能。同时，在本次与实体企业的深入交流、了解其风险管理需求并设计期权产品的过程中，东吴期货急实体企业之所急，提供了更多契合实体企业风险管理需求的金融创新产品，为打好金融服务国家战略、金融服务实体经济的这场“持久战”进行了探索。

此次“口罩期权”保障规模为300吨，相当于帮助企业规避了口罩原料价格上涨的风险，但对于整个口罩生产行业来说，覆盖的产能是远远不够的。因此，如果需要平抑全国口罩的原材料价格风险，仅靠个别“口罩期权”是不够的，需要期货全行业行动起来，发挥自身专业特色，进一步扩大覆盖面，扩大惠及主体，为产业企业保驾护航，共同助力打赢这场疫情防控阻击战。

案例 15

中粮期货："保险 + 期货"为医用酒精生产提供成本保障

一、项目背景介绍

2020 年春节，一场突如其来的新冠肺炎疫情笼罩着华夏大地。在抗疫战中，医用酒精的用量显著增加，并面临严重短缺。玉米是医用酒精的主要原材料，每吨玉米可加工出 0.33 吨医用酒精。受疫情影响，玉米去库存明显，从而带动医用酒精原料玉米价格显著上涨，导致企业采购成本普遍增加。

中粮生物科技有限公司旗下酒精生产企业——中粮生化能源（肇东）有限公司作为国家级农业产业化重点龙头企业，同样深受疫情影响。企业始建于 1993 年，年加工转化玉米 120 万吨。当了解到企业面临后期原材料价格上涨风险时，中粮期货风险管理子公司——中粮祈德丰（北京）商贸有限公司（以下简称"中粮祈德丰"）发挥其在风险管理方面的优势，携手中国太平洋财产保险股份有限公司北京分公司（以下简称"太平洋财险北分"），通过"保险 + 期货"的模式，实现了保障理赔，成功为企业降低了采购成本。

二、项目开展情况

（一）服务方式及原理简介

本次保障设计为中粮生化肇东工厂 1 000 吨医用酒精生产所需玉米价

格险，承保玉米数量合计3 000吨，以大连商品交易所玉米2005合约价格为参考依据，保险期限一个月，若期间玉米期货C2005价格出现上涨，则中粮生化肇东工厂可随时根据原材料采购情况进行理赔申请，理赔结算为相应上涨部分造成的损失，由保险公司通过理赔款收益划转至中粮生化肇东工厂。

投保具体信息见表1。

表1　投保具体信息

挂钩合约	C2005
目标价格（元/吨）	1 918（盘中点价）
承保数量（吨）	3 000
保险责任期限	2020年2月18日至2020年3月17日
保障货值（元）	5 754 000
保险费率（%）	1.217
理赔结算价计算依据	到期日挂钩合约收盘价
理赔条件	1. 如结算价高于目标价格，则理赔金额＝Max(结算价－目标价格,0) 2. 如结算价低于或等于目标价格，则不产生赔付

根据投保信息，保险赔付金额见图1。

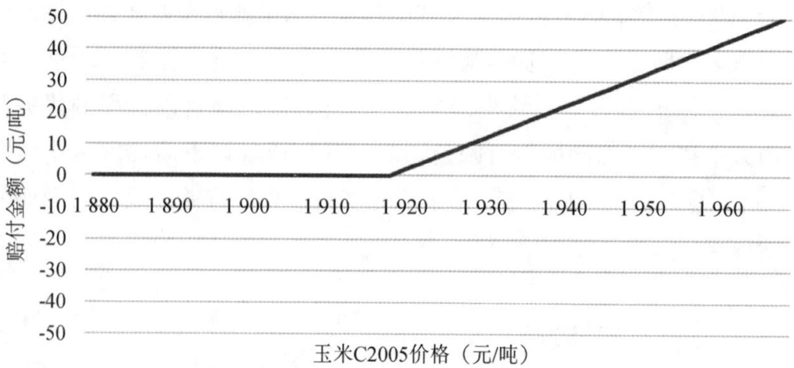

图1　保险赔付金额

场外期权信息见表2。

表 2　场外期权信息

期权类型	美式期权
期权执行价格（元/吨）	1 918
期权标的	C2005
入场时间	2020 年 2 月 18 日
到期日	2020 年 3 月 17 日
入场价格（元/吨）	1 918
总权利金（元）	70 020

（二）具体操作流程

2020 年 2 月 18 日，中粮祈德丰作为投保人，中粮生化肇东工厂作为被保险人，在太平洋财险北分处投保，太平洋财险北分承担保险责任。具体操作流程见图 2。

图 2　具体操作流程

保单承保玉米 3 000 吨，约定医用酒精生产成本价格为 5 754 元/吨，对应玉米期货 C2005 合约执行价格为 1 918 元/吨，合计保额 575.4 万元，保险责任期间为 2020 年 2 月 18 日至 2020 年 3 月 17 日。总保险费为70 020 元，分别由中粮祈德丰支付 50 000 元，太平洋财险北分承担 20 020 元。太平洋财险北分收到保费并完成出单后与中粮祈德丰签订场外期权交易协议，购买 70 020 元的玉米场外期权，将价格风险转移给中粮祈德丰。中粮祈德丰收到权利金后，在期货市场建立相应头寸对冲价格风险。

（三）合同执行情况

2020 年 3 月 2 日和 2020 年 3 月 6 日，太平洋财险北分收到中粮生化肇东工厂提前终止保险的申请，太平洋财险北分即向中粮祈德丰提出期权平仓申请（见图 3）。经结算，中粮祈德丰向太平洋财险北分支付场外期权平仓金额共 90 000 元，太平洋财险北分对本次保险做提前结束处理并确认约定的保险事故已经发生，随即启动结算及赔付流程。最终，中粮生化肇东工厂得到赔付 90 000 元。

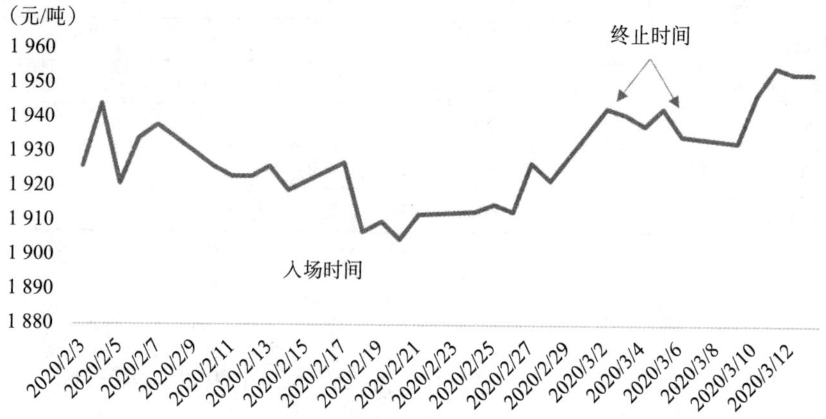

图 3　玉米 2005 合约走势

数据来源：Wind 数据库。

三、项目成果

2020 年 3 月 10 日，中粮期货联合太平洋财险设计并赠送中粮生化肇东工厂对应 1 000 吨医用酒精成本价格保险完成理赔。该保险从 2020 年 2 月 18 日出单，不到一个月的时间，成功规避了原料上涨风险，真正做到了为参保企业降低采购成本。

四、创新与建议

自 2016 年“中央一号”文件明确提出稳步扩大“保险 + 期货”试点以来，“保险 + 期货”在实践过程中不断验证了其可行性。此次受疫情影响，中粮期货和中粮祈德丰利用自身在衍生品专业上的优势和以往对农业种植户“保险 + 期货”的经验，联合太平洋财险共同助力酒精生产企业渡过难关。

本项目以企业直接购买保险的形式，大幅降低企业进行风险管理的门槛。与企业直接参与衍生品市场相比，企业不用搭建衍生品团队，财务处理也更便捷。

项目模式为酒精成本价格保险，将玉米与酒精生产相关联，延伸产业链服务。一旦玉米价格上涨，上涨部分则由保险公司通过其向风险管理子公司购买的场外期权进行补偿，实现了“场外期权+原材料保险”的有机结合。

“保险+期货”作为风险管理的重要工具，已逐步渗透到各个产业链环节，风险管理子公司以“保险+期货”作为切入点延伸产业链的风险管理服务，同时通过引入贸易订单、贷款等，助力企业稳定生产经营。希望以此为契机，多方共同努力，开展更多的培训和学习交流，增加宣传力度，进一步提高企业认知，拓宽场外衍生品运用广度，进一步探索“保险+期货”创新服务模式。

案例 16

浙商期货：巧用看涨期权，保障口罩原料供应

一、项目背景介绍

新冠疫情暴发后，全国口罩需求量剧增，面对巨大的口罩市场需求，口罩原材料聚丙烯日渐走俏。此外，疫情期间物流受阻，原材料运输成本提高，更使口罩生产企业成本大幅上涨，影响了口罩的稳定生产。

浙江物产化工集团有限公司（以下简称“物产化工”）是世界 500 强企业物产中大集团的下属公司，主要经营各种规格的聚丙烯原料。口罩生产企业迫切需要采用衍生品工具来规避原材料价格上涨的风险。为此，浙商期货全资风险管理子公司浙江浙期实业有限公司（以下简称“浙期实业”），向浙江物产化工免费提供一个月到期的聚丙烯看涨期权。聚丙烯价格上涨时，通过期权帮助下游口罩生产企业规避原材料价格上涨风险，保障企业有序开展防疫物资全面投产。

二、项目开展情况

（一）服务方式及原理简介

为帮助下游口罩生产企业降低原材料采购成本，浙期实业免费向浙江物产化工提供平值亚式 PP2005 看涨期权，权利金 80 元/吨，期限一个月，规模为 500 吨。聚丙烯价格上涨时，浙江物产化工以封顶价向下游口罩生

产企业出售聚丙烯，帮助下游企业规避成本上涨风险；衍生品端则利用期权收益弥补现货端损失。期权损益见图 1。

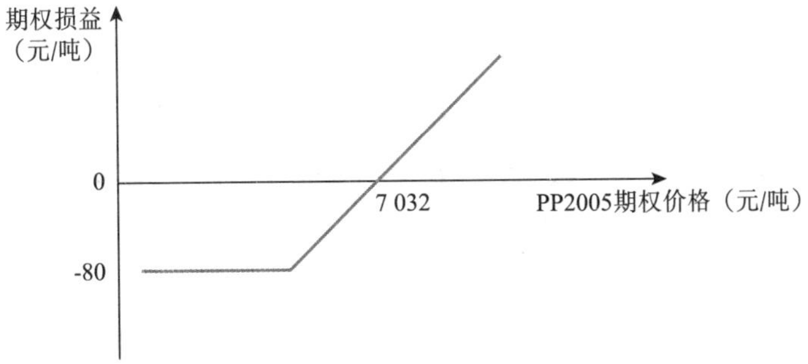

图 1　聚丙烯期权损益

（二）具体操作流程

从具体操作上看，2020 年 2 月 25 日浙期实业联合物产化工免费为下游企业提供平值亚式一个月到期的 PP2005 看涨期权，规模为 500 吨。该期权的作用为：物产化工在期货盘面以 7 032 元/吨成交后，在期权进行结算时，如果最终 PP2005 月均价高于成交点价时，期权产生的收益可用于补贴原料价格上涨导致的下游口罩生产企业高价买货带来的高额成本开支；如果 PP2005 月均价低于成交点价时，口罩生产企业以低价向物产化工进行原料采购。亚式期权采用相对平滑的标的月均价对期权进行结算，更能反映未来一段时间内口罩原材料的市场价格的变化，更接近口罩生产企业的实际风险。期权操作流程见图 2。

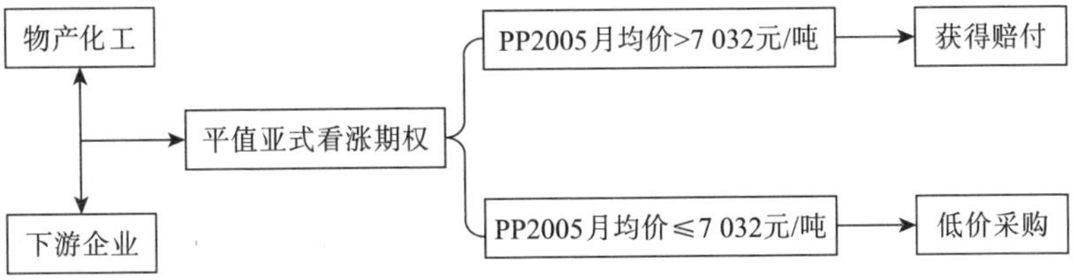

图 2　具体流程

（三）合同执行情况

2020 年 3 月 24 日该期权到期，期权有效期内 PP2005 月均价低于 7 032 元/吨，所以没有获得额外补贴。

三、项目成果

本次企业风险管理项目中，浙期实业免费向物产化工提供平值亚式看涨期权，帮助口罩生产企业降低原料采购价格。数据统计显示，每吨聚丙烯材料可生产近25万只医用防护口罩，本次500吨聚丙烯亚式期权总计可以帮助下游口罩生产企业规避对应1.25亿只口罩的成本风险，给防疫物资（口罩）生产企业的原材料成本管理和防疫物资的有序全面开展提供了良好的生产条件。

本次风险管理项目中，企业虽然未得到赔付，但是通过期权产品能够帮助企业规避极端行情下价格的剧烈波动，减少企业面临的价格风险。通过此次项目，企业进一步认识到了利用衍生品工具进行成本管理的重要性，将衍生品工具纳入现货生产过程中，能够帮助企业进行成本管理的同时拥有获利的机会。项目结束之后，企业表示希望未来能加强合作，进一步沟通、完善期权方案，让期权与现货生产结合得更加紧密，充分发挥衍生品对实体企业生产经营的服务功能，为企业的稳定运营提供了强力保障。

四、体会与建议

对浙江物产化工及下游口罩生产企业来说，浙期实业向浙江物产化工免费提供算式平均亚式看涨期权，有效规避了下游口罩生产企业采购成本上涨的风险，有利于企业全面投产抗疫物资。另外，充分发挥了浙江物产化工仓储、物流等服务能力，给扩大物产化工行业影响力，建立企业稳定的上下游关系提供便利。

但长期权利金的损失对企业持续经营来说是一笔巨大的花销。站在客户的角度，如何在不引入额外风险的条件下，既能实现对冲的目的，又能降低成本或者增加收益，是我们为客户设计方案时最需要考虑的问题。针对项目运行过程中客户对于定价不太理解的问题，交易所可从如下两方面给予支持和帮助：一是开设以交易所为代表的第三方场外清算机构，消除客户对定价方面的疑虑。二是希望交易所能够加快上市相应聚丙烯品种场内期权，从而为场外期权提供价格尺度和标准，以解决实体企业对场外期权定价尺度方面的疑惑。

案例 17

兴证期货：万众一心，共克时艰，提高企业风险管理认知水平

一、项目背景

新冠肺炎疫情发生以来，受疫情防控需求影响，口罩需求量急速上升，市场上一“罩”难求，尤其是医用防护标准口罩成为最紧缺的防护用品之一。同时，基层防控人员和一线医护人员对于一次性隔离服的需求也在急剧增加。图 1 为工人在加班加点地生产。聚丙烯（简称 PP，大连商品交易所上市期货品种），是医用口罩和防护服的原材料之一。疫情期间，一方面，短期内需求增加带动 PP 价格波动加大，使得口罩和防护服生产企业面临原材料价格上涨的风险；另一方面，从中长期看企业完成采购后，部分企业的 PP 库存加大，又将面临 PP 价格下跌、库存贬值的风险。

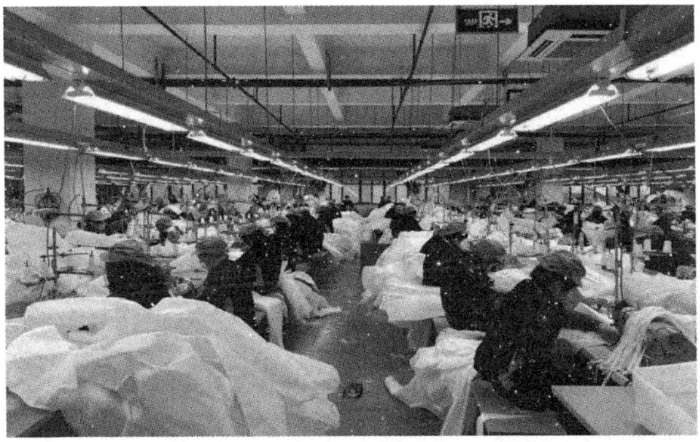

图 1　工人在加班加点地做防护服

此外，对于疫区企业来说，由于受疫情影响，普遍面临销售不畅、产品库存积压等问题。鸡蛋是关系民生的重要物资，由于其保存时间短，疫情期间鸡蛋消费下降，库存高企，给湖北地区鸡蛋生产企业带来了很大的经营困境和经济损失。

针对企业的困难，兴证期货风险管理子公司——兴证风险管理主动肩负起抗疫的社会责任，为众多企业提供了免费场外 PP 期权和鸡蛋期权，努力帮助企业锁定口罩生产成本、PP 熔喷布销售利润及鸡蛋库存价值，帮助企业渡过经营困难。

二、项目开展情况

（一）项目总体情况

为了帮助全国各地的口罩、防护服生产企业及鸡蛋生产合作社，兴证风险管理免费为多个省份的企业提供期权工具，具体开展项目见表 1。

表 1　项目要素

序号	项目名称
1	厦门美润 300 吨 PP 看涨期权
2	嘉麟杰 400 吨 PP 障碍看涨期权
3	亿海石化 1 000 吨 PP 看跌价差期权
4	春夏新科 200 吨看涨期权
5	爹地宝贝 500 吨看涨价差期权
6	创捷供应链 200 吨看涨价差期权
7	湖北鸡蛋企业“保险 + 期货”项目

（二）服务方式

1. 为口罩和防护服生产企业锁定原材料采购成本

对于口罩和防护服生产企业来说，企业需要采购足够的 PP 来进行生产。PP 价格的上涨意味着更高的生产成本，因此需要管理 PP 价格上涨的风险。兴证风险管理为这些口罩和防护服生产企业提供了一个月免费的看涨期权，使得 PP 价格上涨高于期权约定价格时，企业仍可以按照约定的价格（此时低于市场价）采购 PP，相当于为企业锁定了一个月的采购成本。

2. 为PP生产企业锁定销售收入

对于为口罩生产厂提供原材料PP的销售企业来说，PP价格的下跌会导致其销售利润下降，库存贬值。兴证风险管理为这些企业提供了一个月免费的看跌期权，使得PP价格下跌低于期权约定价格时，企业仍可以按照约定的价格（此时高于市场价）采购PP，相当于为企业锁定了PP销售利润，且实现了库存保值。

3. 为鸡蛋生产合作社进行库存保值

疫情期间，鸡蛋销售困难产生了累库，湖北鸡蛋生产合作社面临库存价值下跌的风险。兴证风险管理利用“保险+期货”的模式为合作社免费提供了一个月的鸡蛋场外看跌期权，当鸡蛋价格下跌时，企业将获得相应赔付，帮助合作社进行库存保值。

（三）具体操作流程（见表2）

表2　　具体操作流程

项目名称	操作流程
厦门美润300吨PP看涨期权	兴证风险管理为厦门美润无纺布股份有限公司提供300吨PP2005免费平值亚式看涨期权，行权价格为7 038元/吨，期限为1个月。当期权到期时，若PP2005的均价高于7 038元/吨，则兴证风险管理赔付高出行权价格的部分，相当于保障了4 000万只以上口罩的原材料成本
嘉麟杰400吨PP障碍看涨期权	兴证风险管理为上海嘉麟杰科技有限公司免费提供了一份行权价格为7 117元/吨的PP2005平值障碍看涨期权，规模为400吨，障碍价格为7 167元/吨，敲出收益为150元/吨。若PP2005期货价格达到7 167元/吨，则兴证风险管理赔付150元/吨
亿海石化1 000吨PP看跌价差期权	兴证风险管理为陕西亿海石化有限公司免费提供了一份行权价格为6 800元/吨和7 050元/吨的PP2005虚值看跌价差期权，规模为500吨。若标的价格低于7 050元/吨，则兴证风险管理赔付低于此行权价的部分，直到标的价格达到6 800元/吨，最大赔付金额为250元/吨。后续亿海石化对风险管理服务表示满意的同时又主动购买了一份500吨PP2005行权价为5 851元/吨和6 051元/吨的虚值看跌价差期权。该期权标的价格低于6 051元/吨时开始赔付，当标的价格达到5 851元/吨，最大赔付额为200元/吨，前后共保障了2亿只口罩的原材料库存价值

续表

项目名称	操作流程
春夏新科200吨看涨期权	兴证风险管理免费为广东春夏新材料科技股份有限公司设计了行权价格为6 948元/吨和7 148元/吨的PP2005平值看涨价差期权，规模为200吨。若标的高于6 948元/吨，赔付超出该执行价的部分，直到标的达到7 148元/吨，最大赔付额为200元/吨。企业对PP后市温和看涨，该结构很好地对冲了原材料PP价格上涨的风险
爹地宝贝500吨看涨价差期权	兴证风险管理为爹地宝贝股份有限公司免费提供了一份500吨行权价格为6 933元/吨、7 133元/吨的平值看涨价差期权。该结构最大赔付额为200元/吨，相当于保障了1.2亿只口罩的原材料成本
创捷供应链200吨看涨价差期权	兴证风险管理为深圳市创捷供应链有限公司免费设计了一份行权价格为6 987元/吨和7 187元/吨的PP2005平值看涨价差期权，规模为200吨；为创捷与疫情相关的下游企业提供含权贸易，帮助疫情企业采购PP锁定最高成本价，该结构最大赔付额为200元/吨
湖北鸡蛋“保险+期货”项目	兴证风险管理为湖北蛋鸡养殖企业湖北咸宁市通城县宏兴养鸡专业合作社提供了免费的鸡蛋价格保险——为320吨鸡蛋提供价格保障。以3 528元/500千克作为执行价格，当JD2005价格低于执行价格，则兴证风险管理赔付低于执行价的部分，有效防范了鸡蛋库存的贬值

（四）执行情况（见表3）

表3　期权执行情况

项目名称	赔付总额（元）	免除权利金、保费（元）
厦门美润300吨PP看涨期权	0	30 000
嘉麟杰400吨PP障碍看涨期权	60 000	56 000
亿海石化500吨PP看跌价差期权1	125 000	42 500
亿海石化500吨PP看跌价差期权2	0	17 000
春夏新科200吨看涨期权	40 000	29 500
爹地宝贝500吨看涨价差期权	0	50 000
创捷供应链200吨看涨价差期权	25 200	30 000
湖北鸡蛋“保险+期货”项目	154 880	45 000

三、项目成果

此次抗疫项目中提供了总计价值30万元的场外期权服务，共实现赔付40.508万元，为生产抗疫物资的企业实现了风险管理的同时，也为疫情期间受灾的农业合作社提供了价格保障。

抗疫过程中，部分企业在获得赔付后，不仅对利用场外期权进行企业风险管理的效果表示了肯定，也对使用场外期权进行风险管理的机制产生了浓厚的兴趣，并多次表示愿意主动购买场外期权。在传统经营模式中，企业从生产到销售的整个过程都处于价格风险暴露下，再加上管理人员对风险管理的认知不足，导致企业经营利润受价格波动影响较大。引入场外期权后，不仅让企业意识到风险管理对企业稳定经营的重要性，并在最大限度上保障了企业预期的经营结果。此次抗疫受灾的农业合作社获得了超出预期的赔付，并多次与保险公司表示，愿意以“保险+期货”的模式购买场外期权产品，充分调动了合作社的积极性。

四、经验总结

1. 良好的服务效果提升了企业的风险管理认识水平

本次抗疫项目的帮扶是兴证风险管理根据企业对后市价格的不同预期和保值需求，为企业提供个性化的场外期权策略，满足其风险管理的多样性。不仅让实体企业尝到了风险管理的甜头，也让其意识到风险管理对企业经营的重要性，企业主动自费购买场外期权的意愿有所提升。

2. 加大市场宣传培训力度，改变企业对衍生品工具的认知

从整体现状来看，目前大部分实体企业对期货的运用仍然存在认知性偏差，认为期货具有高风险、高杠杆，会导致较大的亏损，进一步导致其对期权产品的误导性认知，认为期权是比期货更具风险性的工具。因此，建议行业对机构投资者加大教育和培育力度，引入政府和具有实际操作经验的机构，对未涉足过该领域的企业进行引导，提升企业的参与积极性。

案例 18

宏源期货：保障口罩生产“生命线”，宏源期货助力抗击疫情

2020 年年初，国内遭遇新冠肺炎疫情。因初期各类防护用品短缺，带动医用聚丙烯消费量急速上涨（见图 1）。抗击疫情急需医用口罩，其原材料主要是聚丙烯（简称 PP，大连商品交易所上市期货品种），其价格波动加大，生产企业面临原材料采购成本上升的风险。

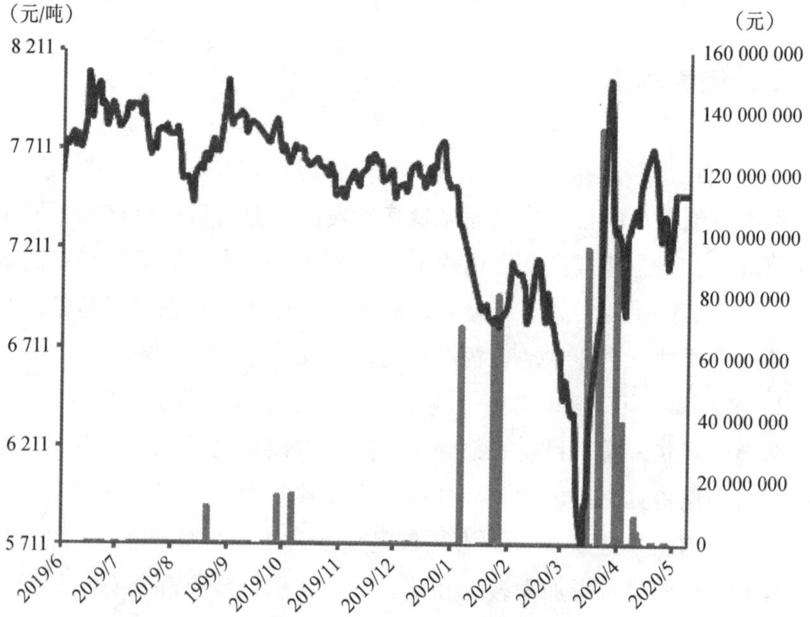

图 1　疫情期间 PP2005 合约价格急剧上涨

资料来源：Wind 数据库。

浙江明日集团是申万宏源集团的合作客户，是我国最大的聚丙烯（PP）分销商，年经营规模达到150万吨，其中有10万吨都是直销给无纺布厂商用于生产口罩、防护服等日用防护用品。而每吨聚丙烯约可制成一次性外科口罩90万只或N95口罩20万只。在了解到浙江明日集团在疫情期间承担的重要工作后，申万宏源集团旗下宏源期货及其风险管理子公司宏源恒利立即联系明日集团，第一时间扛起金融企业的责任和担当，通过创新金融服务方式，尽力避免原料上涨给无纺布生产企业带来成本端的损失，最大力度地支持口罩厂商正常经营。

一、项目开展情况

（一）项目概况

宏源期货通过将期权嵌入传统现货合同——含权贸易的方式，为客户提供锁定300吨聚丙烯原料的价格管理服务。鉴于2月份疫情情况非常复杂，PP市场价格波动较大，为了体现申万宏源集团助力抗击疫情的决心，公司FICC事业部决定无偿赠予客户一份PP的欧式看涨期权，挂钩标的为大连商品交易所PP2005合约。此笔交易规模为300吨，名义金额211.5万元，能保障下游口罩生产商2.7亿只一次性外科口罩或6 000万只N95口罩的原料采购成本。

（二）项目原理

场外期权，通俗讲是不在交易所交易的期货的保险，可以满足实体企业更加个性化、精细化的风险管理需求。宏源期货所提供挂钩PP2005的看涨期权给予口罩生产企业以固定价格买入PP的权利，即当PP2005价格上涨时，口罩生产企业可以用固定价采购PP，从而避免原料上涨带来的采购成本的增加；当采购价格低于固定价格时，口罩企业可以选择放弃行使权力，在现货市场“随行就市”购买PP，享受原材料价格下跌带来的采购成本下降。也就是说，通过场外期权，企业采购成本可以实现“遇涨不涨，遇跌跟跌”，保障了企业的权益。

（三）操作流程

1. 产品设计

根据浙江明日集团及下游无纺布、口罩生产企业的实际需求，设计出PP2005的看涨期权，免费赠送给明日集团，并通过明日集团以含权贸易合同的形式分发给下游的PP采购商。

2. 交易确认

双方意向统一后，客户提供相关生产经营资料和相关业务风险揭示及交易授权书；填写客户基本信息表、风险评估等确认书；客户签署SAC主补协议，交易确认书；期权成立。

3. 产品终止

产品到期后，期权买方（明日集团）获得行权收益，这部分收益用来弥补明日集团让利给下游无纺布企业所蒙受的损失。

4. 项目执行情况

双方于2020年2月25日签订聚丙烯（PP）的含权购销合同，由宏源恒利销售浙江某控股集团300吨PP，约定自合同签订日起一个月内，如果PP2005合约价格不低于5 600元/吨，则合同单价二次定价为6 580元/吨。即如果PP价格因需求激增而快速上涨，浙江某控股集团依旧可以按6 580元/吨的固定价格采购，锁定了其采购成本。宏源恒利于2020年3月2日按暂定价格将300吨PP货权转移至该分销商，优先保障了PP现货的稳定供应。双方于2020年3月26日签订最终价格结算单，因2020年2月25日至3月25日期间，PP2005合约价格均未低于5 600元/吨，故最终结算单价确定为6 580元/吨。

二、项目效果

期权执行价格的设置固定了标的资产在到期日的交割价格，同时，期权的买方拥有权利而无须承担责任，风险是可以预见的，其最大损失无非就是购买期权所支付的权利金，而本例中因为企业获得了申万宏源集团的赠送期权，所以企业获得了免费的保护。在此结构的期权交易中，申万宏源集团免去了相关手续费，减少了企业套保支出的资金成本。

最终申万宏源集团为浙江明日集团设计的“场外期权 + 含权贸易”的方案，成功保护了下游无纺布、口罩企业免受成本上涨的损失。而作为 PP 卖方的明日集团，也因为申万宏源集团赠送的 PP 看涨期权减少了低价销售 PP 的损失。双方结合各自特点，进行深度合作，保障口罩原料的供应，体现出了各自的社会责任和担当。项目完成后，浙江明日集团对宏源恒利此次的 PP 含权贸易项目做出了高度评价。

三、经验总结

新冠疫情的暴发增加了实体企业经营面临的不确定性风险，巧用场内、场外期权工具为防疫物资生产企业进行风险管理，是期货行业支持防疫抗疫的新思路，相关创新案例越来越多。同时，期货业通过自身风险管理的专业优势，积极为实体企业提供精准金融风险管理服务，助力实体企业全面恢复生产，为打赢疫情防控阻击战贡献了“期货力量”。

此外，为应对企业风险管理需求骤升的局面，宏源期货迅速排查了客户及其上下游企业受疫情影响的具体情况，及时启动各项帮扶措施。一是向客户广泛开展金融衍生品培训，提供风险管理咨询服务，为其制订风险管理解决方案，最大限度地降低疫情对企业生产活动的影响。二是在大力推动复工复产背景下，积极与各地政府机关展开联系，主动提供公益性质的业务培训，助力企业高质量地复工复产。

案例 19

华泰期货：无惧原料涨价潮，巧用期权保生产

一、项目背景介绍

新冠肺炎疫情背景下，口罩、防护服等防护物资成为疫情防控与企业复工复产的关键。防护用品的主要原料为聚丙烯（简称 PP，大连商品交易所上市期货品种）无纺布。湖北仙桃既是疫情重灾区，也是中国最大的无纺布生产基地，聚集了上百家成规模的无纺布生产及口罩防护服加工企业，出口量占全国的近三分之一。2020 年春节以来，无纺布厂商订单量暴增，但工厂复工复产困难重重，除了工人短缺之外，原料紧缺、价格波动剧烈等问题严峻。

仙桃富源医疗保健品有限公司（以下简称“仙桃富源”）和湖北鑫宝利无纺布有限责任公司（以下简称“湖北鑫宝利”）是湖北的两家无纺布生产企业。其中，仙桃富源年销售额高达数千万元，常年被评为地、市一级信用企业和先进企业；湖北鑫宝利拥有四条无纺布全自动生产线，年产能约 9 000 吨。然而受疫情影响，两家工厂均接了大量的订单，企业一方面希望再加大接单量，为控制疫情做出贡献，但同时担心后期随着疫情变化可能会导致原料紧缺、物流渠道不畅以及价格剧烈波动等问题。华泰长城资本管理有限公司（以下简称“华泰长城资本”）与明日控股（武汉）公司迅速组织制订供货服务方案，借助明日控股百余家主流产业链战略合作伙伴的优势，及时解决原料供应与物流渠道。同时在全力保障客户原料供应基础上，华泰长城资本免费提供现货企业通用的“无惧原料涨价潮，巧用期权保生产”服务，解除企业复产面临的市场价格风险。

二、项目开展情况

（一）服务方式及原理简介

服务方式为买入聚丙烯的看涨期权，避免原料价格上涨的风险，同时，考虑到两家企业并没有衍生品的直接交易经验，也缺少相应的专业交易团队，从交易形式上，采用含权贸易的方式实现，在现货合同中增加相应的价格保护条款，约定了最高采购价和数量，到期如果原料期货价格高于该价格，企业将按照约定的最高采购价结算，如果低于该价格，则可以按更低价进行结算。

（二）具体操作流程

双方沟通制定完具体方案后，约定2月17日进行期权建仓，买入浅度虚值的欧式看涨期权，将原材料成本控制在能够承受的范围，并在一定程度上节省成本，期限为半个月，对应疫情期间短期集中的无纺布生产需求。

（三）合同后续执行情况

2月17日，聚丙烯2005合约价格为6 893元/吨时，华泰长城资本向企业免费提供上述标的期货合约的1 400吨看涨期权，执行价为6 963元/吨，到期日为3月3日。2月21日标的期货合约价格上涨至7 100元/吨，企业选择先平仓500吨看涨期权，获得平仓收益78 555元。剩下的900吨于期末平仓，平仓价位为7 031元/吨，平仓收益为61 578元，前后两批平仓获得的总收益为140 133元。项目要素见表1。

表1　　项目要素

标的合约	PP2005
期权结构	欧式看涨
保障规模（吨）	1 400
执行价（元/吨）	6 390
到期日	2020年3月3日

续表

入场日期	出场日期 1
2020 年 2 月 17 日	2020 年 2 月 21 日
入场价格（元/吨）	出场价格 1（元/吨）
6 893	7 100
入场数量（吨）	平仓规模（吨）
1 400	500
开仓权利金（元/吨）	平仓权利金 1（元/吨）
0	157.11
	出场日期 2
	2020 年 3 月 3 日
	出场价格 2（元/吨）
	7 031
	平仓规模（吨）
	900
	平仓权利金 2（元/吨）
	68.42
期权了结总收益（元）	140 133

三、项目成果

本次通过华泰长城资本提供的场外期权工具，最终为企业节省了共计 140 133 元的原料采购成本，让企业无须担心原料价格的大幅波动，可以更加专注于生产经营本身，也敢于在市场需求旺盛时多接订单，积极扩大生产规模。华泰长城资本免费向客户提供的风险管理产品，保障了所涉及 1 400 吨聚丙烯原料的平价供应，刚好满足两家工厂近一个月的用量，可生产口罩约 3.5 亿个，为后期湖北防控复工“双发力、两不误”提供了切实保障。

四、体会与建议

在特殊时期里，此次湖北无纺布生产企业的困难得到有效的解决，不仅借助了明日控股强大的渠道资源和物流能力，还得益于华泰长城资本多年来为数百家大型企业提供风险管理服务的专业素养及丰富经验，更是专业的期货公司风险管理子公司与实体行业龙头携手抗“疫”的联合行动，为企业的复工生产和风险管理承担了一份责任。

金融衍生工具对实体企业的价格风险管理意义重大，但是工具本身具有一定的复杂性，这就要求行业机构平日里要做好投资者的教育工作，用通俗易懂的语言让企业能够理解并且愿意尝试。此次疫情下的风险管理案例，让企业在原有的场外期权风险管理模式之外，看到了新的运用场景，打开了企业的思路，尝试性的操作产生了非常正面的效果和积极的评价。同时，借助于场外期权，明日控股集团与下游企业的含权贸易模式得到进一步推进，给化工产业链的风险管理合作方式提供了极具借鉴意义的鲜活案例。

五、华泰期货勇于担当，助力抗“疫”

新冠疫情期间，华泰期货风险管理子公司华泰长城资本管理有限公司坚守服务实体的初心和使命，积极行动，承担社会责任。针对多家实体企业的个性化风险管理需求，华泰长城资本运用专业能力，为企业量身定制了多套基于场外期权的风险管理方案，并对权利金进行减免，帮助企业渡过难关，助力抗“疫”复产。疫情期间的行动，充分体现了金融衍生品在抗击疫情、促进复产、保障民生等方面的突出作用。通过上述服务，使得各方再次充分认识到：场外期权工具不仅可以在特殊时期助力抗“疫”，还可以长期提高实体企业对价格风险的免疫力。

案例 20

华西期货：定制区间累积期权，锁住口罩原材料价格

一、项目背景介绍

2020 年一场突如其来的新冠肺炎疫情席卷全国，给中国乃至全球经济造成巨大冲击。大宗商品行情巨幅波动，给实体企业的经营带来了极大挑战和困难。虽然国内疫情状况已经好转，但是口罩作为基本且必需的防护物资，仍存在供需缺口。疫情期间，全国新增了 3 000 多家生产口罩等防疫用品的企业，各地口罩等防疫物资需求仍十分旺盛。因此，作为口罩防疫物资原材料的聚丙烯的价格居高不下，这给口罩生产企业带来了一定困难。因为订单量在短时间内大幅度上升，口罩原料聚丙烯的需要也大幅增加。在这种极端特殊的情况下，聚丙烯的价格作为企业的成本会直接影响口罩的产量与利润，甚至关系到企业的生死存亡。

二、项目开展情况

（一）服务方式及原理简介

四川中塑石油化工有限公司（以下简称“中塑石化”）是一家口罩生产企业，公司担心原材料价格上涨导致生产成本增加，但其实当时的原材料价格已经处于高位。华西期货有限责任公司（以下简称“华西期货”）及其风险管理子公司华期创一成都投资有限公司（以下简称“华期创一”）

利用金融衍生工具为其量身定制了400吨价值约274.4万元的聚丙烯“区间累积”期权（不收期权费），帮助其锁定约8 000万个普通口罩的原材料价格风险，稳定生产经营。只要期权存续期内期货价格在区间内，中塑石化都能够获得华期创一的赔付，而且随着期货价格在区间内天数的增加，赔付也逐步增加，有效降低了企业短期面临的价格波动风险，从而锁定该企业聚丙烯的采购价格，助力企业防疫物资的生产。

（二）具体操作流程

华期创一在设计该笔期权时，最初考虑设计成亚式看涨期权结构，但在与中塑石化沟通后，中塑石化最终还是选择了区间累积期权结构。主要原因在于当时聚丙烯价格居高不下，国际原油市场由于疫情价格变动方向不明朗，盘面价格波动过大，后续价格走势如何发展有待观察。

为了更全面地考虑风险变化，本着全身心服务实体经济的原则，2020年4月14日，华期创一与中塑石化签约，免费为其提供该“区间累积”期权，助力企业复工复产。华期创一选择在聚丙烯市价为7 218元/吨时进场，当时这个价格相对较低，有利于企业控制成本，也有利于华期创一进行风险管控。

签订合约之后，华期创一持续进行对冲交易。具体操作流程见图1。

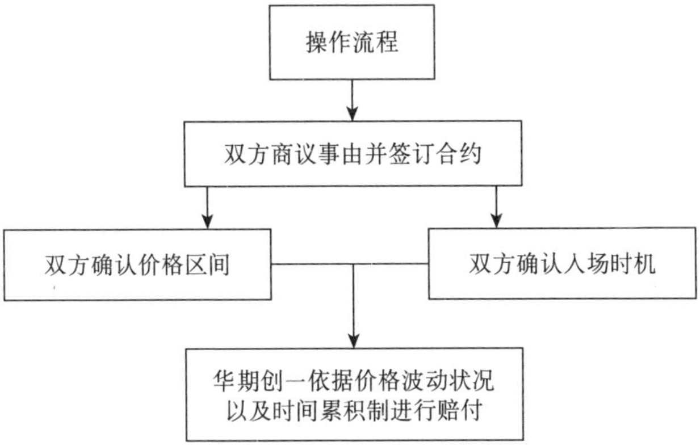

图1　具体操作流程

（三）合同执行情况

合约存续期间，华期创一时常与客户公司联系，了解企业的生产经营、成本控制的情况，一起协同努力，保障企业的复工复产。

2020 年 5 月 14 日，合约到期并结算，合约标的聚丙烯 PP2009 的价格变动在约定的价格区间内。华期创一成都投资有限公司向中塑石化赔付 28 872 元（见表 1）。

表 1　项目要素

期权买方	四川中塑石油化工有限公司
期权卖方	华期创一成都投资有限公司
合约类型	区间累积期权
标的物	大连商品交易所聚丙烯 PP2009 合约
期权起始日	2020 年 4 月 14 日
签约行情价	7 218 元/吨
期权到期日	2020 年 5 月 14 日
区间上限	9 360 元/吨
区间下限	4 320 元/吨
期权费合计	0 元
卖方向买方赔付金额	28 872 元

三、项目成果

对于生产经营而言，中塑石化在合约存续期内，在华期创一的指导下优化企业库存管理，增强了抗风险的信心，更积极地投入复工生产。在风险意识方面，此项目最后对企业实际发生了约 3 万元的赔付，卓越地表现了期货期权等金融衍生品对实体经济的管理风险的作用，让实体企业家们认识到了利用衍生金融产品进行风险管理的重要性，引导他们逐渐以衍生品作为转移市场风险的重要工具，并下意识引用风险管理工具改善企业日常经营，使实体经济更加稳健地创新、升级、发展。

四、项目总结

金融扶贫、专业扶贫在服务实体企业中具有重要意义。但是金融衍生品的概念对于企业来说比较陌生，此次项目的开展，有效加深了实体企业对金融衍生品知识的了解与学习，为以后更多的实体企业加入期货行业、参与金融扶贫起到了良好的示范作用。

行研支持篇

案例 21

申银万国期货：线上沙龙，助力抗“疫”

2020 年初，新冠肺炎疫情在我国暴发，传统的衍生品线下服务模式受到了极大的限制，对客户服务提出了全新的要求。疫情蔓延最严重的时候，恰逢国内外金融市场剧烈动荡之时。申万期货为了保障投资者参与二级市场的稳定运行，第一时间复工，为投资者提供盘前风控、实时点评、线上沙龙等多维度的服务，可谓是“疫情不出门，服务不间断”。

一、项目开展情况

（一）服务简介

为落实疫情防控责任，同时确保服务质量，期权事业部与公司多部门协同，制订了线上服务方案，通过云直播等新型服务方式，在春节后第一时间，迅速面向申万宏源湖北分公司及下辖营业部，特别是武汉的员工及投资者开展了多场线上互动直播沙龙，为超过 200 余名投资者分享疫情期间如何运用期权工具管理风险。在春节后两个月的时间里，期权事业部陆续针对申万宏源、申万期货的累计 2 000 余名员工及投资者分享了金融期权、商品期权、极端市场行情下的期权应用等内容，举办了共计 15 场线上互动直播沙龙活动，做到“实时行情及时讲，风险管理事先提，期权应用场景多”。

（二）具体开展形式

1. “微信群播放培训视频＋在线互动”

湖北分公司的线上培训采用了在微信群里播放录制的培训内容的形式，并通过群内互动的方式进行答疑。该方式包含三方面优点：一是录制的视频链接可供营业部员工反复观看，对于培训过程中未弄懂的内容可以继续学习并与培训讲师做进一步沟通；二是通过培训将营业部的负责人及员工都邀请进微信交流群，便于日后业务政策的传递及业务开发的营销推广；三是通过微信发放调查问卷可以巩固培训效果。

2. 腾讯会议开展线上直播

杭州、温州、江西分公司以及上海重点营业部的培训采用了腾讯会议系统进行线上云直播。该方式主要优点包括：一是直接进行线上培训直播，支持多人同时在线交流，具有较强的互动性；二是能够实时了解在线参会的人员及人数，便于统计；三是不受时间和空间的影响，讲师可以在独立的环境下进行观点分享；四是会议系统可以免费使用，能够控制培训成本；五是可以选择通过手机或者电脑客户端观看直播，操作较为便捷；六是直播较为流畅，培训音质及画质能够得到保障。

（三）后续执行情况

期权事业部下一步将持续与证券分公司、营业部以及期货公司各分支机构加强沟通，后续计划安排的沙龙和培训有20场，主要包含期权理论知识、期权交易基础知识、期权交易策略、期权交易软件、期权开户要求、期权业务拓展等方面内容，同时，根据培训内容的深浅将培训的内容分为初级和高级两类，满足不同基础的人员对沙龙和培训内容的需求。

二、项目成果

线上培训收到了积极的反馈，客户对于通过互联网参加沙龙的方式表示认可，认为通过此种形式能够第一时间了解到市场最新资讯，同时打破了时间和地域的限制，是一种全新的体验。在疫情最严重的时间里，不仅可以第一时间了解市场的最新动向，学习衍生品的最新知识，还能够感受期货行业的热情服务和奉献精神。分支机构及客户对于培训的评价和反馈如下：

一是培训模式及内容得到了分公司的认可，特别是关于期权客户营销方面的培训，开拓了营业部业务开发的思路，希望后续加强案例分享。

二是希望线上培训模式可以定期组织，分公司会继续征求客户需求，建议讲课内容更加贴近于客户，便于客户理解，有部分内容太过专业，客户短期无法直接运用。

三是培训内容设计得很好，客户反馈说很有帮助，急需课件进行再回顾。培训内容包含很多技术操作实战的内容，很实用，希望以后继续讲一些实战的策略，便于指导客户。

四是培训内容贴近实际，期权基础及应用讲解具体，所讲案例生动，期权交易的细节和经验非常实用，期权的实际开发经验很有借鉴意义，对实际业务开发很有用处，学到了很好的营销话术，对节后行情有了更深的认知。

五是希望今后举办更多类似的培训活动，能够分享更多的实际案例和开发经验，多一些可行的未来操作建议，以便更多了解哪些时点或者哪些市场事件可以用于备选策略，以及动态对冲运用方法及实例等内容。

三、总结与思考

（一）总结

对所服务的投资者而言，疫情期间及时举办的系列线上沙龙活动提高了投资者应用期权来管理风险的意识和能力，提升了投资者的专业能力。期权作为市场新兴的进入到快速发展期的衍生品，与期货带来的风险管理效果有很大不同。对期货经营机构而言，通过疫情期间一系列的期权主题线上沙龙活动，提高了客户对期权的关注度和参与度，公司的期权业务在疫情期间有了快速发展，无论是金融期权还是商品期权的市占率都有了显著的提升。由于境内期权市场发展较晚，首只期权品种 50ETF 期权上市时间也只有四年多，国内投资者对期权关注度和认知度都相当不足。本次疫情期间举办的系列期权主题线上投资者沙龙活动不仅是对公司客户的一种服务，而且对期权投资者教育和培育也起到了良好效果。

（二）思考

“微信群播放培训视频 + 在线互动”这种方式的缺点在于：一是互动性较差，无法支持多人同时在线交流；二是无法确定在线收听培训人员数量，只能通过视频播放次数及调查问卷答题率预估培训参与度。腾讯会议开展线上直播这种方式的缺点在于：一是虽然可以通过微信小程序方式加入会议室，但有时会出现画面延迟或卡顿现象，需下载腾讯会议的软件，才能改善以上问题；二是目前已测试100人同时在线的会议可以确保流畅，但若人数继续增加，担心系统是否能继续正常播放；三是无法直接录像，需要配备桌面录像设施才能同步录制培训内容，由于视频容量较大，无法及时转发给营业部进行二次学习。今后将会在实践中进一步探索优化和改进的方法。

案例 22

长安期货：助力玉米企业管理风险

一、项目背景

2020 年突发的新冠疫情导致玉米现货市场销售和流通出现很大阻滞，玉米贸易商作为中间商，既要担心收购玉米的量不够，又要担心玉米销售困难出库难，还要防止玉米库存贬值，生产经营面临很大考验。陕粮农（开鲁）储备库有限公司（以下简称“开鲁库”）是陕西地区重点龙头企业，其主要业务是粮食收储与贸易。疫情的暴发使开鲁库面临收购与销售两难的境地，希望能利用衍生品工具降低玉米收购与销售两端的风险。

一是收购端。春节前后，农户手中的玉米余量有限，叠加新季玉米产量不能满足需求的预期，农户惜售情绪高涨，现货收购价存在上涨预期，可能会抬高玉米的收购成本。企业希望通过运用场内玉米期权降低收购成本。

二是销售端。春节期间，新冠疫情暴发，大宗商品价格下跌。同时随着温度回升，非洲猪瘟疫情再次出现，导致短期内玉米下游需求不旺的担忧回升，使得玉米价格面临较大回调压力。企业希望通过场内玉米期权交易锁定销售收入。

二、项目开展情况

（一）项目简介

2019 年玉米期权上市，开鲁库借助隶属陕西省储备粮管理集团有限公司及其自身的现货背景和玉米贸易实际情况，深刻认识到这又是一次借助期货市场优化企业经营模式、提高企业效益的机会，便与长安期货合作，由其提供期权方案设计和投研咨询服务，企业自行推进参与场内期权交易。在长安期货的专业支持下，开鲁库两次通过场内玉米期权交易管理自身经营风险。

（二）服务方式

首先，开鲁库组建了由陕西省储备粮管理集团总部和开鲁库各级相关领导、集团总部期货部全体人员参与的项目组，长安期货研发人员受邀加入项目组，并基于其期现专业知识和丰富的实操经验背景为项目组提供方案设计和投研咨询。为保证决策执行的时效性，项目组设立专门的微信群，研究推进方案设计、资金到位、交易时机和入场价位等关键决策，保证项目实施过程中各方面可以高效沟通和配合。项目组的成立和决策机制的确立为此后开鲁库大力开展以场内期权实现企业风险管理计划奠定了坚实的基础。

依托疫情之下开鲁库的现货风险需求，长安期货为其设计了运用卖出看涨期权与看跌期权两种策略进行风险管理的方案，原理见表 1、表 2。

表 1　　降低收购成本：卖出看跌期权

目标	通过期权交易降低收购成本
逻辑分析	(1) 春节前，农户手中余粮所剩不多，售粮积极性降低，玉米中游贸易商采购谨慎，港口玉米库存处于低位 (2) 春节期间，因新冠肺炎疫情影响以及玉米产区村镇封路，基层售粮受限，同时，包括汽运在内的物流运输也受到较大程度影响，导致港口库存较低 (3) 春节后，华北、黄淮等地还出现了雨雪天气，局部地区出现大到暴雪，进一步加剧了基层余量的释放困难。阶段性供给偏紧给予玉米期价上涨动力 叠加春节前产不足需的大背景，现货收购价格存在上涨预期，企业可以通过卖出玉米看跌期权降低收购成本
交易策略	卖出看跌期权

续表

<table>
<tr><td>目标</td><td colspan="5">通过期权交易降低收购成本</td></tr>
<tr><td>损益图</td><td colspan="5">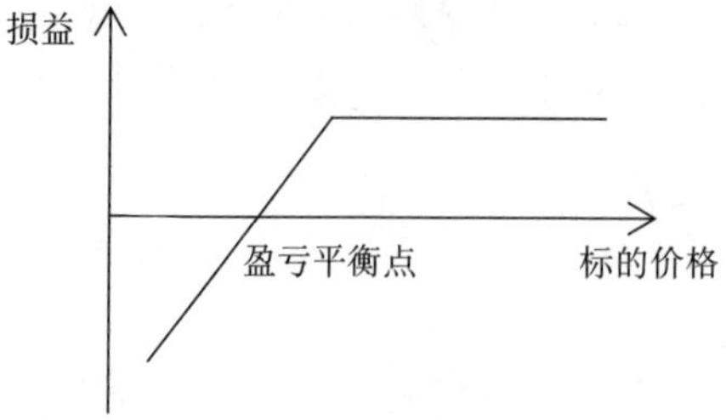
</td></tr>
<tr><td rowspan="3">风险控制</td><td>持仓量</td><td colspan="4">目前企业计划收购1万吨玉米现货，因此期权持仓量严格控制对应到现货需求量上，并根据行情回调时机分批建仓</td></tr>
<tr><td>建仓价格</td><td colspan="4">考虑到实值期权被行权的可能性最高，而平值期权波动率较大，行权价较高，不利于中期持有，故选择偏虚值期权进行交易，以保证不被行权，获取权利金收益，符合降低成本的需求</td></tr>
<tr><td>持仓时间</td><td colspan="4">若行情与预期一致，可持有期权至合约到期。若与预期不符，可选择提前平仓止损，保护期权费，也可等待被行权获得期货头寸进行买入交割或及时平仓期货头寸</td></tr>
<tr><td rowspan="4">盈亏情况</td><td>标的走势</td><td colspan="2">标的价格上涨，可以通过获得期权费来降低玉米现货的收购成本</td><td colspan="2">标的价格下跌、期权被行权，可以比建仓时期低的价格买入玉米期货合约进行交割，获得玉米现货</td></tr>
<tr><td>期权操作</td><td>平仓</td><td>持有至合约到期</td><td>提前平仓止损</td><td>被行权</td></tr>
<tr><td>盈亏测算</td><td>+（期权费－平仓价）</td><td>+期权费</td><td>－（平仓价－期权费）</td><td>以执行价格买入玉米期货合约</td></tr>
<tr><td>收购成本测算</td><td>收购价格－（期权费－平仓价）</td><td>收购价格－期权费</td><td>收购价格＋（平仓价－期权费）</td><td>小于或等于期权执行价格的交割结算价收购</td></tr>
</table>

表 2　　提高玉米销售收益：卖出看涨期权

<table>
<tr><td>目标</td><td colspan="5">通过期权交易提高玉米销售收益</td></tr>
<tr><td>逻辑分析</td><td colspan="5">（1）随着国内新冠肺炎疫情逐步好转，物流运输的逐步恢复，基层新季玉米将逐步上量并形成有效供给
（2）春节前生猪及禽类出栏较多，叠加在前期非洲猪瘟和禽流感的影响下，存栏尚未完全恢复，节后存栏量处于低位，饲用需求难以快速恢复
（3）随温度回升，非洲猪瘟疫情再次若隐若现，使得短期内需求不旺的担忧回升
阶段性供需格局将由偏紧向宽松转化，玉米价格存在回调压力，故企业可通过卖出看涨期权锁定销售利润</td></tr>
<tr><td>交易策略</td><td colspan="5">卖出看涨期权</td></tr>
<tr><td>损益图</td><td colspan="5">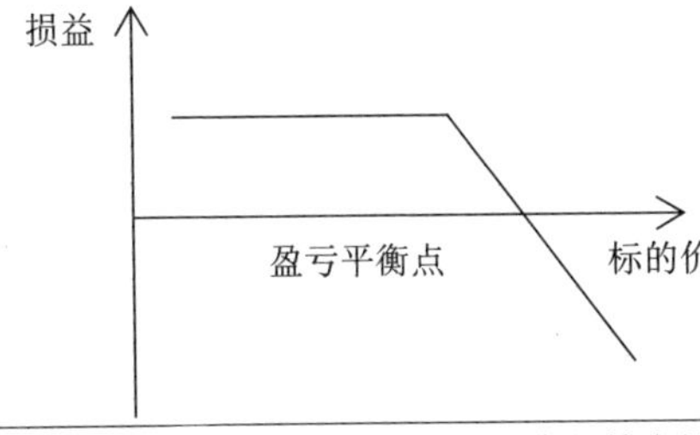
</td></tr>
<tr><td rowspan="3">风险控制</td><td>持仓量</td><td colspan="4">目前企业计划销售 1 万吨玉米现货，因此期权持仓量严格控制对应到现货需求量上，并根据行情反弹时机分批建仓</td></tr>
<tr><td>建仓价格</td><td colspan="4">考虑到实值期权被行权的可能性最高，而平值期权波动率较大，行权价较高，不利于中期持有，故选择偏虚值期权进行交易，以保证符合提高销售收益的需求</td></tr>
<tr><td>持仓时间</td><td colspan="4">若行情与预期一致，可持有期权至合约到期。若与预期不符，可选择提前平仓止损，保护期权费，也可等待被行权获得期货头寸进行卖出交割或及时平仓期货头寸</td></tr>
<tr><td rowspan="4">盈亏情况</td><td>标的走势</td><td colspan="2">标的价格下跌，可以通过获得期权费来提高玉米现货的销售收益</td><td colspan="2">标的价格上涨，期权被行权，可以比建仓时期高的价格卖出玉米期货合约进行交割，获得玉米现货</td></tr>
<tr><td>期权操作</td><td>平仓</td><td>持有至合约到期</td><td>提前平仓止损</td><td>被行权</td></tr>
<tr><td>盈亏测算</td><td>+（期权费－平仓价）</td><td>+期权费</td><td>－（平仓价－期权费）</td><td>以执行价格卖出玉米期货合约</td></tr>
<tr><td>销售价格测算</td><td>销售价格+（期权费－平仓价）</td><td>销售价格+期权费</td><td>销售价格－（平仓价－期权费）</td><td>大于或等于期权执行价格的交割结算价卖出</td></tr>
</table>

（三）项目执行情况

第一阶段：预计后市玉米上涨空间不大，单一卖出虚值看涨期权，锁定现货销售价格。事实上，2019 年 10 月份长安期货与开鲁库就开始施行玉米期权项目第一阶段的计划与准备。2019 年 10 月下旬，新季玉米已开始逐步上市，当时开鲁库在当地已收购 5 000 吨玉米，收购成本大约在吨价 1 700 元，当时玉米 C2001 合约价格在 1 820 元/吨至 1 850 元/吨波动。项目组经讨论认为，鉴于开鲁库作为交割库需贴水 100 元/吨的现状，如当时在期货盘面上进行传统的卖出套保，再加上交易、交割、仓储、资金占用等费用，在盘面 1 850 元/吨以下进行套保几乎无利可图，而且分析认为整个 2019/2020 年度内因玉米产不足需，未来玉米大幅上涨可能性极大。在此情况下，过早地在期货盘面上进行卖出套保操作，极有可能在后期形成较大的期货盘面浮亏，形成一定的资金压力。因此，项目组决定采用玉米期权工具开展套期保值。

项目组经过讨论分析认为，在 2019/2020 年度整体产不足需的情况下，玉米价格大幅下跌的可能不大，同时，考虑到非洲猪瘟疫情影响尚未完全消失以及新粮集中上市，在 2019 年 12 月上旬之前，玉米 C2001 合约的价格很难突破 2 000 元/吨，此时通过卖出执行价格 2 000 元/吨及以上的虚值看涨期权，可以使企业获得一定的收益。即使在未来 40 天左右的时间内，玉米 C2001 合约的价格突破了 2 000 元/吨，买方行权，那么作为看涨期权卖方的开鲁库将持有 2 000 元/吨价格的空头持仓，除去开鲁库交割每吨贴水 100 元及其他费用，也相当于实现了期现货 160 元/吨以上的套利盈利。

第二阶段：同时卖出低执行价虚值看跌期权和高执行价虚值看涨期权，动态调整持仓，稳定经营利润。2019 年 11 月底项目进入了第二阶段。经项目组讨论，认为鉴于 2019/2020 年度玉米总体产量减少，且随着粮食贸易商集中收粮进度的加快，以较低价格大量收到新粮的可能性正在不断减小，但同时猪瘟影响也同样可能继续影响玉米未来的需求。总结起来就是：现货市场低价采粮难度太大，但因需求尚不旺盛，粮价也难以大涨。考虑到开鲁库当时已收购玉米 4 万余吨，其中 2 万余吨尚未确定买家，还有风险敞口，同时后期仍期望能够以较低价格收购玉米来进一步扩大全年贸易量。综合市场分析和开鲁库实际经营需求，项目组最终决定，分别卖出低执行价格的看跌期权和高执行价格的看涨期权。于是在2019年12月3日玉米C2005合约期货价格尚在近1 900元/吨的情况下，首先卖出C2005－C－2060（执行价格2 060元/吨的看涨期权）和C2005－P－1840（执行价格1 840元/吨的看跌期权）。即看跌期权不被行权则以权利金收入弥补后期原粮采购支出的增加，行权则相当于拥有较当时建仓时便宜60元/吨的采购成本；看涨期权不被行权则以权利金收入弥补销售收入，被行权则相当于较当初建仓时高160元/吨以上的价格销售库存。随后分析认为，后期粮价上涨概率较大，低价收粮相对更难，于是至2020年1月22日在春节长假前共完成2 950手卖出5月合约虚值期权的操作，其中卖出虚值看跌期权2 200手，卖出虚值看涨期权250手。操作中更多地倾向于对低价收粮难度的保护，因此以卖出虚值看跌期权的操作为主。所有期权卖出操作当时共获得32万余元的权利金收入。

随着春节期间新冠疫情在国内肆虐及节后全球的蔓延，以及对后期经济形势的担忧，进而引发因后期需求不振的情况下玉米价格走高空间的限制，项目组再度调整交易策略，适当减少深度虚值看跌期权的空头持仓，适当增加适度虚值看涨期权空头持仓，以增加对后期出现售粮价格不理想时的收入补贴。

截至4月8日玉米5月期权到期，经过多种操作，所有卖出的各种5月玉米虚值期权的权利金收入总计38万元。在此期间，开鲁库为相关操作准备的保证金最多时大约为320万元（实际春节长假期间最大占用仅为262万余元），即使320万元从始至终就因预备而被占用着，38万元的收入也获得了11.9%的收益，2019年12月3日至2020年4月8日共127天，计算后可知年化收益已达34%。

第三阶段：调整合约月份。第二阶段的巨大成功在3月初期就已经被项目组意识到了。实际上，第三阶段针对9月玉米期货合约的相关期权操作早在3月上旬就已经逐步实施了，初步得知目前针对9月玉米期权的操作，在投入300多万元的情况下，实现了50余万元的权利金收入，年化收益预计达到40%左右。

表3、表4、表5分别为第一阶段、第二阶段、第三阶段的建仓情况概览。

表 3　　第一阶段建仓情况概览

建仓时间	期权合约	建仓手数（手）	累计持仓（手）
2019/10/22	C2001 – C – 2060	20	20
2019/10/22	C2001 – C – 2040	130	150
2019/10/23	C2001 – C – 2060	15	165
2019/10/23	C2001 – C – 2080	70	235
2019/10/24	C2001 – C – 2040	101	336
2019/10/25	C2001 – C – 2000	164	500

表 4　　第二阶段建仓情况概览

<table>
<tr><th>建仓时间</th><th>期权合约</th><th>建仓手数（手）</th><th>累计持仓（手）</th></tr>
<tr><td>2020/1/20</td><td>C2005 – P – 1900</td><td>370</td><td>370</td></tr>
<tr><td rowspan="2">2020/1/21</td><td>C2005 – P – 1880</td><td>300</td><td>670</td></tr>
<tr><td>C2005 – P – 1900</td><td>530</td><td>1 200</td></tr>
<tr><td rowspan="2">2020/1/22</td><td>C2005 – P – 1880</td><td>400</td><td>1 600</td></tr>
<tr><td>C2005 – P – 1900</td><td>100</td><td>1 700</td></tr>
<tr><td>2020/3/10</td><td>C2005 – C – 2000</td><td>300</td><td>2 000</td></tr>
<tr><td>2020/3/11</td><td>C2005 – C – 2000</td><td>200</td><td>2 200</td></tr>
<tr><td>2020/3/12</td><td>C2005 – C – 2000</td><td>291</td><td>2 491</td></tr>
<tr><td>2020/3/13</td><td>C2005 – C – 2000</td><td>20</td><td>2 511</td></tr>
<tr><td>2020/3/23</td><td>C2005 – C – 2000</td><td>189</td><td>2 700</td></tr>
<tr><td>2020/3/27</td><td>C2005 – P – 1880</td><td>–700</td><td>0</td></tr>
<tr><td rowspan="2">2020/4/8</td><td>C2005 – C – 2000</td><td>–1 000</td><td>0</td></tr>
<tr><td>C2005 – P – 1900</td><td>–1 000</td><td>0</td></tr>
</table>

表 5　　第三阶段建仓情况概览

建仓时间	期权合约	建仓手数（手）	累计持仓（手）
2020/3/20	C2009 – P – 1900	103	103
2020/3/20	C2009 – P – 1920	330	433
2020/3/20	C2009 – P – 1940	500	933
2020/3/23	C2009 – P – 1900	397	1 330
2020/3/23	C2009 – P – 1920	468	1 798
2020/3/24	C2009 – P – 1920	202	2 000
6/1	C2009 – P – 1900	–300	1 700

续表

建仓时间	期权合约	建仓手数（手）	累计持仓（手）
6/1	C2009－P－1920	－50	1 650
6/2	C2009－P－1920	－200	1 450
6/2	C2009－P－1920	－100	1 350
6/3	C2009－P－1900	－200	1 150
6/3	C2009－P－1920	－34	1 116
6/4	C2009－P－1920	－200	916
6/9	C2009－P－1920	－116	800
6/10	C2009－P－1920	－200	600
6/10	C2009－P－1920	－3	597
6/10	C2009－P－1940	－130	467
6/11	C2009－P－1920	－97	370
6/11	C2009－P－1940	－370	0

以上三个阶段的资金占用与收益一览表见表6。

表6　　资金占用与收益一览表

指标	策略	现货规模（吨）	资金占用（万元）	收入（万元）	年化收益率（%）
2019/10	卖出看涨期权	5 000	50	0.75	13.89
2019/11—2020/4	卖出看跌期权＋卖出看涨期权	20 000	250	27	34
2020/3—2020/6	卖出看跌期权	20 000	300	44	40

资料来源：长安期货。

此次项目中，企业从场内期权市场累计获得约72万元的权利金收入。现货端，在玉米价格不断上涨的背景下，企业现货端收购成本增加了约300万元。场内期权的收益弥补了企业现货端的部分损失，企业基本上实现了管理价格风险的目的。

三、总结与思考

（一）经验总结

此次期货公司与现货龙头企业的合作，实现了西部地区利用期权进行套期保值“从无到有”的案例。目前，期货市场期现结合工作在西部地区现货企业中施行比例较小，企业利用衍生品工具的意识尚且不足。期权是一种新型的金融工具，企业对其普遍认识不足，接受度不高。因此，在西部企业中广泛推广期权工具具有一定难度。本次项目的实施，是当地龙头企业利用期权工具规避风险获得收益的良好示范，其实施效果可以在西部市场形成“标杆效应”，有利于后续期货公司对现货企业进行宣传、推广。从而推动西部企业利用衍生品市场在“从无到有”的基础上实现“从有到众”的飞跃。

本次项目主体——陕粮农（开鲁）储备库有限公司相关负责人表示，通过此次项目获得以下感受：

首先，理论必须与实际需求充分结合，才能更好地利用期货工具。以往传统理论认为买入期权才是风险最小、收益较大的套期保值工具，但一方面因期权权利金时间价值较高（一般远远超过市场同期资金利息），买入期权进行套期保值的成本较高；另一方面在有现货采购或销售需求作为基础支撑的情况下，卖出虚值期权几乎是在没有风险的情况下获取权利金来弥补或增加现货经营收入的良好手段。

其次，通过半年多利用期权进行风险管理的实际操作和运用，企业感受到，在一定条件下用期权代替期货进行套期保值，具有更明显的优势。企业的参与意愿和交易持续性较以往单纯做期货套保有了很大提高。开鲁库从 2019 年开始小规模尝试做了 C2001 玉米期权，2020 年又先后做了 C2005 和 C2009 玉米期权。本次项目结束后，开鲁库还建立了部分 C2101 玉米期权头寸，就是因为通过本次项目的实际操作，企业实实在在认识和体会到，期权策略可以根据企业自己的套保目标进行设计，通过虚值期权交易来部分实现，比坐等期货行情到位要提早得更多，更有利于企业尽早地筹备未来的经营计划，并为企业带来实实在在的收益。

（二）思考与建议

1. 进一步培育场内期权市场

本次项目执行中面临的主要问题是较小的期权交易量与企业较大的现货套保量的不匹配。相对来说，由于平值期权变化速度快，容易向不利于套保的方向发展，本次项目的主要策略是卖出虚值期权。然而，虚值期权的流动性相对平值期权来说更小，这会导致成交速度慢、建仓成本高等问题，对项目进度形成拖累，影响项目总体效果。同时，由于目前场内期权的交易度还不够活跃，市场整体持仓规模不大，导致企业进一步大规模进行期权操作的愿景受到流动性不足的限制，因此，期权市场仍需进一步培育。

2. 加大期货期权工具的宣传和推广

期货市场的主要功能之一就是通过套期保值工具对企业现货生产经营中的风险进行规避和管理。然而，现实中企业参与期货市场交易时，真正达到风险管理最初目标的仍占少数，原因是其对期货市场的解读不够深入，参与期货市场时的交易策略和时机与企业风险管理目标不同步。因此，建议加大对企业期货知识的普及和培训，尤其是加强对期权等新型衍生品工具的宣传和推广，帮助企业提升专业知识，更好地参与期货市场。

3. 加大套期会计的培训

在项目执行过程中，企业在会计记账中仍面临一些困难。根据普通会计准则，期权不是套保工具，期权相关损益只能计入投资损益，而不是和现货损益一起，平摊进采购成本或销售收入，这不利于企业套保行为的综合评估。2017 年财政部已经发布了《企业会计准则第 24 号——套期会计》，建议交易所或期货业协会加大套期会计准则的培训，引导更多企业运用套期会计准则更合理地评估套保行为。

案例 23

华金期货：依托期市化解 PVC 贸易商疫情之殇

一、项目背景介绍

期货市场服务实体经济中，华金期货不仅致力于解决现货产业生产经营中的问题，还充分利用期货专业知识，为现货企业的风险管理提供帮助。受新冠肺炎疫情的影响，国内塑化行业的生产活动同时受到供给和需求两方面的冲击，供需矛盾表现十分突出。华金期货积极响应国家号召，切实履行华发集团的国企职责，主要利用大商所聚乙烯、聚丙烯、聚氯乙烯等关联合约，为塑化行业产业链的贸易商——广州辰粤贸易有限公司、广东塑道化工控股有限公司提供对冲风险、减少或避免损失的途径及方法，鼓励及引导 PVC 现货贸易商利用期现结合、跨期跨品种套利等方式积极参与期货市场对冲现货价格风险，从而达到套期保值的效果，规避疫情期间企业的生产经营风险。

二、项目开展情况

随着 PVC 合约到期日的临近，PVC 期货市场的价格与现货价格将趋向一致。对于 PVC 来说，其现货价格和期货市场的价格波动均受相同经济因素的影响和制约，因而在一般情况下这两个价格的变动趋势是相同的，涨时同涨，跌时同跌。套保就是利用两个市场上的这种价格联动关系，获得在一个市场上出现亏损而在另一个市场上获得盈利的结果。若出现不一致的情况，将促成套利交易的发生，从而缩小二者的价差。

（一）套期交易服务原理

1. 商品种类相同原则

交易者在做套保交易时，所选择的交易合约的标的物商品应当与交易者在现货市场上交易的是同一种商品。只有商品种类相同，期货价格与现货价格才会有相近的走势，套保才能达到预期的效果。

2. 商品数量相等原则

商品数量相等原则，是指在作套保交易时所选用的PVC交易合约上所载PVC数量必须与交易者将要在现货市场上买进或卖出PVC数量完全相等，只有相等时，两个市场的亏损额和盈利额才会相等，进而才能用盈利来弥补亏损，达到完全规避价格风险的目的。

3. 月份相同或接近原则

套保选用的PVC合约月份最好与交易者将来在现货煤焦市场上实际买卖现货的时间相同或相近。

4. 交易方向相反原则

套保者必须在PVC现货市场和期货市场采取方向相反的买卖操作，才能使一个市场的亏损被另一个市场的盈利所弥补，达到规避价格波动风险的目的。

（二）项目执行情况

1. 针对套期保值中企业的敞口分析

（1）价格风险、基差风险的分析。

A. 价格风险：根据风险度量理论，持有时间越长价格波动越大，损失程度越大。以标准差来度量风险，设定参数计算价格波动的风险。

B. 基差风险：套期保值的引入，同时带来操作风险、信用风险、流动性风险等风险，但这类风险基本上为企业可控风险，如果管理得当，可以完全规避，套期保值将价格风险转移为基差风险。基差风险采用价差（或基差）历史波动率来度量。

（2）时间成本、交易手续费和其他费用投入的计算。套期保值是一个商业行为，需要投入一定成本。保值成本由三部分组成，时间成本、交易手续费和其他杂费。其中，时间成本与时间成正比，交易手续费与换月次数成正比，杂费与投入资金总量成正比。

假定持有时间为T（月），持有活跃月份为主，逐月换月操作，计算公式大致如下：

A. 保证金占用时间成本=账户资金×无风险利率×(1/12)×T

B. 交易手续费=开仓手续费+平仓手续费

C. 总成本=时间成本+交易手续费+其他

（3）保值效率、保值结果的评估。保值的效果有很强的隐蔽性，只有在风险发生时保值效果才可充分显现，风险没有发生时，难以评估。为了有效度量保值效果，方案一定要给出保值后的规避风险值、保值效率和保值收益率指标。其中：

A. 规避风险值=未保值的价格风险值-保值后的基差风险

B. 保值效率=规避风险/价格风险×100%

C. 保值收益率=规避风险/投入成本

规避风险值是度量规避风险的绝对大小；而保值效率是评价保值手段对原始风险的覆盖情况，它不考虑资金成本因素；保值收益率是考虑投入和规避风险大小的比例关系，是一种投入和回报的一种分析指标。

2. 套保过程中的风险控制问题

（1）利用风险登记册进行初步的风险识别。风险登记册通过记载方案初期已识别的风险因子、风险来源及风险征兆，得出已识别的风险清单。风险识别的方法，可根据企业实际情况采用头脑风暴法和专家访问法。方案运行期间亦需要定期对风险登记册进行维护和更新。

（2）识别风险监控及应对策略。风险应对策略主要由四种基本方法构成：风险规避、风险转移、风险接受、风险减轻。

A. 风险规避是最基本的风险控制方法，主要通过规避风险源头，达到防止风险的发生、规避风险隐患和风险源扩散的目的。

B. 风险接受是消极的应对策略，即风险发生时完全自己独立承担，往往采用增加库存和资金储备来应付。

C. 风险减轻是积极应对措施，指风险发生时，积极减轻风险的影响策略。

D. 风险源往往不易控制和完全转移，我们可以借助其他外界工具来对冲风险，实现风险的转移，利用期货、掉期等工具和方法来实现。

（3）公司提供风险控制和合规管理建议服务。

A. 制定合理的风险管理过程，包括风险衡量过程、风险限制过程、风险报告过程等，通过严格有效的风控过程，企业管理层可以对风险进行全面、准确和及时的衡量。

B. 制定相应的风险指标，包括管理目标、交易形式、交易管理手段、交易人员的交易权限、交易损益的评估等，根据指标，企业管理层可以对套期保值过程进行有效监控。

C. 制订切实可行的套期保值方案，事先做出评估。对套期保值的情况进行分析和考核，并将结果记录在结算会计体系和交易程序内，以吸取教训，积累经验。

3. PVC 套期保值流程及盈亏分析

（1）PVC 套期保值流程（见图 1）。

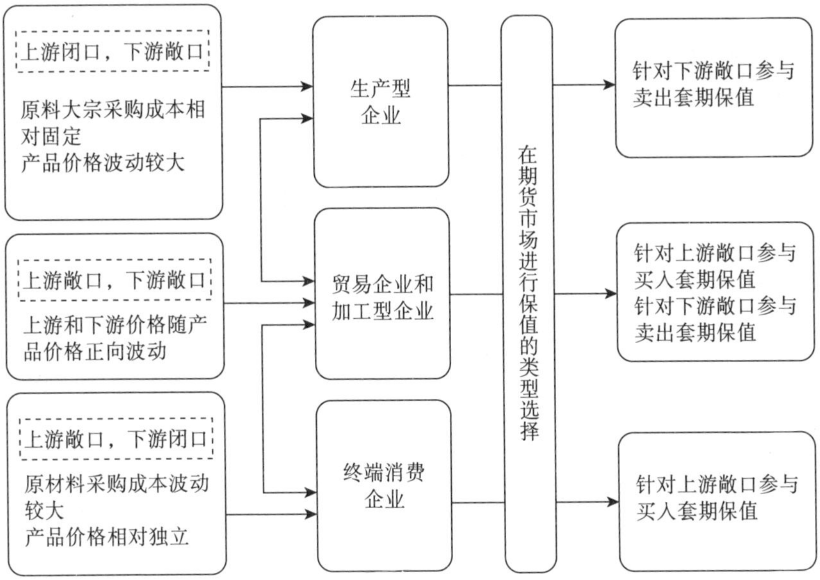

图 1　PVC 套期保值流程

（2）PVC 贸易商套期保值盈亏分析。1 月份，PVC 贸易商预计 2020 年一季度下游客户有 5 000 吨现货需求量，1 月份现货价格为 6 500 元/吨，贸易商认为现货价格利润空间合理，为了避免一季度现货价格下跌而出现亏损，决定通过大商所 PVC 合约进行套期保值。测算情况见表 1。

表 1　　测算情况

	现货市场	期货市场
1 月份	PVC 价格 6 800 元/吨	卖出 1 000 手 5 月 PVC 合约，价格为 6 500 元/吨
4 月份	卖出 5 000 吨 PVC，价格为 5 500 元/吨	买入 1 000 手 5 月 PVC 合约，价格为 5 200 元/吨（平仓）
结果	亏损 1 300 元/吨	盈利 1 300 元/吨
盈亏情况	1 300 × 5 000 − 1 300 × 5 000 = 0	

通过卖出套期保值交易，即使 PVC 现货价格出现大幅下跌造成贸易商亏损，但是通过卖出 PVC 期货合约，也可以实现对冲现货价格下跌带来的亏损。企业选择在期货市场做套期保值，虽然失去获取现货市场价格有利变动的盈利，可同时也能避免现货市场价格不利变动的损失。因此，可以说，套期保值可以规避现货市场价格变动的风险。

三、项目成果

疫情期间，华金期货利用期货市场特有的价格发现功能成功引导及协助广州辰粤贸易有限公司、广东塑道化工控股有限公司充分利用 PVC 合约参与期货市场对冲风险，帮助企业在复工复产和生产经营中管理风险，指导 PVC 贸易商企业合理安排生产和经营。PVC 贸易商企业管理层在参与套期保值之后对企业管理层经营能力的判断更为精确，充分认识到在现货经营过程中的风险管理与控制能力尤为重要。对期货工具的有效利用，不仅可以帮助企业锁定利润，稳步扩张，而且可以更好地帮助企业实现稳定经营。

四、总结

对期货经营机构来说，一方面可以充分发挥期货经营机构及期货从业人员的专业性，助力实体经济管理经营风险，落实服务实体经济的职责；另一方面在疫情期间通过推动实施套期保值个案，可以让更多的实体企业充分认识套期保值的有效作用，将来积极参与套期保值业务，从而发挥套期保值服务实体企业的最大作用。

案例 24

河北恒银期货：发挥期货功能化解企业价格波动风险，服务实体企业战疫情

一、项目背景

鼠年伊始，新冠肺炎疫情突然暴发，全国人民万众一心，攻坚克难，在全国范围内展开了一场抗击疫情的人民战争。在控制疫情扩散的同时，全国范围限制人口流动的防疫措施对生产类型的企业人员到岗复工及物流运输造成了一定的困难，一线生产工人复工难，原材料供应及产成品销售因为运输问题，造成原料短缺，成品积压，价格波动风险加剧。具体到尿素行业：

一是下游工业需求停滞。对于板材、复合肥等行业来说，相较于往年正月初十左右就陆续复工，今年的开工时间不断推迟，占尿素需求近 30%的工业需求预计一季度的用量需求将大幅停滞且后期难以弥补。

二是交通物流受阻。由于尿素行业多以短途运输为主，疫情严控期间汽运严重受阻，车辆、司机较为紧张，人力成本也有所增加；身处市场末端的农村区域封村封路，中小贸易商也多处在县乡一级，供应和需求的中间环节受阻严重。

三是尿素生产企业被动涨库。春耕备货本应该是尿素行业需求旺盛时期，但受需求和物流影响，尿素库存明显向上游集中，尿素生产企业库存增长较快，这给企业的经营带来了较大的价格波动隐患。

2019年，恒银期货就对河北东光化工进行了数次期货专题培训，并结合新品种的上市为企业提供了多种辅导，使企业对期货市场的功能有了一定了解。同时，恒银期货公司还根据行情走势持续为企业提供行情咨询服务。面对疫情，恒银期货积极和企业联系，了解企业经营现状、库存状况、生产情况以及近期的销售情况。经过分析发现，由于现阶段尿素现货市场价格很低，企业为了保证销售量，不得不按市价向下游销售，导致生产利润微薄。

据了解，春节期间该企业累积库存已接近3万吨，现货价格在春节前后已降至1 600元/吨，而节前最后交易日UR2005合约的结算价仍维持在1 710元/吨附近。即使期货价格在春节后首个交易日出现大幅下跌，只要未达到跌停板，从期现基差的角度上看，企业仍有足够的价差在期货盘面以较高的价格对库存进行套期保值。

二、项目开展情况

（一）服务方式

限于恒银期货当前业务范围，恒银期货只能通过经纪业务和投资咨询业务方式为尿素企业提供风险管理支持。面对疫情，恒银期货在春节期间就与尿素企业进行了充分沟通，结合当时的期现市场结构，制订了通过尿素期货对库存尿素进行保值的方案（基于基差逐利和趋势性保值相结合的思路），并提供了相应的套期保值额度申请、交割等持续跟踪服务。企业接受并基本执行了该保值方案，实现了库存保值的最初目标。

（二）具体操作流程

此次保值对应的现货规模约为30 000吨（1 500手）尿素合约，保值合约选取UR2005，保值比率为1∶1。采取分批建仓、结合库存变动分批平仓的方式进行。实际交易情况如下：

1. 建仓过程

建仓时间：2020年2月4日至2020年2月21日

建仓合约：UR2005

建仓方向：卖出

建仓手数：1 500 手

建仓均价：约 1 720 元/吨

2. 平仓过程

平仓时间：2020 年 3 月 16 至 2020 年 3 月 27 日

平仓手数：1 500 手

平仓均价：约 1 670 元/吨

平仓盈亏：约 160 万元

3. 现货价格变动情况

2 月河北尿素现货价格维持在 1 600 元/吨至 1 650 元/吨的价格区间，至 3 月下旬平仓时，价格回暖至 1 700 元/吨以上，3 月上旬一度接近 1 800 元/吨。

三、项目效果

结合期现情况可知，此次保值交易由于保值初期期货价格升水明显，给卖方提供了很好的保值机会，期现两个市场均出现了盈利。在化解价格风险的同时，实现了近 100 元/吨的超额收益。

期货市场的风险对冲功能在这次疫情中得到了良好的体现。恒银期货与企业密切合作，解决了企业传统经营中无法回避的价格波动风险问题。同时，通过日常对企业进行套期保值专题培训，灌输期货理念，期货市场功能逐步得到了企业的认同。可以说，正是平时对企业的积极推广，才会有风险时刻企业客户对期货市场的认可。在这一过程中，河北恒银期货时刻践行着自己“服务实体企业，服务河北经济”的宗旨和职责。

恒银期货在提供经纪和投资咨询服务时，坚持“授人以鱼不如授人以渔”的理念，注重客户自身期货知识素养的提升。该客户期货团队逐步具备了一定的交易理念。此次交易结束后，UR2005 合约价格在 4 月底时较现货仍有近 70 元/吨的升水，该企业客户通过自主交易进行了卖出保值并进行了交割，规模约为 3 000 吨，最终实现了 20 余万元的交割利润。

四、总结与建议

（一）经验总结

恒银期货虽然目前尚不具备开展风险管理子公司业务的资质，缺乏直接服务实体的手段和渠道，但基于经纪业务和投资咨询业务为产业客户提供风险管理服务，但仍有大量工作可以做深、做实，尤其是针对产业客户的投教工作。近年来，期货市场新品种上市步伐加快，提升了产业运用期货工具保值的空间和潜力。同时，期权品种的日渐丰富，对实体产业运用新工具对冲风险也提出了更高要求。大量的产业客户并不具备专业的金融知识，对期货及场外衍生品工具的认识并不清晰。2020 年中行“原油宝”事件，就充分反映出投教基础工作的缺失。

在此次的案例中，恒银期货早在尿素期货上市之前，就与企业建立了广泛的接触和沟通，并成功协助其申请到尿素交割厂库资格，多途径帮助企业提升运用期货工具的能力。目前，该企业已初步认可并具备了运用期货工具的能力，也取得了较好的经济效益。

（二）问题与建议

恒银期货于 2019 年 8 月底完成投资咨询业务的申请备案，在从传统研发向专业咨询服务的转变过程中，业务环节中存在一定困扰。在业务开展初期，提供给客户的投资咨询方案往往篇幅过长，行话、套话过多，面临双方沟通不畅、效率较低的问题。经过一段时间的磨合和总结，这些问题虽有所改善，但限于投资咨询服务在留痕、存档、防范利益冲突等多方面的监管要求，双方人员在信息沟通和传递上仍存在制约。

在疫情蔓延期间，双方在沟通上多采用电话、微信、语音、视频等途径进行实时沟通，保证了沟通效率，但按照现行监管规定，大多不符合投资咨询产品的标准化要求，只能纳入经纪业务范畴，导致经纪业务和咨询业务的界限更加模糊。因此，为提升投资咨询业务开展的便利性，建议充分考虑业务开展的实际需求，不断完善现行投资咨询业务现行监管制度和规则。例如：建议投资咨询业务从独立部门开展变更为由独立部门主管；

适当放宽投资咨询产品和服务在留痕、存档方面的要求等，以激活投资咨询业务潜力，推动扩大业务规模，增加期货公司收入来源。

“岂曰无衣，与子同裳。”在大疫面前，恒银期货人积极践行社会责任，为企业排忧解难，共渡难关。未来，恒银期货将继续坚守“服务实体经济”的初心，切实提升服务实体经济的效果和能力，为实体经济高质量可持续发展提供源源不断的动力和保障。

案例 25

广州期货：期货工具为玻璃企业排忧解难

一、企业经营两端受制，进退维艰

2020 年初，受新冠肺炎疫情影响，全国制造业陷入停滞状态，物流运力近乎瘫痪，给生产企业原材料采购、产成品销售造成极大的困扰。平板玻璃生产模式较为刚性，炉窑点火后需连续不间断生产，因此若非新冠肺炎疫情影响，即便在春节长假期间平板玻璃企业依然要维持正常生产，原材料用量较为固定。而新冠肺炎疫情的暴发迫使企业不得不通过减少投料的方式降低生产负荷，直接导致原材料消耗量的下降。

河北正大玻璃有限公司（以下简称“正大玻璃”）是玻璃原片生产企业，生产平板玻璃原片，是郑州商品交易所指定玻璃交割厂库。受疫情影响，平板玻璃下游深加工以及门窗等行业复工延迟，平板玻璃企业遭遇需求真空期，产成品无法正常销售，产量基本转换为库存净增，造成库存大幅积压，正常销售回款停滞，企业现金流压力持续增加。

为降低企业自身运营压力，正大玻璃采取降负荷生产操作，以降低销售受阻带来的亏损。然而正大玻璃原材料纯碱的采购方式主要是月度长协合同，并以一口价的方式定价。2019 年年末，正大玻璃刚与上游纯碱厂续签月度长协采购合同。疫情期间由于纯碱厂也面临去库存压力，纯碱企业敦促正大玻璃履约拉运纯碱。这使得正大玻璃面临两难抉择：一方面，若不降低生产负荷，维持正常生产，产成品库存积压会更严重，企业将面临满库后无处堆放产成品以及原料价格上涨的风险；另一方面，若降低生产负荷，减少纯碱长协合同兑现率，那么企业与上游纯碱厂良好的合作关系将受到影响，信誉度会下降。此外，正大玻璃在采购纯碱时需要承担刚性兑现长协一口价合同的压力。在原料价格下跌的市场行情下，按照合同一口价接货后，若转卖将承担价差损失；若不卖继续持有，过量的原材料不仅会造成存货减值，还会占用仓储空间，降低储存效率。对正大玻璃来说，目前的经营局面可谓是进退维艰。

二、纯碱期货帮助企业破解经营困境

（一）深度沟通，反复验证，确定期现对冲方案

2019 年 12 月 6 日，纯碱期货在郑州商品交易所挂牌上市，合约上市价格为 1 580 元/吨。合约上市时，现货市场上重质纯碱河北送到价在 1 550 元/吨至 1 580 元/吨，期现基本处于平水状态。随着纯碱市场基本面逐步走弱，叠加春节长假以及新冠肺炎疫情影响，纯碱现货价格持续走弱，而期货盘面下跌幅度不及现货，期货价格相对现货价格的升水持续走高，形成了无风险套利空间（见图 1）。

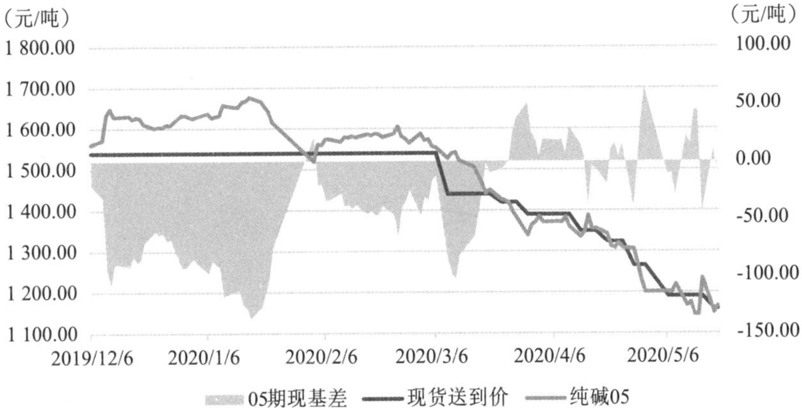

图 1　纯碱期现基差走势

正大玻璃作为广州期货服务的产业客户，两者已有多年合作经验。在了解到正大玻璃存在纯碱库存管理的需求后，广州期货的服务团队及时就正大玻璃的情况开展内部讨论。由于纯碱期货上市时间较短，尚未进行过

实物交割。为充分了解纯碱交割实际操作中所涉及的费用以及相关政策要求，广州期货服务团队与郑州商品交易所反复进行沟通，计算出纯碱卖交割的实际仓单成本，验证纯碱期货无风险套利的可行性，确定了正大玻璃可卖空纯碱2005合约的策略建议。但考虑到疫情期间人们出行受阻，派公司业务人员上门拜访与客户进行现场交流的服务方式变得困难，相关团队迅速调整服务形式，在郑州营业部的牵头下与正大玻璃进行线上沟通，为正大玻璃提供纯碱行情研究咨询服务，探讨参与期现对冲的时机。

（二）分析研判，指导企业进场操作

广州期货服务团队对纯碱行业进行行业数据分析，判断纯碱基本面存在恶化趋势，现货价格将大概率持续走弱。从图1来看，纯碱期货2005合约估值偏高，负基差持续走阔，而持续弱化的基本面使2005合约存在向下修复的压力。由于正大玻璃持有纯碱现货，且现货采购成本低于期货价格，交割前可根据实际情况采取盘面平仓或进行卖交割操作。基于期现基差修复的强预期，正大玻璃在2月、3月分批建仓，共为5 000吨纯碱现货进行卖出套保。进入3月份，纯碱2005合约价格大幅下跌，期货价格由升水现货价格转为贴水现货价格。即使现货价格下跌造成正大玻璃现货采购成本增加，但因为期货价格下跌幅度比现货价格下跌幅度更大，所以无论选择盘面平仓或是持有交割，正大玻璃均可赚取基差回归带来的超额收益。纯碱厂库库存见图2。

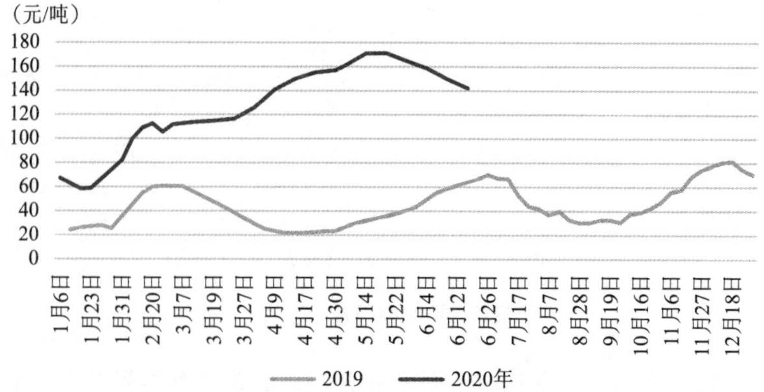

图2　纯碱厂库库存

数据来源：隆众资讯。

建仓过程：2020 年 2 月 20 日，SA2005 期货价格反弹至 1 565 元/吨到 1 590 元/吨区间，广州期货建议正大玻璃在 1 570 元/吨附近逐步开始建仓 2 000 吨；2 月 25 日，价格最高冲至 1 637 元/吨，正大玻璃在 1 600 元/吨处建仓套保 3 000 吨。最终共建仓套保 5 000 吨，建仓均价为 1 588 元/吨。此时现货价格为 1 480 元/吨。

平仓条件：进入 3 月份以后，国内疫情基本得到控制，但是国外疫情开始暴发，期货价格继续下跌，而现货价格也跌至 1 450 元/吨。3 月 19 日，当期货价格跌至 1 450 元/吨时，由于实际参与交割利润不及盘面平仓，广州期货与正大玻璃讨论后判断纯碱企业开始亏损，未来降价空间有限。随后，正大玻璃遂分批平仓，最终 5 000 吨平仓均价在 1 430 元/吨，现货库存保留自用。

（三）期现结合，企业化解经营困境

广州期货帮助正大玻璃通过期货市场灵活的套保操作，在期货端获得 79 万元盈利，对冲现货销售端的 15 万元亏损后，获得超额收益 64 万元，同时降低了纯碱库存，提高了正大玻璃仓库使用效率，从而稳定了正大玻璃在疫情期间的生产经营。纯碱套保损益见表 1。

表 1　　正大玻璃纯碱套保损益

套保效果分析	期货建仓/平仓平均价格	当期现货采购价格
2 月末	卖开 1 588 元/吨，共 5 000 吨	1 480 元/吨
3 月末	买平 1 430/吨，共 5 000 吨	1 450 元/吨
单吨盈亏	158 元/吨	-30 元/吨
总共盈亏	79 万元	-15 万元
企业总盈利 64 万元		

三、发挥示范效应，推动纯碱期货功能深化

疫情期间，复工延迟、物流运输受限等因素使产业供需矛盾加剧。正大玻璃作为河北当地的玻璃交割厂库，在特殊时期既保障了及时履约，对原材料进行采购，又运用期货工具在锁定原材料价格风险的同时获得部分超额收益。企业直接通过纯碱期货进行库存管理，稳定了生产经营，使其

在行业内口碑得到提升。

广州期货在疫情期间基于企业需求，立足于研究期货与现货市场之间的基差变化，为企业寻找套期保值的机会。同时，借助互联网的线上渠道及时与企业沟通，为企业送去一颗“定心丸”，充分发挥了金融服务实体企业的作用。

在产业链生产企业中，玻璃生产企业对于纯碱期货的参与更为积极，纯碱期货作为上市仅半年的品种，未来仍有很大的发展空间。但纯碱企业对于期货市场的了解程度仍有很大的提高空间。本次项目的实施起到了很好的示范效应，有利于推动产业链企业提升对新上市品种的接受度，同时加深企业对期货市场在辅助企业经营决策、稳定产业链供应链等方面功能作用的理解和认同。未来，随着交易所和期货公司专项培训、套期保值项目推广等市场培育工作的深入，纯碱期货的作用将会得到更大发挥。

案例 26

中信建投期货：期货助力科技公司控制疫情风险

一、项目背景

江苏某科技公司（以下简称“江苏某公司”）是一家电子元件生产企业，主要为通信设备制造商提供产品。公司产品的终端应用领域主要为5G通信的基础设施建设。受疫情影响，全球5G建设进度放缓，通信运营商财务负担加重，可能导致通信设备采购计划延后甚至被取消，进而影响到作为元器件生产商的企业。在这样的背景下，江苏某公司面临订单缩减的风险，控制采购成本成为公司必须采取的手段。

白银是该企业主要的生产原材料，由于下游销售订单价格基本确定，疫情期间白银价格波动的加大导致企业采购成本面临极大的不确定性。中信建投期货工业品事业部以提供投研报告、电话研讨及套保方案咨询等形式为江苏某公司提供专业咨询服务，设计风险管理方案，帮助其控制成本，锁定利润，降低疫情期间白银价格大幅波动的风险。

二、项目开展情况

由于企业是首次接触期货工具，之前从未参与过期货市场，为了让企业更好更快地熟悉期货交易，中信建投期货向企业提供了一系列专业咨询服务，具体包括：提供专题研究报告，帮助企业了解白银等相关品种最近供需情况及市场走势；对企业进行投资咨询服务，帮助企业分析产业链上下游环境；定期与企业开展电话会议，及时进行基本面分析，提供未来行情预判；为企业设计套期保值方案，帮助企业控制产品成本。

（一）专题报告

组建专业团队为客户定期分享白银等相关品种的日报或周报、热点行情点评、市场宏观行情等，为企业的操作提供依据。

（二）电话会议

中信建投期货与企业管理层人员开了多次电话会议，了解企业实际需求，及时为企业客户提供咨询，探讨解决问题的方法；向企业讲解自身专业优势，分享研究成果，对专题报告、投资咨询等业务内容进行沟通，为企业提供个性化服务打下基础。

（三）套期保值方案

中信建投期货可为企业提供套期合约选择、数量确定、操作策略制定、套保风险控制、交割业务指导等服务。为企业选择具体套期合约品种，确定精确的套保数量，锁定企业的风险敞口，平衡了企业的风险与收益；提供建仓建议，帮助企业在更具成本优势的位置建仓；提示操作风险，提供风险处置建议。

企业在2020年3月底完成期货开户，当时白银期货刚经历过一轮较大幅度的下跌，价格从底部开始回升。考虑到白银一度跌破开采成本，并且价格有企稳迹象，中信建投建议企业分批买入白银期货进行套保锁定成本，入场区间设定在3 300元/千克至3 600元/千克。

然而，企业认为当时的白银价格还有下跌空间，希望能在3 200元/千克以下买入。中信建投再次向企业解释，买入白银期货套保的最终目的是为了锁定成本，而不是获得最低价格。按照企业的生产经营核算，当时的价格已经能够给企业带来一定可观的利润，企业只需要通过买入期货锁定成本，将利润锁定即可，没有必要一味追求更低的采购价格。由于企业每月的白银用量为10吨左右，中信建投建议企业可以先在3 400元/千克左右的价格套保20吨，锁定两个月白银采购成本，后续再根据情况进行下一步套保。企业经过内部讨论后接纳了期货公司的建议，买入20吨白银期货，并在5月以4 000元/吨至4 200元/千克的价格逐步进行平仓，并同步买入现货，最终为企业节省了1 000多万元的采购成本。

三、项目总结

在疫情的冲击下，大宗商品价格波动剧烈，许多企业面临原材料价格波动带来的成本控制问题。企业通过利用期货市场套期保值可以有效控制价格风险，优化成本控制，将企业的利润曲线熨平到企业稳健经营可接受的程度。因此，许多传统产业客户在此期间都认识到了期货市场管理价格风险的作用。

中信建投期货充分发挥中介机构的专业优势，用切实的保值效果，让产业客户对期货工具有了更全面的认识，在帮助防疫物资生产企业顺利复工复产、助力实体经济管理经营风险等方面切实履行了社会责任，产生了良好的社会及经济效应。同时，在与企业的沟通中，期货公司获得了更多现货产业链的信息，对客户的产业情况有了更深的认识，专业能力不断提升，可谓是与企业“共同学习，共同进步”。期货公司通过不断提升服务能力和专业水平，与客户建立了长期的合作关系，最终实现了共赢。

案例 27

长江期货：期货工具帮助纺织企业锁定低价原材料

一、项目背景

2018 年以来，受中美贸易摩擦影响，纺织企业经营举步维艰，纷纷收缩经营，控制库存。2019 年底开始蔓延的新冠肺炎疫情，再次对纺织行业形成威胁，市场终端消费大幅减少，企业经营重新陷入困难，棉花价格再次暴跌。

在棉花价格急剧波动的背景下，一些纺织企业面临进退两难的局面。首先，春节后企业需要开工，由于年前棉花库存非常少，不得不采购棉花；其次，棉花价格急剧波动，一旦采购成本过高，将侵蚀企业本来就很微薄的加工利润。湖北某纺织有限公司是一家位于湖北省黄冈市的中小纺织企业，疫情期间就面临这样的问题。春节前，该纺织企业的棉花库存非常低，准备年后开工再通过现货市场补货进行生产。疫情的暴发打乱了该纺织企业的部署，一时间，企业面临原材料短缺的局面，年前采购的棉花库存只能支持企业生产半个月。现在企业面临两个严重的问题：首先，受疫情影响，棉花价格剧烈波动，企业担心一旦买入棉花，后期棉花价格继续下跌，损失惨重；其次，受疫情影响，正常的棉花贸易被打断，以前的采购渠道不能完成采购任务。

二、项目开展情况

该纺织企业就遇到的问题和长江期货产业服务总部棉纺产业服务中心进行了沟通。通过分析与交流以及对历史数据的研判，长江期货棉纺产业服务中心提出，在市场剧烈变化的时候，采用期货工具开展套期保值会有较好的机会，如果把握有利的基差变动，能够有效规避价格波动风险。因此，长江期货建议纺织企业可寻找机会，在期货市场点价采购原材料，利用有利基差规避价格风险。同时，最近几年国内棉花注册成仓单的量越来越多，企业通过期货市场点价的模式选择棉花资源也比较方便。

最近几年，长江期货在棉花圈有较高的知名度，客户资源比较多，可以帮助纺织企业寻找合适的棉花资源。于是，该纺织企业认可了长江期货的建议，准备通过长江期货实施棉花期货点价采购策略。

（一）服务原理

基差是指现货价格减去期货价格。一般情况下，现货价格和期货价格同向波动，但是波动的幅度和节奏有所不同。从棉花基差的历史走势来看，在价格快速上涨或快速下跌时，期货的波动往往都领先一步，大于现货市场（见图1）。

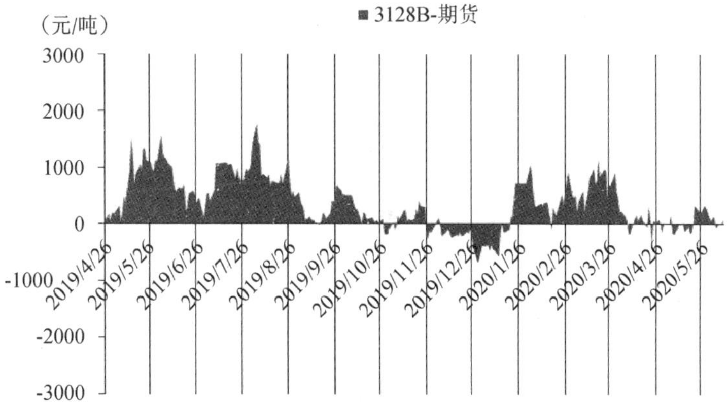

图1　棉花基差走势

资料来源：WIND 长江期货。

受疫情影响，棉花期货价格快速下跌，棉花基差从零快速上升至1 000元/吨左右。长江期货棉纺产业服务中心建议该纺织企业在期货市场上进行买入套期保值，并同时寻找合适的期货仓单。这样，企业通过期货市场采购的现货将比现货市场每吨便宜几百元，即使后期现货价格下跌，企业也有一定利润空间。

（二）具体操作流程

2020年2月4日，该纺织企业在期货市场上买入CF2005合约60手，成交均价在12 600元/吨左右。同时，长江期货棉纺产业服务中心利用自己的信息优势，帮企业找到了合适的期货仓单，进行了仓单转让。仓单转让完成后，纺织企业在期货市场平掉了60手棉花多单，完成了整个棉花采购。最终，纺织企业实际棉花采购成本为13 100元/吨左右，比同期现货市场一口价便宜了近500元/吨。具体操作流程见图2。

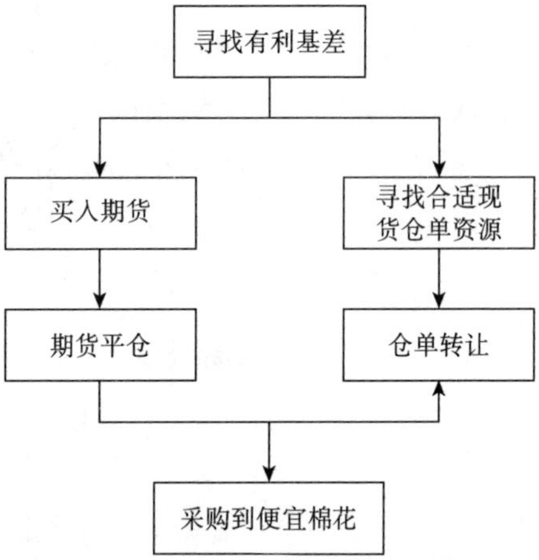

图2 具体操作流程

三、项目成果

纺织企业通过期货基差点价模式采购棉花，得到了期货注册仓单的信用背书，质量得到了保障，同时，价格也比现货市场低了500元/吨左右，公司的加工利润得到保障。最终，该纺织企业通过基差贸易商采购了300

吨棉花，利用有利的基差节约了原材料成本 15 万元。

通过本次操作，该纺织企业也加深了对期货市场的理解，领会到了期货市场的有利基差波动，会给企业带来很好的采购机会。企业意识到，平时没有大的价格变化时，它们认为参与期货市场的意义不大，但是一旦市场发生剧烈波动，参与期货市场就显得非常必要。通过这次实践，它们将加大对期货市场的学习和投入，健全公司的制度安排，为将来更加成熟地应用期货工具做准备。

四、总结与建议

（一）总结

在面临疫情天灾的背景下，纺织企业经营遭遇严重困难，利用期货市场的基差点价模式，纺织企业能够采购到合适的低价棉花，规避了价格大幅波动的风险，企业能够保障生产经营的顺利进行，期货公司在此过程中也能够利用自身的信息与资源优势帮助企业采购。

（二）建议

目前，棉花仓单交易比较风行，大量棉花被注册成仓单，企业挑选的余地很大。市场上也有很多的仓单交易平台，私下沟通的资源也很多，但是都存在资源零散、挑选困难的问题。目前，郑州商品交易所也上马了综合业务平台，提升了市场仓单交易的效率，是一个很好的平台，希望交易所在这方面继续完善该平台，后期在开展棉花仓单贸易时，能够更快、更好地为企业服务。

案例 28

华金期货：科技赋能，开拓线上服务新渠道

2020 年 2 月 21 日正值新冠肺炎疫情暴发高峰期，国内实体企业大面积停工停产，造成钢铁市场价格波动剧烈，钢铁现货销售几近停滞，钢铁库存累计达到历史高位。钢厂在原材料采购困难及库存累积的情况下面临减产抉择。贸易商则在 15 年一遇的高库存情况下无法利用传统方式实现风险对冲和套期保值。可以说，钢铁产业因疫情的突发陷入巨大的不确定性之中。

疫情期间，期货公司现场调研、线下服务等常规服务渠道受到较大限制。华金期货积极调整服务策略，利用互联网科技手段丰富线上服务形式，提升远程服务能力。通过网络直播形式组织“钢铁产业重点品种线上研讨会”，华金期货邀请了包括鞍钢集团、津西钢铁等在内的 70 余家钢铁产业上下游企业（共计 180 余人）参与线上研讨，对客户及产业中存在的集中性问题进行分析和交流，同时针对重点客户进行“点对点”个性化方案输出。

根据研讨会的交流结果，华金期货在充分了解客户风险对冲需求后，不断优化服务方案，针对疫情特殊情况，将传统套期保值“现货 + 期货保值”形式升级为“现货 + 区域换货 + 远期点价 + 期货保值”的新模式，在品种网现价差和期现价差大幅偏离的情况下协助客户实现风险对冲，取得了良好的效果。

线上研讨会为期货公司服务实体企业提供了新的渠道，同时也为期货公司依托“科技 +”进行实体产业服务积累了经验，开拓了期货公司服务产业客户的新思路，增强了后期期货公司继续深入产业、服务产业的

信心。

会后，华金期货积极总结经验，继续丰富线上服务渠道，扩展服务范围。疫情期间共进行超过 10 场以上的线上会议，累计参与超过 3 000 人次，并利用微信群等形式维持后期客户服务，针对市场最新变化，随时调整服务方案，保证客户服务的可持续性。疫情期间，华金期货客户开户数量持续增长，4 月日均开户 7.7 户，创公司历史新高。

案例 29

长江期货：为鸡蛋企业套保、交割保驾护航

一、项目背景介绍

2019 年受非洲猪瘟疫情影响，猪肉价格的上涨造成鸡蛋替代需求强劲，鸡蛋走出一波“火箭弹”行情；随着猪肉价格下跌，替代作用失效，蛋鸡养殖行情回归常态化后，供大于求的局面令 2020 年蛋价有跌破养殖成本线的风险。雪上加霜的是，鼠年春节前湖北武汉突发新冠肺炎疫情。为了更好地隔离病毒，武汉及湖北其他地市实行封城防控。而湖北省作为全国鸡蛋重要产区之一，疫病封城对省内饲料等生产资料运输、鸡蛋销售等方面都会产生影响，从而加剧鸡蛋价格波动，对蛋鸡养殖企业的生产经营极为不利。因此，湖北蛋鸡养殖企业有效运用期货工具，应对价格波动风险的需求尤为迫切。作为总部位于武汉的期货公司，长江期货饲料养殖产业中心充分发挥研究优势，通过分析鸡蛋供需格局、现货价格季节性和疫病的影响，告知蛋鸡养殖客户积极参与卖出套保规避风险。

二、项目开展情况

（一）服务方式及原理简介

湖北某蛋鸡养殖企业是鸡蛋交割厂库，一直参与和运用鸡蛋期货工具。2020 年春节前，长江期货与企业进行了多次沟通，最终企业采取了卖

出保值，规避了疫情肆虐下的价格风险。与此同时，饲料养殖产业中心联合公司客户服务中心帮助企业出谋划策，进行鸡蛋交割并顺利完成，保障企业在疫情期间更好地运用期货工具管理风险。

套期保值就是利用期货、现货价格的高度相关性（实物交割制度保证了期货、现货价格的最终趋于一致），在期货市场和现货市场通过反向交易对冲不利因素的影响，保证生产成本和利润的稳定性。卖出套期保值，即卖出期货合约，以防止将来卖出现货时因价格下跌而导致的损失。实物交割，是指合约到期日，卖方将相应货物按质按量交入交易所指定交割仓库，买方向交易所交付相应货款，履行期货合约。

（二）具体操作流程

具体操作流程如图 1 所示，春节前现货价格在 3 元/500 克以上，该蛋鸡养殖企业在期货市场以 3 000 元/500 千克以上的价格卖出了 2001、2004 等月份的期货合约进行空头保值，以防范春节后鸡蛋现货价格大幅下跌的风险。根据鸡蛋期货的交割规则，2001 合约鸡蛋交割最后一批提货日是 2 月 6 日，当时我国疫情快速发展，整个湖北省已经处于封城封路的状态，对鸡蛋交割产生了较大影响。在 2 月开盘之后，鸡蛋期货近月价格和现货价格都下跌很快，鸡蛋现货价格相较于节前下跌 1 元/500 克至 1.2 元/500 克，企业作为鸡蛋期货交割卖方，运用期货工具提前将鸡蛋卖了一个好价格，但在当地已经封城的情况下，仍然需要积极准备符合交割标准的鸡蛋。

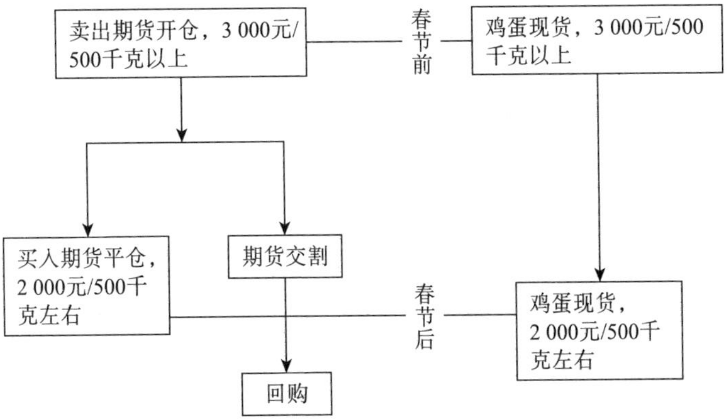

图 1　具体操作流程

为保证交割的顺利进行，从2月3日开始，企业期货负责人员与长江期货饲料养殖产业中心沟通确认鸡蛋期货交割的具体标准、需要的相关设备，以及如何进行质量把控、如何降低仓单生成成本等。长江期货饲料养殖产业中心通过电话、线上交流等多种方式与企业进行沟通，根据该企业的具体情况制订方案。长江期货总部客户服务中心按时高效地协助企业完成了增值税开票事宜，办理了客户交割余款收付事宜。由于2月初疫情形势比较严峻，为降低买方货物交割与运输过程的风险，在长江期货的协助下，又经多方沟通协调，最后商定以回购仓单的方式完成15吨鸡蛋期货的实物交割，期货买方也不用长途跋涉来到湖北，保障了相关人员的安全。

三、项目成果

在本次项目中，企业利用期货风险规避属性，保证了该蛋鸡养殖企业15吨鸡蛋2001合约套期保值以及交割的顺利进行，帮助企业有效地化解了疫情带来的价格风险，是期货工具在农业经营风险控制中一次有益的经验积累，为稳定企业生产经营以及地方经济起到了良好示范作用。企业表示，运用期货套保之后，对于现货价格的季节性下跌就不再担忧了，企业会继续运用期货、期权等金融工具，来管理鸡蛋期货价格波动风险，助力未来发展。

四、总结与建议

（一）总结

面对新冠肺炎疫情影响下的鸡蛋市场的价格波动，蛋鸡养殖企业利用期货套保、期现结合的方式来规避经营风险，并向市场提供稳定的鸡蛋现货，履行了产业企业的社会责任。另外，目前鸡蛋期货没有对应的场内期权品种，疫情期间鸡蛋期货价格波动较大，用期货对冲时，非线性风险较大，而且目前鸡蛋有严格的限仓制度，企业套期保值规模有限。

（二）建议

一是加强期货行业基础知识普及。目前农业现货企业的大多数员工对于金融知识了解得非常少，导致企业在参与期货的时候，都面临没人懂的窘况，建议进一步加大期货知识的培训和宣讲，多举办相关会议，促进更多的养殖企业参与期货市场管理，规避价格波动风险。

二是推动企业成为投教基地和产融基地。需要龙头企业发挥示范作用，构建综合性期现结合培育平台，通过培训等多种方式，总结企业风险管理的成效和经验，进一步提升产业链上下游企业参与期货市场的热情，并借助期货工具达到有效避险的目的，最终实现产业链上下游企业的共赢。

三是推出更多农产品场内期权。建议推出更多符合条件且产业需求较为迫切的农产品期权品种，更好地满足实体企业风险管理需求，进一步完善衍生品市场体系，促进其服务实体经济能力的提升。

案例 30

中信建投期货：期货市场助力油脂贸易商渡过疫情难关

一、项目背景介绍

在新冠肺炎疫情的冲击下，春节前后全国各地对聚集性会餐做出明确限制，餐饮行业消费深受影响。数据显示①，疫情期间，78% 的餐饮企业营业收入损失达 100% 以上；9% 的企业营收损失达到九成以上；7% 的企业营收损失在七成到九成之间；营收损失在七成以下的仅为 5% 。

植物油的消费与餐饮行业的景气程度息息相关。在国内植物油需求结构中，餐饮用量占比超过 40% 。因此，餐饮行业表现不佳对植物油消费影响很大。正是基于消费转弱的预期，春节后期货市场首个交易日以豆油为首的油脂品种直奔跌停。油脂盘面和基差齐跌，再加上现货销售又十分困难，令年前囤货看涨的油脂贸易商损失严重。

面对日益严峻的经营状况，云南某油脂公司（以下简称“云南某公司”）不想坐以待毙。他们在春节前曾以期货点价方式购买了 1 万吨豆油现货，实际购买成本为 6 600 元/吨。当时因看涨后市并未做套保。现在疫情导致油脂现货价格面临较大下跌压力，企业急需通过期货市场进行对冲保值。

① 资料来源：中国烹饪协会发布的《2020 年新冠肺炎疫情期间中国餐饮业经营状况和发展趋势调查分析报告》。

二、项目开展情况

了解到企业的需求，中信建投期货农产品事业部在仔细研判大连豆油期货合约的后市走势后，及时与客户进行分析交流，制订出相应的套保方案。

中信建投判断，本次新冠肺炎疫情短期内难以得到迅速控制，餐饮豆油需求中短期来看较难恢复。而因饲料需求较为刚性，年后上游大豆压榨厂在国家政策支持下，率先开机以保障豆粕供应。但油脂中下游企业受到开工限制，复工进度较慢，豆油供需错配势必导致豆油库存快速回升，对豆油期货盘面价格及基差走势形成压制。因此，虽然节后大连豆油在首日跌停后反弹，但中短期内价格上涨压力很大。

考虑到云南某公司当前持有豆油现货，为防止后市豆油价格继续下跌造成库存贬值，中信建投建议企业趁豆油价格反弹时在较高点位建仓，卖出豆油期货，对其1万吨现货头寸进行100%套保，以减少库存跌价风险。此外，考虑到基差也在下跌，而套期保值无法对冲基差下跌风险，中信建投还建议企业逢高点在豆油2005和2009合约上进行反向价差套利，以降低基差成本。

在中信建投团队的建议下，2月5日，云南某公司卖出豆油2005合约1 000手，成交均价为6 250元/吨；卖出Y5－9价差1 000对（买入Y2009合约1 000手，卖出Y2005合约1 000手），价差均价为20元/吨。

由于豆油库存出现了快速反季节性累积，建仓之后Y5－9合约价差下跌迅猛，在2月中旬很快跌破大商所减免仓单质押手续费后的5－9转抛成本（－135元/吨左右），价差进入fullcarry结构。在这种情况下，中信建投建议企业对其1 000对月间反向套利头寸进行平仓，平仓价差平均在－150元/吨左右。本次跨合约套利共实现盈利170元/吨。

虽然Y5－9月间价差很快跌到预期价位，但由于2月中旬全国大部分地区尚未复工，油脂需求还没有太大改善，豆油销售依旧冷清。云南某公司并未对其套保头寸做太多调整。随着3月起各地陆续复工复产，下游灌装厂、食品厂陆续开启补库，豆油的需求开始增加。云南某公司根据其现货头寸销售情况，对部分套保头寸进行了减持，共平仓300手，平仓均价

5 500 元/吨，平仓盈利 750 元/吨。

3 月中下旬，随着湖北解封，各地复工复产进程加快，中下游企业对豆油补库现象增多，在火爆成交及提货形势下，豆油 2009 合约在 5 200 元/吨至 5 300 元/吨之间逐渐企稳反弹。在这种情况下，云南某公司将剩余空头头寸进行平仓，700 手平仓均价在 5 300 元/吨，平仓盈利 950 元/吨。

三、项目效果

根据前述操作，云南某公司利用期货市场对现货进行对冲，最终取得的效果见表 1。

表 1　利用期货市场对现货进行对冲的效果

时间	期货市场	现货市场	盈亏（元/吨）
2020 年 2 月 5 日	6 250 元/吨处卖出 1 000 手 Y2005 合约 做空 Y5 - 9 价差 1 000 对	6 600 元/吨	—
2020 年 2 月中旬	-150 元/吨平仓 Y5 - 9 价差	无	期货盈利 170 元/吨
2020 年 3 月上旬	5 500 元/吨平仓 300 手 Y2005 合约	-50 元/吨基差 销售 3 000 吨	期货盈利 750 元/吨 现货亏损 1 150 元/吨
2020 年 3 月下旬	5 300 元/吨平仓 700 手 Y2005 合约	180 元/吨基差 销售 7 000 吨	期货盈利 950 元/吨 现货亏损 1 120 元/吨

期货市场盈利：$170 \times 10\,000 + 750 \times 3\,000 + 950 \times 7\,000 = 1\,060$（万元）

现货市场亏损：$1\,150 \times 3\,000 + 1\,120 \times 7\,000 = 1\,129$（万元）

虽然本方案通过月间价差反向套利的方式对基差下跌风险做了保护，月差盈利基本覆盖掉基差下跌的亏损，但由于该企业在年前点价买入现货的价格较高，且未在点价后及时在盘面套保，导致年后盘面向下跳空后再套保仍出现了亏损。但综合来看，这种单边套保与月间价差套利相结合的操作方案，还是大幅挽回了企业在现货市场的损失。期现货两个市场叠加核算之后，亏损额从原本的 1 129 万元大幅减少到了 69 万元，取得了较好的风险管理效果。

四、总结与建议

（一）灵活设计方案，提升保值效果

如果仅仅对现货头寸进行空头套保，虽然可以规避大部分价格下跌风险，但基差下跌的风险将无法规避。本方案通过空头套保与月间价差套利相结合的方式，既可以规避价格下跌风险，又减少了基差不利变动可能带来的损失。

（二）期货市场帮助企业在“普遍冲击”下，努力做到“独善其身”

通过这种单边套保与月间价差操作相结合的方式，云南某公司利用期货市场的盈利大幅冲抵了现货市场的损失，亏损额从原本的 1 000 万元降至 100 万元以内。反观其他没有及时在期货市场进行套保的贸易商同行，亏损巨大甚至导致企业出现违约、倒闭。云南某公司在疫情对整个油脂贸易行业形成较大冲击的情况下，通过期货市场进行风险管理，减少了自身经营的损失，成功经受住了疫情带来的行业洗牌考验，也丰富了其在极端市场行情下处理应对经营风险的能力。

（三）企业风险意识仍需进一步加强

尽管本案例中企业通过期货市场减少了损失，但是如果企业的风险管理意识和专业性更强一些，亏损是可以彻底避免的。设想云南某公司在年前点价之后就及时在期货盘面做套保，而不是因为看涨后市赌单边，使得大量现货库存处于风险裸露状态，那么即使疫情突发情况导致豆油价格大幅下跌，企业亏损的将仅仅是基差，而基差的损失仍可通过月间价差操作得到一定弥补。有了价格和基差的“双重保险”，相信企业在面对疫情冲击时会更加从容。由此来看，加强对产业客户的风险管理意识及能力的培养和教育，依然任重道远，需要交易所和期货公司共同努力，不断深化期货市场宣传和培育工作，让越来越多的企业能够获得衍生品管理风险的“福利”。

案例 31

华金期货：助力“产业基地”建设，深化服务实体经济

一、项目背景介绍

2019 年 4 月 30 日，红枣期货在郑州商品交易所挂牌上市。作为我国独有的特色农产品期货品种，红枣成功上市和顺利运行依赖于我国完整的产业链和庞大的市场基础，正因为有了市场基础和需求，我国期货市场创新才更具活力。现阶段我国红枣种植面积及产量居世界第一，又是全球最大的红枣消费国，但是近年来国内红枣市场供大于求现象日益突出，价格持续下降，红枣现货企业避险需求日益强烈。2020 年 2 月，郑州商品交易所发布《关于征集 2020 年“产业基地”活动合作单位的公告》，拟征集符合条件的相关企业开展“产业基地”建设，进一步推动服务实体经济工作。

河北沧州是我国红枣产业的最大集散地，占到国内红枣总产量的 70%，沧州崔尔庄更是以红枣加工与贸易闻名。河北沧州崔尔庄枣业有限公司（以下简称“沧州崔尔庄枣业”）成立于 2001 年，位于沧州市崔尔庄镇，是目前全国最大、设施最完善的红枣专业集散地，省级农业产业化重点龙头企业，已形成枣品集散、储藏保鲜、信息服务为一体的产地型红枣专业交流大平台，成为当地红枣产业发展的重要纽带。该企业拟申请郑商所“产业基地”合作单位，基于红枣期货专业知识薄弱及后期活动开展等多方面考虑，特委托华金期货协助进行。因当时正值国内疫情蔓延与加强防控期间，多个村镇存在“封村封路”情况，华金期货通过线上方式快速

与企业、郑商所建立沟通方式，并多次通过线上服务与企业进行深入沟通与方案探讨。

二、服务方式与内容

早在红枣期货上市初期，华金期货北京分公司便多次赴沧州崔尔庄地区考察调研，开展投资者教育活动，为客户提供业务指导，同时协助相关企业申报红枣交割仓库工作，深受行业客户信任。在此过程中，华金期货北京分公司也积累了行情、产业链、交割等全方位的经验，红枣期货已成为华金期货北京分公司的“拿手”品种。

自接到企业协助的申请后，华金期货北京分公司第一时间设立服务专项小组，并协同研究院参与申报事项。在深入了解沧州崔尔庄枣业相关信息后，华金期货北京分公司经过梳理，认为该企业完全符合郑商所“产业基地”活动申报企业要求，即与交易所、企业分别建立联系，针对企业后期活动的开展方式、发展方向、拟实现目标等进行探讨，一致认为企业应充分利用地理与场地优势，增强投资者对红枣期货品种的认知水平，提升红枣期货的市场关注度，并通过完善市场设施，提高资源聚集与产业经营优势，结合期货公司与交易所资源，开展投教、宣传、应用案例等红枣期货推广活动。

随后，活动方案得到郑商所认可，沧州崔尔庄枣业于4月份成功获得“产业基地”合作资格，为企业借助衍生品市场促进红枣产业升级，更好地服务红枣产业提供优质平台。华金期货积极跟进，与交易所、企业对接活动落地情况。随着国内疫情形势好转，5月下旬，华金期货北京分公司相关人员再赴沧州，实地考察市场情况，与崔尔庄枣业负责人进行面对面沟通，分别对市场设施、宣传内容与形式、会议培训、投资者教育等方面的细节进行探讨，并形成方案计划表，逐一进行落实。

按照计划，沧州崔尔庄枣业已完成重要电子显示屏设备采购，并已正式进行红枣品种及期货市场宣传推广工作，更多墙面与室内宣传逐步跟进中。7月9日，华金期货协同第三方互联网平台举办“产业基地”活动——“红枣期货基础知识及在企业风险管理中的运用”研讨会，邀请专家分别就红枣期货基础知识与当前供需概况、现货企业如何利用红枣期货规避风险和红枣期货风险控制进行主题分享。会议以“线上 + 线下”方式进行，线上观众200余人，现场会议在沧州崔尔庄枣业批发市场内进行，邀请红枣现货贸易及批发商参加，会议得到了参会人士的高度评价。后期，华金期货将进一步助力沧州崔尔庄枣业“产业基地”活动有序开展，进一步服务红枣产业，服务实体经济。

三、项目成果

通过“产业基地”项目，沧州崔尔庄枣业一方面夯实自身内部管理，发挥资源优势，提高综合利用水平，从而实现公司创新转型；另一方面，积极发挥龙头企业示范作用，“以点带面”带动更多产业链企业利用期货市场管理企业风险。主要表现为以下几方面：

（一）积极助力期现融合

沧州崔尔庄枣业公司红枣产销在量、价上具有优势与代表性，其市场信息对红枣期货研究具有正面价值。基于此，企业高度重视，一方面提高现货市场规范，另一方面梳理期现货合作方式，积极在时间、人员、场地等多方面为郑商所及期货公司组织调研提供支持，助力红枣期现融合。

（二）加快推动企业转型升级

企业在红枣产业上具备地理、品牌、经营等诸多优势，对加工贸易、产销动态、价格变动等具有较深的研究与知识储备，随着红枣产业的市场化发展，企业对期货市场的认识与运用迫在眉睫，依托期货平台风险管理工具，持续推动企业转型升级。

（三）进一步促进红枣产业健康发展

目前，国内红枣产业还停留在种、产、销的简单三部曲层面，存在结构单一、产品附加值低的情况。随着红枣期货的上市，金融衍生工具的引入以及相关产业、企业的参与，红枣产业有望在资金、深加工、科技、对外贸易等多方面实现更大的发展。沧州崔尔庄枣业作为省级龙头企业、示范单位，积极与交易所、期货公司、交割库等合作，为红枣产业发展增砖添瓦，在数量、质量上均体现出“世界红枣看中国”壮美前景。

四、总结

十九大报告指出，实体经济是一国经济的立身之本，是财富创造的根本源泉，是国家强盛的重要支柱。服务实体经济是期货公司的重要使命。华金期货作为国内最早一批设立的国资系期货公司，已经深耕中国期货市场20余年，2014年公司成为“中国企业500强”华发集团金融板块中的重要组成单位。作为期货行业成长最快的期货公司之一，华金期货深耕现货产业，积极服务产业客户，以专业赢得客户信赖，实现了客户发展与公司产业服务的快速成长。在持续服务产业客户的过程中，华金期货不仅努力帮助客户解决产业现货生产经营销售中的问题，还充分利用期货专业知识，为客户的风险管理提供帮助与服务，实现产业客户与期货公司的共同成长与进步，增进与投资者的感情，树立华金期货专业品牌形象。

此次案例中，华金期货既服务了实体企业，解决了企业的困惑与问题，又熟悉了“产业基地”申报标准的相关细节，使公司在红枣期货品种专业服务及其他品种“产业基地”协作过程中取得一定的进步，实现客户与公司的双赢。本次产业服务案例只是华金期货服务产业客户的一个缩影，未来华金期货将会借助集团雄厚的产业背景、客户资源及金融资本等优势，不忘初心，积极服务实体企业，增强服务创新能力，做期货市场中“永不停歇的奔跑者”！

风险管理篇

案例 32

华泰期货：及时加大豆粕供应，控制后期补货成本

一、项目背景介绍

江苏地区一家饲料及饲料原料贸易商是华北多家饲料厂的供应商，上游为华北地区各大油厂，下游对接国内各级代理商，多年以来在区域豆粕批发贸易上积累了一定优势，年销售额超 4 亿元。疫情发生后，由于担心未来物流不畅，下游饲料厂囤货需求激增，企业加大力度向饲料厂供货，库存水平快速下降，面临后期补库成本上升的风险。企业选择利用豆粕场外期权来控制后期采购成本波动的风险。

二、项目开展情况

（一）服务方式及原理简介

华泰长城资本根据贸易商在疫情期间规避采购成本上升风险的需求，为该饲料贸易商设计了针对性的场外期权产品，并提供极其优惠的报价。饲料贸易商获得价格保护后，得以向下游饲料厂提供大量饲料原料货源。

企业买入的豆粕领式看涨期权组合，旨在应对饲料厂疫情期间集中补库需求而增加的原料采购成本的上升风险。领式看涨期权组合由一笔买入虚值看涨期权和卖出虚值看跌期权构成。若后期豆粕期货价格显著上涨，企业则可以从买入的看涨期权中获取相应期权收益以补贴采购成本，若后

期豆粕期货价格显著下跌，企业卖出的看跌期权虽然会产生一定亏损，但企业在现货采购端可以节省更多的成本。

（二）具体操作流程

华泰长城资本通过签署 SAC 协议下的场外期权协议，已持续服务该企业两年，期间多次互相拜访交流，并响应企业的个性化需求，为企业提供了从普通期权到奇异期权的多样化场外期权工具。此次疫情期间根据企业提出的新的风险管理需求，华泰长城资本进行了针对性方案设计并减免了企业的期权费。

2 月 17 日，豆粕2005 价格为 2 678 元/吨，华泰长城资本向贸易商以极优的价格提供了上述标的期货合约 1 000 吨领式看涨期权组合，上方执行价 2 685 元/吨，下方执行价 2 630 元/吨，期限 16 天，到期日 3 月 4 日。3 月 4 日，标的期货合约价格上涨至 2 731 元/吨，企业平仓看涨领式期权组合，获得平仓收益 47 700 元。期权要素如表 1 所示。

表 1　　期权要素

标的合约	M2005
期权结构	领式看涨期权组合
保障规模（吨）	1 000
执行价 1（元/吨）	2 685
执行价 2（元/吨）	2 630
到期日	2020/3/4
入场日期	出场日期
2020/2/17	2020/3/2
入场价格（元/吨）	出场价格（元/吨）
2 678	2 731
开仓权利金（元/吨）	平仓权利金（元/吨）
10.45	47.70
期权了结收益（元）	47 700

三、项目成果

通过场外期权工具，在特殊时期企业有效地控制了未来采购成本。为积极应对地区饲料厂短期激增的原料需求，企业调动了库存，加大了向饲料厂的供货力度，保障了饲料厂的正常生产加工不至于骤停，进而稳定了地方养殖行业的经营。从结果上看，期权工具在价格上涨的情况下，有效地补偿了贸易商补库成本的上升。

四、总结与建议

一是本案例体现了场外期权工具在特殊时期的风险管理作用，为期货风险管理子公司服务产业客户提供了新的思路，对于产业客户而言，是灵活运用衍生工具规避风险的成功案例。在疫情期间，有效的价格风险管理保障了饲料产业的有序运转，实现了保障民生、恢复生产的社会效应。

二是为了支持实体企业抗击疫情，华泰长城资本在期权定价中给予客户较大的补贴并承担了相应的亏损，这一点并不具有可持续性，希望能有政府部门或行业协会对此类案例进行适当补贴。

三是希望行业机构对疫情期间运用创新金融工具助力实体经济抗“疫”的期货经营机构进行正面宣传和奖励。作为服务对象的实体企业，对此类项目持欢迎态度，希望能够适当增加规模。

案例 33

中信建投期货：疫情无情人有情，“保险＋期货”助力胶企复工复产

2020 年初新冠肺炎疫情给胶农脱贫和橡胶企业的复工复产带来了严峻的挑战。疫情发生以来，国内天然橡胶期货主力合约由年前最高时的 13 455 元/吨跌至 10 500 元/吨左右，价格已处于两年来的最低水平，胶农售胶收入已远低于割胶成本。另外，如果胶农因胶价大跌而“弃割”“弃收”，橡胶生产企业将可能面临因疫情造成的上游原料短缺、下游需求下滑的双重经营困境。

一、项目情况

（一）项目简介

中信建投期货自 2018 年成功在云南省勐腊县开展橡胶“保险＋期货”试点以来，此次试点是第三次在该地区开展的试点项目。勐腊县是云南省的国家级贫困县，该县橡胶种植面积 224.2 万亩，干胶产量 16.8 万吨。天然橡胶的种植是县内农民的主要经济来源，而近年来天然橡胶的价格持续低迷，既影响了农民收入，也给橡胶产业链带来了不小的冲击，严重影响了橡胶的正常生产过程以及胶农的割胶积极性。再加上 2020 年新冠疫情的冲击，胶农和橡胶生产企业都面临巨大的困难。此时，上海期货交易所雪中送炭，统筹兼顾抗击疫情和脱贫攻坚两项工作，迅速启动 2020 年天然橡胶“保险＋期货”精准扶贫试点工作，总投入 1.5 亿元抗“疫”扶贫资金，联合多家期货公司及保险公司，为 25 个县的近 19 万吨天然橡胶提供

价格保障，助力胶农及橡胶产业抗疫复产。中信建投期货联合人保财险云南省分公司、当地橡胶加工厂在云南省勐腊县开展了1 000吨天然橡胶“订单+保险+期货”试点，切实探索农民增产增收的途径，充分发挥金融工具为实体经济服务的功能。项目最终实现108万元赔付，赔付率135.5%。

（二）项目服务方式及原理简介

中信建投期货主动承担社会责任参与上期所天然橡胶“保险+期货”精准扶贫试点工作，助力橡胶企业复工复产，在国家级贫困县开展1 000吨天然橡胶“保险+期货”试点。本次项目采用的模式为“订单+保险+期货”，即胶厂以高于当时市场收购价的保底收购价收购，保障胶农的收益。对勐腊县当地的胶农而言，当未来橡胶市场价格低于胶厂的保底收购价格时，胶厂对胶农按照保底价格实现溢价收购；当橡胶市场价格高于胶厂的保底价格时，胶厂按照市场价格收购橡胶原料。在这种方式下，胶农的割胶收入得到保障，割胶积极性也得到提高，并且割胶的收益只增不减，还有效规避了基差风险。在橡胶产业集体过冬的困境下，橡胶价格保险的赔付有效地保障了胶农的利益。

（三）项目执行情况

参与试点的胶农为389户，其中建档立卡贫困户数量达200多户。项目保险金额1 151.7万元，保费79.7万元，保费由上海期货交易所全额支持。上海期货交易所联合中信建投、人保财险云南勐腊县天然橡胶“订单+保险+期货”项目情况见表1。

表1　　云南勐腊县试点项目情况

开始时间	2020年6月15日
完成时间	未完结
地点	上期所、中信建投、人保财险云南勐腊县天然橡胶
数量（吨）	1 500
标的	橡胶
名义本金（万元）	已发生1 547.25（预期总数3 094.5）
保险保额（万元）	已发生1 216.319013（预期总数2 432）

续表

帮扶贫困人数（人）	370
帮扶贫困户数（户）	370
保费（万元）	已发生 58.079275（预期总数 116 万元）
公司垫付（万元）	已发生 58.079275（预期总数 116 万元）
公司实际出资（万元）	0
赔付金额（万元）	未完结
备注	分两个批次入场，目前仅第一批次入场

（四）项目成果

本次项目最终实现 108 万元赔付，赔付率 135.5%，胶农户均赔付 2 420 元。疫情无情人有情，在橡胶产业集体过寒冬的困境下，中信建投期货“保险 + 期货”试点为贫困胶农带去较大力度的价格托底保障，实实在在地减少了胶农的损失，有效保障了胶农的利益；橡胶生产企业也因此缓解了原料短缺困难，推动了橡胶产业的复工复产。

二、项目总结

此次“保险 + 期货”试点得到云南当地政府的好评和胶农的认可，为全面决胜脱贫攻坚贡献力量，也是对公司利用金融工具服务实体产业的肯定。中信建投期货已经连续两年荣获上海期货交易所“保险 + 期货”精准扶贫项目试点奖项，未来公司将继续积极响应国家“乡村振兴”的号召，进一步深入开展“保险 + 期货”这一创新服务“三农”的业务模式，不忘初心，回归本源，认真践行期货服务实业、服务实体经济的初衷，为打赢扶贫攻坚战贡献自己的力量。

案例 34

南华期货：场外期权为有色金属企业库存保值增值

一、项目背景

2020 年春节后新冠肺炎疫情在海外进一步扩散导致铜需求预期悲观，伦铜连续多日收跌，触及三周低位。上海某有色金属贸易商（以下简称“客户”）担心疫情期间铜价剧烈波动，可能导致现有库存出现较大跌价风险。就国内而言，虽然疫情短时间内导致下游需求减少，库存持续累积，铜价短期下跌压力加大，但是也存在疫情拐点出现后市场情绪修复和消费回暖的可能性。除此之外，当时部分电解铜冶炼厂因为硫酸胀库压力增加已经开始减产，铜的产出端干扰率上升，未来供给存在较大不确定性。

浙江南华资本管理有限公司（以下简称“南华资本”）以服务实体经济为宗旨，立足风险管理，深度服务产业客户，在疫情期间积极响应中国期货业协会（以下简称“协会”）“发动期货行业力量，众志成城抗击疫情”号召，根据客户实际复工情况为客户提供铜期权服务。

二、项目开展情况

（一）项目简介

客户主要从事金属及技术的进口，业务范围包括金属材料、机械设备、电子产品、机电设备、针纺织品、橡胶制品、电线电缆、铁矿产品等。受疫情影响，年前该客户签订的合同无法执行，且年后物流受阻导致铜滞销，结合客户现有铜库存保值需求和未来一个月因疫情不确定性引起的供需矛盾，南华资本对客户现有 600 吨铜库存提供买入看跌期权保值策略服务，相当于给客户“买个保险”。

（二）服务方式及原理简介

1. 服务方式

南华资本提供的服务主要包括三方面：一是风险管理方案的设计，根据客户提出的保值需求，结合未来一个月疫情不确定性引起的价格风险，南华资本对整个有色贸易行业进行调研与分析，设计出符合客户需求的场外期权策略；二是场外期权产品的设计与报价，针对设计的场外期权策略，南华资本提供报价；三是期权培训，为推进整个项目平稳运行，南华资本对客户进行针对性的培训，为其分析在不同的市场状况下，适合客户的风险管控方案。

2. 原理简介

客户买入看跌期权既可以实现库存保值，相比期货又不会锁定潜在利润。这样在“保险”到期时，如果疫情蔓延超预期，铜价继续下跌，客户可以从南华资本获得赔付，实现库存保值；如果疫情得到有效控制，需求回暖，铜价反弹，那么库存也会得到增值，客户可在现货市场以市价销售，买入看跌期权损益见图 1。

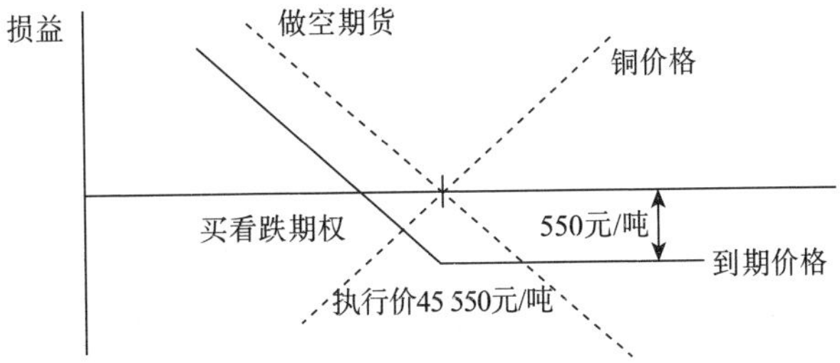

图 1　买入看跌期权损益

（三）具体操作流程

第一步：客户于 2 月 27 日统计由于疫情影响的延期交货和未销售数量合计 600 吨铜（见图 2）。有色金属行业贸易商通常以上海长江有色截至每月25日的月均价来追踪上游结算采购价，针对下游工厂则需要按需、不定时、不定量地出售，因此贸易商通常将保值周期结束日期选择为每月的25日。2月27日客户统计未销售数量，决定避险600吨铜库存，到期日设在3月25日。

图2 统计延期交货和未销售数量

第二步：2月27日开盘，客户向南华资本买入看跌期权（见图3）。客户决定避险600吨铜库存，并在根据需要确定看跌期权的期限后，最终决定按CU2004的市场价格买入平值看跌期权，执行价分别为45 550元/吨、45 570元/吨和45 460元/吨各200吨铜，共计600吨，以防范未来一个月的跌价风险。

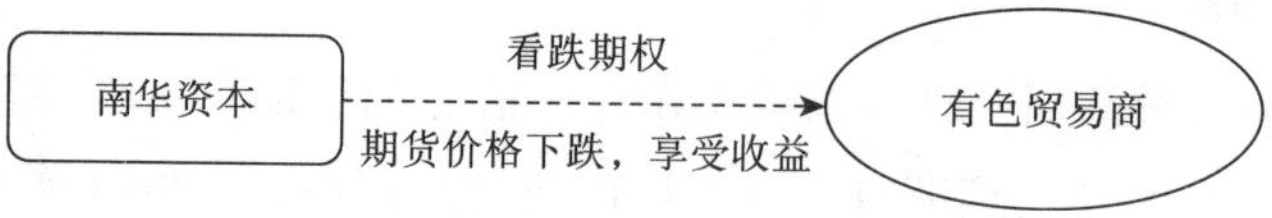

图3 客户向南华资本买入看跌期权

第三步：用期权收益贴补库存，加速货品销售进程（见图4）。由于客户向南华资本买入看跌期权，在铜期货价格下跌时可以获得跌价补偿，客户根据期权收益让利来提高前期滞销库存的销货速度。

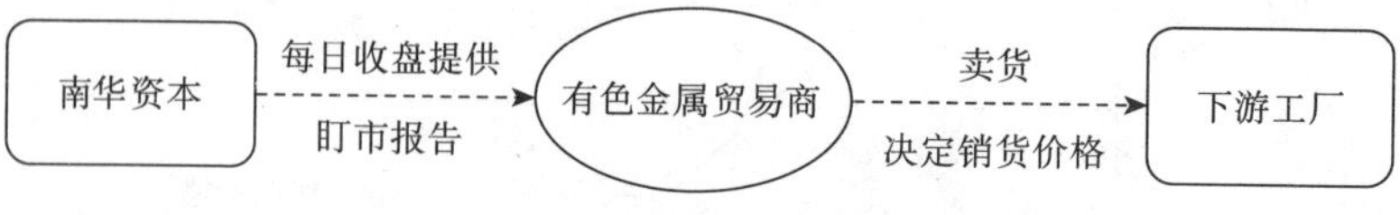

图4 用期权收益补库存

第四步：货品销售完毕立即向南华资本提解期权策略（见图5）。由于客户通过让利销售现货，在3月16日和17日分别完成了200吨和400吨的销售，提出提解期权策略。南华资本依当时CU2004价格报出提解价格，并按照客户要求将原避险部位进行平仓。

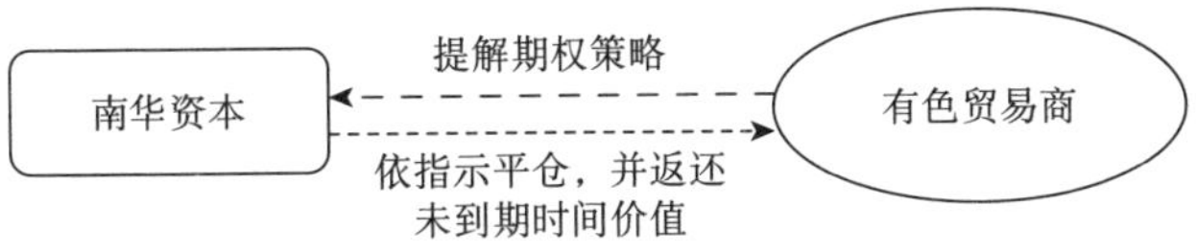

图 5　提解期权策略

三、项目成果

期货价格的波动远大于现货，因此期权收益不仅足以弥补现货的跌价损失，还可以让利给下游企业，加速客户的销货速度。使客户在现货滞销的情况下，通过风险管理获得有别于其他贸易商的销售利润（见表1），提升客户运营能力。

表 1　客户期权损益明细

开始日期	买入看跌（元/吨）	权利金（元/吨）	数量（吨）	到期日	提解日期	提解价格（元/吨）	到期损益（元）
2 月 27 日 CU2004	45 550	550	200	3 月 25 日	3 月 16 日	2 196.54	329 308
2 月 27 日 CU2004	45 570	550	200	3 月 25 日	3 月 17 日	3 264.4	542 880
2 月 27 日 CU2004	45 460	550	200	3 月 25 日	3 月 17 日	3 014.84	492 968
合计损益	1 365 156						

客户表示，当前内外需求低迷令商品价格承压，在新冠疫情笼罩全球经济的背景下，通过"场外期权——购买跌价保险"模式，能够帮助实体企业在众多不确定因素的环境中，寻找到更多的确定性和安全性，帮助企业渡过新冠疫情的阴霾，拨云见日。

四、总结与思考

在疫情期间铜市场需求乏力，现货销售艰难的情况下，客户选择买入跌价保险控制库存风险，再通过让利销售，最终使自身及下游企业实现双赢。从业务模式来看，本案例业务期权结构简单，赔付条款清晰，操作流程简便，风险可控，具有可复制性。对行业而言，在疫情期间买入跌价保险的模式可以让企业在面对由疫情不确定性引发的供需矛盾时心里更有底，有利于整个行业企业套保模式的转型升级。总而言之，该模式致力于将企业的价格风险通过市场化手段分散到期货市场中，运用市场经济规律来保障企业的稳定经营，形成良性循环。此外，本次场外期权的标的是期货合约，而客户持有的是现货，期货与现货之间存在基差，基差风险是无法回避的因素，如何通过期权策略来优化基差风险，是南华资本后续需要持续研究的课题。

五、政策建议

监管层面，建议将更多场外衍生品服务实体经济的典型案例分享给企业，协助风险管理公司一起开展投资者教育，让更多企业有机会了解金融衍生工具在实体企业生产管理中的优势。随着企业需求的日益复杂化，现货企业需要通过套期保值实现规避风险、锁定成本、稳定生产经营目标，而场外期权这一金融衍生工具恰恰可以帮助企业更有效率地进行套保。实体企业选用场外期权优化企业的套保策略，可使其在面对不同市场行情所导致的货物滞销时获得更多元的风险对冲选择。

风险管理公司层面，建议拓展服务产业客户的新工具与新模式。国内的场外衍生品市场应用空间巨大，如何使产业客户真正认识到场外期权的避险功能，并帮助他们熟练使用场外期权这个避险工具，以期最终促进整个产业快速、健康和平稳的发展，进而促进我国整体经济的发展，是风险管理公司未来一段时间需要践行的内容。

案例 35

宏源期货：助力打赢疫情防控阻击战，宏源恒利在行动

一、项目背景

2020 年春节前后，我国出现新冠肺炎疫情，影响了大部分人民和企业的正常工作和生活。电解铝作为重要的工业材料，广泛地应用于我国城镇化建设的方方面面，上至航空航天，下至手机餐具。疫情期间，电解铝下游的制造企业无法正常生产，而上游的电解铝冶炼企业因为连续生产的特性积压了大量的成品库存，使得资金无法及时回笼，现金流相对紧张。一旦冶炼企业被迫停产，人员就业和当地社会稳定都会受到影响。为解决实体企业的经营困难，宏源恒利作为申万宏源金融集团的一员，积极响应号召，切实开展行动。在当时不知道疫情何时结束、下游消费何时恢复的不确定情况下，宏源恒利决定通过基差贸易的方式一次性购买该企业的成品库存，帮助其回笼资金，保证其正常的生产经营。

二、项目简介

因为疫情的原因，2 月初大部分宏源恒利的员工在家办公，但是一直通过电话和微信等方式与客户保持联系沟通。当了解到大量的下游工厂受疫情影响无法复工复产，导致其中一家上游企业销售受阻，成品库存高企，现金流十分紧张，无法购买原料，影响其后续的生产经营活动的情况时，宏源恒利积极与该上游企业沟通协商并提出解决方案，通过基差交易

的方式采购其成品铝锭库存，帮其回笼资金，助力企业稳定日常生产经营。具体情况见图1。

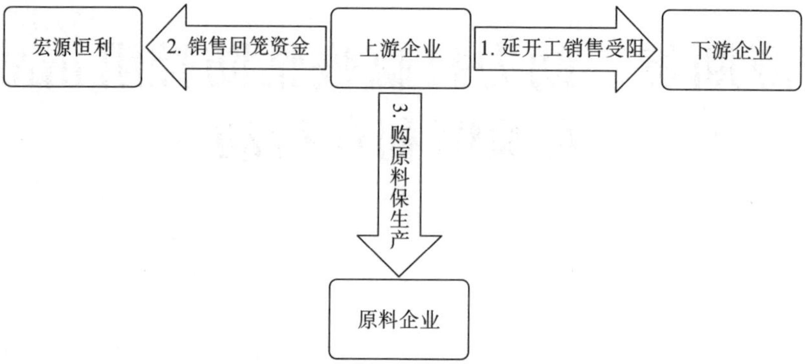

图1　宏源恒利帮助企业稳定日常生产

①2月14日，宏源恒利各部门克服疫情期间办公困难，与该上游企业签订买卖合同。

②上游企业将已经发运至公共交割库内的3 315吨铝锭货权转让给宏源恒利。由于该业务的特殊性，宏源恒利也及时与公共交割仓库协商优先处理该笔过户业务。

③公共交割仓库安全准确高效地完成办理过户手续，并出具货权凭证给宏源恒利。

④宏源恒利收到公共交割仓库出具的货权凭证，将3 800万元货款支付给该上游企业。

以上四个步骤可用图2简化表示。

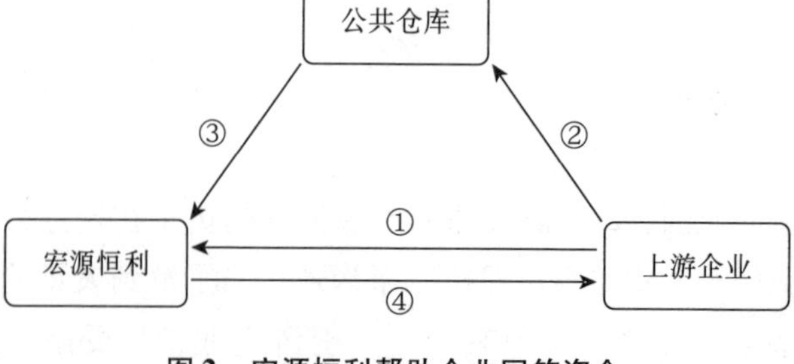

图2　宏源恒利帮助企业回笼资金

三、项目成果

宏源恒利从企业实际困难出发，与该企业多次沟通协商，最终与该企业达成基差交易，采购消费地仓库的 3 315 吨铝锭成品库存，帮助其回笼现金 3 800 万元，保障了其后续的正常生产，避免了各种不利影响。同时，考虑到当时的市场价格较低，远低于成本价格，宏源恒利为该企业提供了远期定价服务，使得该企业保留了获取未来价格上涨带来的额外收益的可能。

在疫情防控的严峻时期，宏源恒利始终牢记金融企业的职责和使命，急客户之所急，想客户之所想，主动了解产业链中各个企业受疫情影响的情况，并在自己风险可控的前提下尽可能地帮助实体企业走出困境，切实做好疫情期间的金融服务，保障困难企业安全生产，促进地方稳定就业，促进社会健康发展。

四、总结及建议

本次疫情不仅对产业链上的实体企业生产造成了影响，也对物流运输等服务业产生了巨大的影响。疫情期间物流运输公司的运输量减少以及道路限行等因素导致了物流不畅，使得成本大量积压。若宏源恒利能有更多的物流供应商以及物流解决方案的话，则能帮助更多企业解决库存积压问题，也能缓解更多的现金流压力。在后续的工作中，宏源恒利将会进一步提升效率，优化服务，完善物流供应商体系，努力成长为服务实体经济的金融标杆企业。

案例 36

浙商期货：龙头携手，期权护航，助力养殖企业抗击疫情

一、项目背景

新冠肺炎疫情引发的多米诺骨牌效应已蔓延至养殖行业，湖北省位于疫情中心。养殖行业多以玉米、豆粕等大宗商品作为饲料来源，其物流运输受阻及采购价格陡升导致养殖类企业生产成本提高，给利润已经相当微薄的养殖行业造成了巨大冲击。同时，养殖生产型企业存在库存保鲜难、商品贬值较快的风险。疫情期间的库存产品价格已跌穿成本线，企业生产经营面临严峻挑战。伴随着疫后的复工，养殖类企业迫切需要防范饲料价格的上涨风险，稳定生产经营。

为统筹疫情防控与经济社会秩序恢复，尽可能减少疫情防控对企业复工复产的影响，全国各地纷纷出台政策支持企业复工。浙商期货有限公司及其风险管理子公司浙江浙期实业有限公司（以下简称“浙期实业”），与实体行业龙头企业好好吃米业有限公司（以下简称“好好吃米业”）紧密携手，帮助终端畜牧类养殖企业进行饲料成本的风险管理，积极助力湖北养殖企业复工复产。

二、项目开展情况

（一）项目简介

湖北地区两家畜牧业蛋鸡养殖企业，荆州市思策农业科技有限公司与

宜昌天佑华牧科技股份有限公司从年初起就面临疫情带来的冲击。两家企业养鸡存栏量共达 85 万只，需要采购大量的饲料维持企业复工复产。但受疫情影响，饲料运输受阻，采购成本上涨，给两家企业的生产经营带来了极大的风险和压力。了解到该情况后，浙期实业联合好好吃米业立即组织饲料供货方案，借助好好吃米业在湖北荆州一带的仓储库存与物流优势，为湖北省养殖企业终端解决原料供应难的问题。在此基础上，浙期实业免费为养殖终端企业提供“遇涨不涨，遇跌则跌”的饲料采购成本风险管理方案来规避饲料涨价潮，有效降低了企业面临的市场风险。

（二）服务方式及原理简介

为帮助养殖企业不受饲料价格波动的影响，浙期实业与好好吃米业为两家养殖终端企业提供了一份“遇涨不涨，遇跌则跌”的欧式看涨期权风险管理方案。企业在使用期权进行套期保值时，能切实防范原料价格上涨风险，期权损益如图 1 所示。

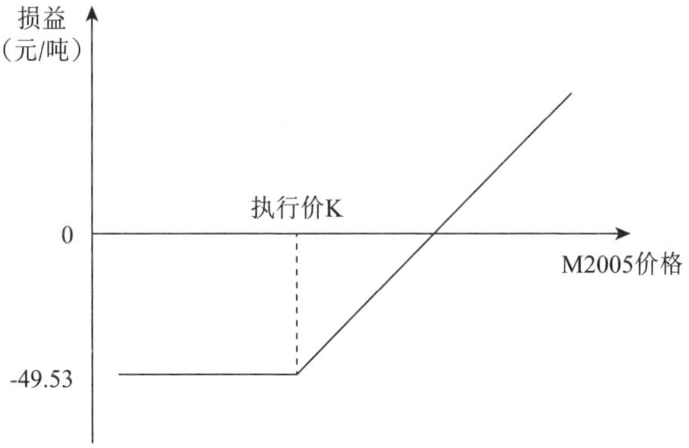

图 1　项目产品损益

具体而言，当下游蛋鸡养殖企业向好好吃米业购买豆粕饲料时，如遇到原料价格上涨，超过约定封顶价 2 618 元/吨时，企业可以按约定固定价采购，有效控制了养殖企业因饲料采购价格上涨带来的生产风险。当原料价格下跌时，期权将失效，但此时原料价格下跌，企业可以享受饲料采购成本降低的好处。

（三）具体操作流程

在本次项目中，考虑两家养殖企业缺乏相应的衍生品交易团队和交易经验，期权交易由浙期实业与好好吃米业达成，衍生品合同由好好吃米业代为持有。

具体操作为，2020 年 2 月 25 日，两家养殖企业与好好吃米业签订采购协议，约定以期货价格作为结算参考价，保证未来一个月采购价格不超过 2 618 元/吨。行情上涨，采购价也不涨，行情下跌，采购价随行就市。在衍生品端，浙期实业免费向好好吃米业提供豆粕看涨期权，数量 500 吨，当行情价格上涨超过 2 618 元/吨时，好好吃米业得到赔付，以此保障好好吃米业的豆粕采购价格。具体操作流程见图 2。

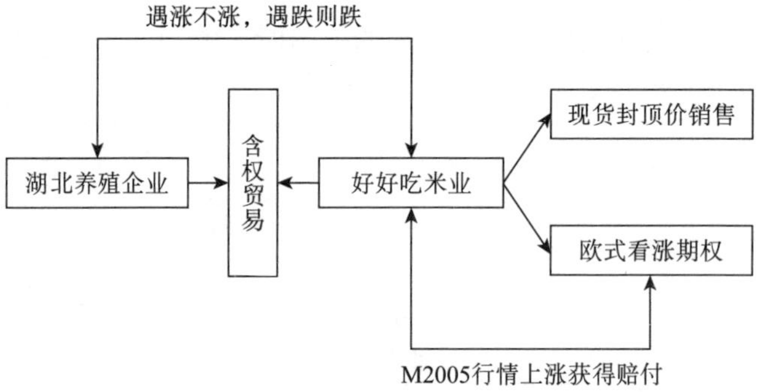

图 2　具体操作流程

（四）合同后续执行情况

2020 年 3 月 24 日，两家养殖企业均向好好吃米业采购现货，期权提前平仓，行情从 2 618 元/吨上涨至 2 658 元/吨，期权端实现赔付 2 万元。浙期实业与好好吃米业积极合作，助力湖北养殖企业进行饲料成本管理，为湖北省养殖企业有序复工提供了 2 万元饲料采购补贴。

三、项目成果

本次风险管理方案涉及养鸡饲料 500 吨豆粕，足够覆盖两家养殖企业的存栏量需求。浙期实业向好好吃米业免费提供欧式看涨期权规避价格上涨风险，实现价值2万元的企业饲料采购补贴，助力湖北养殖企业进行饲料成本管理，降低养殖企业生存压力，推动企业有序复工，为湖北近期肉蛋类供应、人民生产生活提供了有效保障。

好好吃米业对本次项目给予了积极反馈。该企业表示，本次项目为下游企业提供了风险管理服务，增强了豆粕需求企业黏性，不仅提升了好好吃米业在行业中的竞争力与品牌形象。更为重要的是，该项目在疫情困难时期为湖北养殖终端企业提供了稳定的饲料供应，保障疫区企业复工复产。另外，上下游企业充分感受了期权对现货贸易的保护作用，纷纷表示，未来将在期权上进行更多的尝试和应用。

四、总结与建议

（一）项目意义

项目产生了积极的社会效应，具体表现为以下三点：

第一，对于浙商期货及其风险管理子公司浙期实业而言，此次项目是其在极端事件下运用金融工具切实有效地服务实体经济的一次积极探索，充分发挥了期货服务实体经济的优势，积极践行了浙商期货服务国民经济、实体经济的基本理念。浙商期货及其子公司积极承担企业“抗疫”的社会责任，充分体现了其强烈的社会责任感，对于提高企业社会形象，发挥企业社会价值具有重要作用。

第二，对于好好吃米业及思策农业、天佑华牧两家养殖企业而言，该期权产品设计保障了湖北省内大宗农产品稳定供应，使湖北养殖企业终端在规避饲料价格上涨风险的同时得到了2万元的采购补贴，为湖北养殖企业生产经营、复工复产提供了有效保障。同时，本次项目为养殖企业及该领域其他小微企业进行风险管理提供了新思路，有利于企业加快转型升级，不断提高其市场竞争力。

第三，对于社会经济发展而言，本次项目有利于保障疫情期间湖北地区养殖企业的平稳经营，为后期湖北甚至全国企业复工复产提供了保障，对于抗击疫情、推动社会经济的平稳运行大有裨益。

（二）思考与建议

1. 加强宣讲与培训

该项目中，企业对场外期权认知度较低，对现货结算合同的接受度优于期权交易，场外期权作为能满足客户个性化需求的风险管理工具，推广力度还有待加强。鉴于大体量的产业客户需要较长时间（一般在 1 年至 2 年）的培育周期，未来，中国期货业协会和各家期货交易所应维持对期权的推广宣讲支持力度。

2. 推动期货期权和基差贸易结合

不管场内期权还是目前场外期权的通行做法，实际都是期货期权，买卖双方都面临基差变动的风险。如果可以结合基差贸易锁定基差成本，则期货期权可以完全变成现货期权，这就规避了基差风险的问题。豆粕的基差贸易市场近年来慢慢走向成熟，这也为豆粕场内期权的推出或者场外期权交易奠定了较好的基础。

案例 37

鲁证期货：灵活运用期权和互换工具，助力实体企业复工复产

一、项目背景

X 企业为国内大型的钢材贸易商，主要经营钢材、钢铁原料等大宗产品的贸易。同时，X 企业以钢铁产业链上下游一体化为目标，依托其强大的终端客户优势，开展铁矿、镍矿等钢铁原料进口业务。2018 年开始，X 企业就与鲁证期货股份有限公司（以下简称“鲁证期货”）的风险管理子公司——鲁证资本管理有限公司（以下简称“鲁证资本”）开展合作，熟练使用场外期权、互换等金融衍生工具为其生产经营进行风险管理。

新冠疫情暴发后，为保障人民群众的生命安全，各地采取了较为严格的交通管控。春节过后，疫情尚未明朗，大量务工人员尚未返工，基建及工程对于成材的需求放缓。受此影响，X 企业在 2019 年底冬储囤积的大量热卷、螺纹等钢材面临库存贬值及新采购受阻的风险。同时，受疫情及市场情绪影响，大宗商品价格持续大幅波动，期货盘面套保难度增加，这无疑为 X 企业带来了较大的市场风险。此外，各实体企业延期复工，导致货物资金无法及时回笼，因此 X 企业及其上下游均面临资金流动性不足的风险。

面临突如其来的风险，鲁证资本场外业务部（也称“鲁证场外团队”）充分发挥自身专业优势，及时与 X 企业进行沟通，并运用场外衍生工具帮助其处理突发风险，满足其风险管理需求。在此次疫情期间，鲁证场外团队根据企业不同时段的不同风险点，为其设计了挂钩热卷期货的场外期权

以及挂钩“青岛港口 PB 粉”现货指数的场外互换工具，保障了 X 企业有序复工，把疫情影响降到最低。

二、项目开展情况

（一）期权方案

冬储期是钢材需求的淡季，X 企业预计春节后天气转暖，工地开工率走高，钢材价格将大幅上涨，因此于春节前卖出 5 000 吨热卷的虚值看跌期权以获取权利金。春节后开盘，热卷期货 HC2005 立即跌停，需要追加保证金，而企业因延迟复工无法回笼货款，需要复工后方可追加到位。鲁证场外团队考虑到其特殊情况，一方面敦促其积极筹措资金，另一方面建议其利用看跌海鸥期权保险对目前持仓进行再保护。

鲁证场外团队为 X 企业设计了挂钩 HC2005 期货的看跌海鸥期权组合（见图 1），由 X 企业买入 5 000 吨两个月期平值看跌期权，同时卖出一个虚值看涨期权和一个虚值看跌期权，组合起来的海鸥组合期权费为 0。该组合不仅能够降低原有卖出看跌期权的风险，避免不断追保产生的资金压力，若后期盘面价格反弹，客户还可获得原有头寸的获利机会。

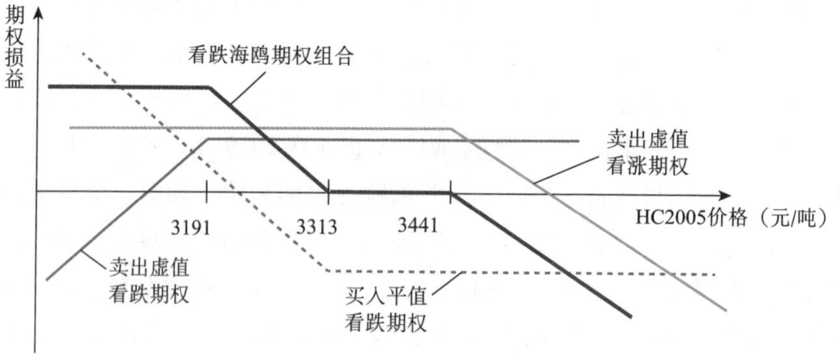

图 1　看跌海鸥组合损益

在企业买入看跌海鸥期权组合后，热卷期货 HC2005 价格振荡回升，后又大幅下跌最低至 3 100 元/吨，进入 4 月后，随着疫情的向好发展开始逐步反弹。截至 4 月 16 日期权到期，热卷期货收盘价反弹至 3 373 元/吨，企业分批平仓，结算后获得约 8 万元盈利，避免了由于盘面波动产生的追保压力。

（二）互换方案

疫情发生后，除了利用期权工具为企业实现多元化的套保方案，鲁证场外团队还创新性地为 X 企业提供挂钩现货指数的互换工具进行风险管理。

X 企业已与下游钢厂签订销售合约，将在年后采购一批青岛港 PB 粉供货给其下游客户，下游客户采取点价拿货的方式。由于受疫情影响，钢厂暂未复工，暂缓点价拿货。但铁矿在期货价格在节后开盘当天跌停后即开始逐步反弹，同时随着疫情的缓解，各地有序复工带来原材料需求的增加，也导致青岛港口的钢材现货价格上涨。X 企业担心后期 PB 粉现货价格继续拉升导致其采购成本提高。为完全对冲现货涨价风险，鲁证场外团队为其设计了挂钩“青岛港 PB 粉”的现货指数互换方案，利用现货价格指数互换工具，直接锁定远期采购价格，从而保护后期的销售利润。

双方于 2 月 20 日成交了一笔现货指数互换交易（见图 2），由企业买入该现货指数标的互换（支付固定价格，获取上涨收益），鲁证资本卖出互换（收取固定价格，获取下跌收益），交易采取协商点价入场，互换期限为两个月，交易量为 1 万吨，入场价格 657 元/吨。双方采取现金轧差的结算方式，结算价以市场公认的、透明公开的第三方现货价格指数为准。

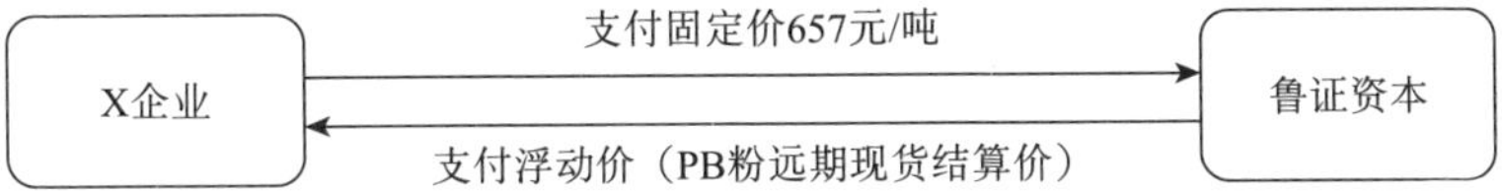

图 2　现货指数互换模式

在该方式下：PB 粉到期结算价等于“我的钢铁网”在到期月全月每个交易日最后一次公布的对应指数的平均价。到期后，若现货价格指数上涨，X 企业获得高于 657 元/吨以上的浮动收益；若现货价格指数下跌，企业则以固定价（657 元/吨）进行采购。利用该笔价格互换，在锁定了企业采购成本的同时，也为其解决了基差风险。

该笔互换在疫情发生后为 X 企业的销售利润提供了较大的保障。3 月初，疫情逐渐得到控制，各地有序复工，其下游客户于 3 月 18 日点价提货，因此，X 企业于当日将该笔互换头寸平仓，平仓结算价为 667 元/吨，通过此次互换，X 企业获得盈利 10 万元。

三、项目成果

该企业自身具有较强风险管理意识，能够将金融工具融入其日常生产经营中。此次疫情期间，在鲁证场外团队的帮助下，该企业通过场外期权转移了其面临的市场风险和资金流动性风险。在极端行情下，利用看跌海鸥期权组合锁定了原有持仓的亏损，使企业在价格下跌时不仅可以成功规避风险，还可以避免由于无法及时追加保证金而被迫砍仓的情况，大大减缓了企业的资金压力。同时，鲁证场外团队结合企业采购现货的实际需求，通过现货价格指数互换业务帮助该企业实现了采购成本的锁定。由于几乎没有基差风险，套保端产生的盈利完全覆盖了现货端的亏损，达到了对冲现货风险的目的。

该企业对于上述风险管理服务给予了客观评价：一方面，创新衍生产品和组合策略可以有效满足企业的个性化、多样化风险管理需求，在市场行情变动非常不明朗的情况下，使用灵活策略规避单边波动风险，利用现货指数互换工具规避基差波动风险；另一方面，突如其来的新冠疫情严重影响了实体企业的生产经营活动，企业面临前所未有的资金压力，创新风险管理服务在于有效降低资金占用，缓解企业资金压力，保障正常的生产经营活动，实现金融机构与现货企业的协同发展。

四、总结与建议

新冠疫情不仅威胁着人民群众的健康，对实体企业的生产经营也产生了较大的冲击，大宗商品市场的持续大幅波动也给实体企业套期保值带来一定难度。在特殊背景下，场外业务对于实体企业复工复产发挥了重要作用。

首先，打铁还需自身硬，风险管理子公司需要不断加强自身专业能力建设。鲁证场外团队竭力发挥自身专业优势，提前筹谋，精准施策，运用场外业务积极配合实体企业处理突发风险。通过深入分析企业的各项风险点，主动分担市场风险及基差风险，充分运用多种创新衍生产品为企业应对疫情风险提供了场外解决方案。

其次，在新形势下，实体企业主动利用衍生品市场进行风险管理的实践逐步增多。随着新冠疫情的发展和中美贸易争端的不断演变，实体企业面临的各项风险逐步增加，生产经营的利润逐步降低，个性化、多样化风险管理需求逐步增加，利用衍生品市场可以有效进行价格风险管理和资金使用管理，实现生产经营的稳定发展。

最后，场内市场和场外市场需要相互打通，协同解决实体企业风险管理需求。目前，交易所市场和场外衍生品市场还处于相互隔离阶段，风险金额、保证金还不能合并计算，实体企业需要在场内市场和场外市场同时缴纳保证金。风险管理子公司在开展场外业务时也需要支出更多的保证金和手续费。尽快实现场内、场外市场的相互打通，将有效地助力实体企业和金融机构的协同发展。

案例 38

永安期货：抗疫情打造风险管理方案，助蛋企拓展生产经营模式

一、项目背景介绍

2020 年 2 月，在新冠肺炎疫情的影响下，物流运输受阻，下游复工缓慢，禽蛋企业普遍面临鸡蛋滞销问题。党中央国务院要求不误农时，切实抓好春季农业生产工作，农业农村部、国家发展改革委、交通运输部三部委联合印发《关于解决当前实际困难加快养殖业复工复产的紧急通知》，要求“千方百计推进当前养殖业解困”。永安期货及其风险管理子公司永安资本认真贯彻会议及文件精神，第一时间联系湖北当地相关企业。当了解到湖北地区的鸡蛋滞压达 13 亿颗，鸡蛋加工型企业普遍面临较大库存贬值压力后，永安期货主动为企业提供免费期权服务，有效地缓解了企业的经营风险，助力企业平稳运营。

二、项目开展情况

（一）项目简介

案例服务对象为盼盼食品汉川分公司。福建盼盼食品集团有限公司始创于 1996 年，是以农产品精深加工为主的国家级农业产业化龙头企业。受疫情影响，盼盼食品汉川分公司的生产、销售业务基本停滞，鸡蛋价格跌幅最高达 50%，企业春节前积累的鸡蛋库存面临价格下跌风险。

（二）服务方式及流程介绍

福建盼盼食品集团有限公司自2019年起成为永安资本场外衍生品客户以来，一直与永安资本场外衍生品团队保持紧密良好的合作关系，双方对业务流程均比较熟悉，合作顺畅。本次具体合作流程为：福建盼盼食品集团有限公司向永安资本购买看跌期权，期权权利金为零，由永安资本免除期权费。永安资本场外衍生品团队通过场内期货复制场外期权进行对冲。期权存续期间企业可随时向永安资本点价进行行权，也可持有到期。如产生行权或到期赔付，永安资本将赔付款支付给企业。

（三）项目执行情况

经过调研沟通，永安资本向盼盼食品汉川分公司赠送了100吨挂钩大商所鸡蛋2005合约的看跌期权。期权存续期为1个月，执行价格为期初价格向下虚值100元/500千克，如存续期内鸡蛋2005合约价格跌至执行价格以下，企业可随时点价行权，永安资本对低于执行价格的部分向企业进行赔付，赔付计算方式为：赔付金额 =（执行价格 - 行权价格）×名义数量。鸡蛋2005美式看跌期权要素见表1。

表1　　鸡蛋2005美式看跌期权要素

期权名称	鸡蛋2005美式看跌期权
期权买方	福建盼盼食品集团有限公司
期权卖方	浙江永安资本管理有限公司
标的物	大连商品交易所鸡蛋2005合约
起始日	2020年2月18日
到期日	2020年3月19日
期初价格	3 347.00元/500千克
执行价格	3 247.00元/500千克（虚值100元/500千克）
名义数量	100.00吨
权利金	0元（永安资本赠送）

三、项目成果

3月18日，盼盼食品汉川分公司以3 122.7元/500千克的价格向永安资本行权，以每500千克赔付124.3元计算，盼盼食品汉川分公司合计获得赔付24 860元，企业得以对冲湖北封闭期间物流不畅导致库存积压、原材料价格剧烈波动的风险。

本次场外期权工具的尝试运用，解决了企业在运用期货套期保值时存在的资金管理缺乏经验、操作人员情绪波动等困难，有效实现了“风险进场，人不进场”。永安资本提供的场外期权免收权利金，无须保证金，有效缓解了企业在特殊时期的资金压力，给疫情中困难经营的企业送来了一颗“定心丸”。

盼盼食品汉川分公司表示，永安资本在本次“抗疫”战斗中，心系疫区、心系产业，积极履行了企业的社会责任，充分发挥自身专业优势，为奋斗在防疫前线的湖北武汉产业客户保驾护航。

疫情期间，盼盼食品汉川分公司还成功获批成为大商所鸡蛋指定车板交割场所，进一步丰富了企业的经营模式和风险管理方式，为企业的长期稳定发展注入了新的动力。

四、总结与建议

疫情暴发以来，永安期货把助力实体企业抗“疫”复产作为工作重点，通过为实体企业提供创新、个性化的衍生品解决方案，践行了国有金融企业的使命担当。此次向受困湖北企业免费赠送期权，不仅帮助受赠企业降低了风险管理成本，使其在面对极端远期行情的不确定性时对冲了部分经营风险，也为企业提供了更多样的风险管理方式，具有很好的示范效应。

面对实体企业在愈加复杂的国内外环境下不断增长的风险管理诉求，期货公司需要不断提升服务能力。目前，场外业务模式供给与实体企业需求之间依然存在不完全匹配的问题，主要体现在期货公司场外业务模式单一和实体企业风险管理需求多样的不匹配，以及场外期货市场规模和现货市场体量的不匹配。希望交易所及有关部门加大期货、期权品种供给，规范发展场外衍生品市场，进一步完善“广覆盖、多层次”的期货和衍生品市场体系，为实体经济提供更为丰富的风险管理工具。

案例 39

申银万国期货：结构化铜期权助力实体产业风险管理

一、项目背景介绍

（一）项目开展政策及经济环境

为进一步提升期货经营机构服务实体经济的能力，引导和帮助实体企业积极运用期货及其他衍生工具进行定价和管理风险，改善经营方式，转换商业模式，中国期货业协会制定了《期货经营机构服务实体经济行动纲要（2017—2020）》，号召期货机构及其风险管理子公司充分发挥定价服务和风险管理专长，借鉴境内外大宗商品交易商的成熟经营模式，针对实体企业需求自主创设期权、互换、远期等衍生品合约，开展场外衍生品报价、交易和清算业务，提供个性化的风险管理服务，加强行业客户资源整合和共享，发掘实体企业需求，拓展服务渠道。

2020 年初，基于中美贸易后续谈判仍存在较大不确定性，加上新冠肺炎疫情的肆虐，中国经济及有色行业运行受到了严重的扰动。有色市场向来以“经济晴雨表”著称，消费与工业投资的减弱，对于铜制品及电力行情的需求构成阶段性打击，尤其是在春季这个传统的消费旺季里，打击尤甚。

（二）服务实体企业情况及项目开展动因

申银万国期货的铜产业客户下属企业（以下简称“该企业”或“客

户”）专业从事通信电缆、光纤光缆、电力电缆、电力光缆、宽带传输接入设备及光器件等产品生产、销售与工程服务。受1月份疫情及春节长假影响，同时受运力系统限制，企业在春节后的开工复产中受到一定影响。订单一旦延期交货，该企业的营业收入将减少，利润空间将进一步被压缩，还有出现亏损的可能。

该企业作为铜产业链上的加工企业，产品同质化较严重，竞争激烈，企业处于微利时代，原材料价格变化及下游市场需求变化都对其经营起着关键作用。为此，该企业配备了专业的投研团队，并积极与期货公司开展合作，希望借助期货公司的专业能力，帮助其使用金融衍生品工具开展套期保值操作，进而对企业经营进行风险管理。

基于以上市场背景及该企业的风险管理需求，申银万国智富投资有限公司（以下简称“申万智富”）场外团队利用自身的专业能力，提供高价预售、低价预购的套期保值辅助性优化操作的策略，与其达成如下风险管理共识：当前，铜的下游现货市场整体价格呈下降趋势，成交量依旧很低，华东地区铜期货升水较多，企业应警惕后期受疫情发展影响及工程消费启动不及预期的风险，同时考虑到阶段性探底反弹行情已经将市场对于后期消费的乐观预期反映在期货盘面中，若短期内原材料铜累库问题未有缓解，价格下跌风险将进一步增大。申万智富场外团队基于对基本面的研究与专业知识为其设计了适合的场外期权产品结构，有效规避了铜价格波动风险，取得了较好的套期保值效果。

二、项目开展情况

（一）项目简介

申万智富场外团队基于当期行情背景下，设计结构化期权产品令该企业通过设置高价预售、低价预购期权交易模式，实现了低价采购铜原材料、高价预售订单的目标，提前锁定了企业的加工利润。除此之外，卖出跨式期权组合获得的权利金也为企业提供了冲减套期保值操作的成本，为改善企业的经营效益发挥了有效的作用。

（二）服务方式及原理简介

客户若使用期货套保，则在盘面上做空 CU（铜期货 2004 合约 2 月 4 日价格为 45 250 元/吨），需缴纳的保证金约为 3 167.5 元/吨。同时，受当前市场波动的影响，后期将面临较大且较为频繁的追保，即资金占用带来的流动性风险。

由于该企业采购铜作为原材料加工成线缆，然后进行销售，该企业既需要选择多头低价采购铜，又需要在保留有一定利润的基础上进行线缆的销售。针对该企业的特点，以 CU2004 入场价格在 45 250 元/吨为例，申万智富设计了卖出宽跨式期权方案。该套保方案由卖出宽度为 8% 的宽跨式期权构成，“两条腿”的价格分别为 97% 的 put 与 105% 的 call，卖出期限为一个月，执行价分别为 47 510 元/吨和 43 890 元/吨，期权结构如图 1 所示。

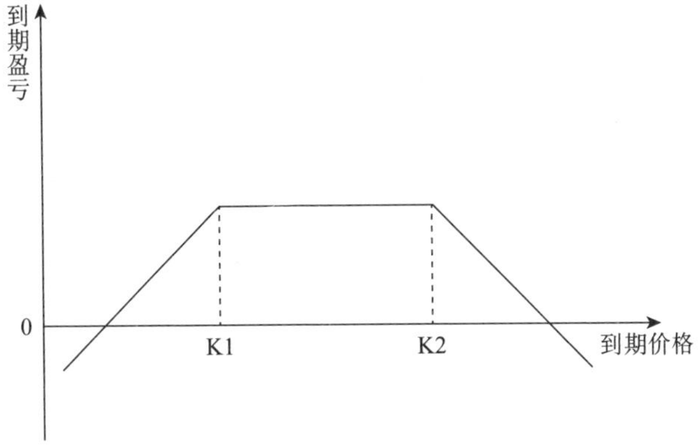

图 1　期权结构

申万智富设计该产品的目的在于通过结构化期权，使该企业通过跨式的两个行权价获得二次点价的机会，实现低价采购铜原材料的同时在利润 8% 的情况下售出成品，锁定加工利润。除此之外，卖出跨式期权组合获得的权利金及占用的保证金也为客户提供了部分资金收益，增厚了客户动态库存管理的效益。

与期货套期保值相比，在运用该场外期权模式进行风险管理的情况下，一方面可以针对企业不同的风险管理需求设计相应的产品方案；另一方面还能帮助企业节省大量的保证金占用成本。既降低客户风险敞口，也能避免在极端行情下期货套期保值可能遭遇的频繁追保，同时还保留了现货潜在的收益可能性。

（三）具体操作流程

当客户产生“采购－加工－销售”流程中的动态管理需求时，客户则基于自己对于加工利润的把控，与申万智富场外团队就目前市场行情进行协商之后，确定宽跨式“两腿”的行权价，即锁定自己本单的加工利润，并获得卖出权利金，进一步扩大其加工利润。

具体操作流程见图2。

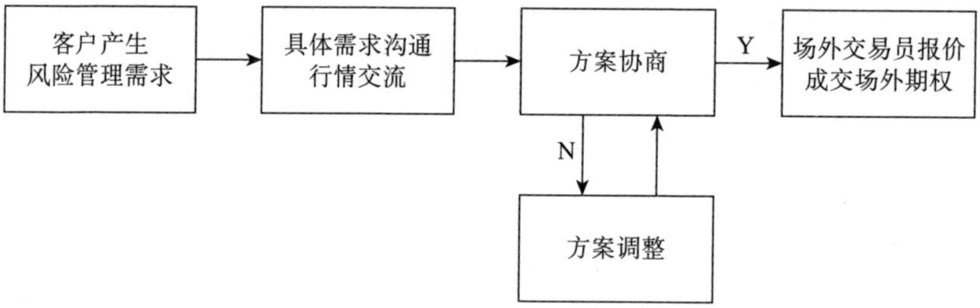

图2　具体操作流程

（四）合同后续执行情况

2020年1月至4月底，依照客户的生产销售计划，申万智富设计的产品结果使客户在低价采购铜原材料的同时，在利润8%的情况下售出成品，锁定了客户的加工利润。除此之外，卖出跨式期权组合获得的权利金及占用的保证金也为客户提供了部分资金收益，增厚了客户动态库存管理收益。合作期间累计成交名义金额达4亿元以上，部分合作订单见表1。

三、项目成果

在业务模式、客户收益及客户服务方面，项目前期运作情况得到了客户的高度肯定与非常积极的反馈。5月起至今，该客户持续依照该业务模式与申万智富进行深入合作。

表 1 **部分合作订单**

开始日	到期日	标的	客户交易方向	类型	数量（吨）	行权价（元）	入场价（元）	单位权利金（元）	权利金（元）	结算价（元）	PnL（客户）	名义金额（元）
2020/2/11	2020/3/10	cu2004	卖出	欧式看涨	100	48 050	45 760	189. 92	18 992	44 540	18 992	4 576 000. 00
2020/2/18	2020/3/17	cu2004	卖出	欧式看涨	100	48 390	46 310	192. 205	19 220. 5	42 510	19 220. 5	4 631 000. 00
2020/3/10	2020/4/7	cu2005	卖出	欧式看涨	100	46 170	44 390	184. 235	18 423. 5	40 600	18 423. 5	4 439 000. 00
2020/4/2	2020/4/24	cu2005	卖出	欧式看涨	100	43 000	39 120	169. 85	16 985	41 890	16 985	3 912 000. 00
2020/4/2	2020/4/24	cu2005	卖出	欧式看跌	100	35 000	39 120	239. 63	23 963	41 890	23 963	3 912 000. 00
2020/4/3	2020/4/24	cu2005	卖出	欧式看涨	250	44 000	39 730	119. 33	29 832. 5	41 890	29 832. 5	9 932 500. 00
2020/4/3	2020/4/24	cu2005	卖出	欧式看跌	250	36 000	39 730	257. 32	64 330	41 890	64 330	9 932 500. 00
2020/4/7	2020/4/24	cu2005	卖出	欧式看涨	250	44 000	40 650	206. 03	51 507. 5	41 890	51 507. 5	10 162 500. 00
2020/4/7	2020/4/24	cu2005	卖出	欧式看跌	250	37 000	40 650	207. 27	51 817. 5	41 890	51 817. 5	10 162 500. 00
2020/4/23	2020/5/25	cu2006	卖出	欧式看涨	100	45 000	41 670	116. 43	11 643	43 720	11 643	4 167 000. 00
2020/4/23	2020/5/25	cu2006	卖出	欧式看跌	100	39 000	41 670	372. 4	37 240	43 720	37 240	4 167 000. 00
2020/4/24	2020/5/25	cu2006	卖出	欧式看涨	100	45 000	41 900	125. 21	12 521	43 720	12 521	4 190 000. 00
2020/4/24	2020/5/25	cu2006	卖出	欧式看跌	100	39 000	41 900	378. 85	37 885	43 720	37 885	4 190 000. 00
2020/4/27	2020/5/25	cu2006	卖出	欧式看涨	100	45 000	42 560	195	19 500	43 720	19 500	4 256 000. 00
2020/4/27	2020/5/25	cu2006	卖出	欧式看跌	100	39 500	42 560	282. 49	28 249	43 720	28 249	4 256 000. 00
2020/4/30	2020/5/25	cu2006	卖出	欧式看涨	200	46 000	42 850	181. 4	36 280	43 720	36 280	8 570 000. 00
2020/4/30	2020/5/25	cu2006	卖出	欧式看跌	200	40 000	42 850	313. 2	62 640	43 720	62 640	8 570 000. 00

在此业务模式中，客户可以自由选择加工利润预期并获得一定的权利金收入增强收益，还可以在风险管理方案的选择上依据业务实际情况进行定制，是一个非常值得推广的创新业务模式。目前，申万智富正在积极推动将该业务模式服务于其他产业客户，为实体企业生产经营保驾护航。

通过这种定制化的风险管理服务，不仅很好地发挥了申万智富场外团队的风险管理专业服务能力，还在合作过程中，提高了客户的风险管理意识与专业性，增强了客户采用新型金融工具进行风险管理的信心，促成了金融企业与实体企业的双赢局面。

四、总结与体会

（一）总结

申万智富作为一家风险管理公司，通过对该业务模式的实施，切实有效地将定制化、精准化服务实体产业客户的工作目标落到了实处，实现了团队的专业化价值。

第一，该场外期权方案，客户给予了高度评价，具有可推广性。一方面，客户可以在建立合作之后，自由选择加工利润预期、行权价格等因素，实现二次点价和加工利润保护的目标；另一方面，客户还可以将其对现货市场和采销进程的把握通过套保期权来表达观点，且观点无须精确到方向，只要考虑好每笔业务的收益区间即可，极大地提升了方案的可操作性和客户参与的积极性。

第二，风险管理公司服务团队专业优势突出，定制化服务与策略合理、高效。服务过程中，申万智富积极发挥风险管理团队的专业优势，通过分析上下游产业链并结合期权对冲模式，与该企业深入沟通后为其量身定制了期权对冲方案，以较低的资金占用，为该企业及其上下游产业客户实现了理想的套期保值目标。

第三，企业风险管理意识增强，推动了项目的复制与可持续发展。通过铜项目的成功实施，增强了该企业对场外期权工具使用的信心，有效提升了该企业的风险管理能力，在稳定其收入的同时，增强了其服务上下游企业的能力。

第四，提升了实体企业风险管理专业性，助力“金融+实体”双赢。实体企业风险管理需求各异，场外期权产品结构多样，风险管理公司在服务实体企业过程中，宣传、引导，再加上企业自身学习，有力地提升了实体企业风险管理的专业性，积极参与并提出期权设计方案，寻求多样化、更有效的期权方案，推动项目成功实施，促成金融企业与实体企业的双赢局面。

（二）关于项目实施的思考与体会

1. 加强团队专业能力培养，助力实体企业风险管理

各个行业依存环境、发展态势及产业企业的采购、销售、库存现状及需求都不相同，为了满足实体企业的风险管理需求，风险管理公司对专业人才的培养尤为重要。风险管理公司应通过长时间对专业人才的培养和积累，助力实体企业利用场外市场进行企业风险管理，优化资源配置，推动产业链健康发展。

2. 加强对实体企业金融工具使用的培训与引导，助力场外期权工具应用推广

因场外期权在国内发展的时间不长，大多数实体企业长期使用期货套保工具，短期内对期权工具的理解和接受需要时间沉淀。期货风险管理子公司应采用更多方式加强场外期权知识培训与推广，同时还应做好企业有益尝试后的进一步培养工作，带动试点企业及其上下游企业对场外期权工具使用的意愿。

3. 提高风险管控能力，加强内部资源整合，提升自身综合实力

风险管理公司首先应构建完善的风险管理架构，在前、中、后台各个环节及公司各级决策层面有效识别与控制业务风险，保障业务安全开展。同时，在进行场外设计、定价、交易的专业人才队伍培养的同时，加强其他部门的配合与合作力度，充分发挥各自优势，最大化利用公司资源。另外，企业在发展过程中，进一步增加资本实力，提升品牌知名度，提升综合服务实力与能力，更好地推动与扩大场外业务健康发展，打造风险管理的专业化品牌。

案例 40

东证期货：抗疫情，防风险，精准服务实体企业

2020 年的初春尤为寒冷，突如其来的新冠疫情让所有行业接受了严峻考验，棉花行业生产似乎按下了暂停键。实体企业本就饱受经济下行和中美经贸摩擦带来的困扰，新冠肺炎疫情更是让企业雪上加霜。

受新冠疫情影响，新疆棉花无法如往日般正常运输，一些轧花厂的老板们只能看着工厂里那些堆积如山的籽棉（见图 1），内心充满焦虑，不知所措。纺织工厂也陆续被迫停工、停产，下游采购量一落千丈，整个棉花行业被冰封在寒冷的初春。面对棉花价格剧烈下跌的现状，纺织企业一方面需要订购低价的皮棉以拉低平均原料成本；另一方面又不能在没有下游订单的情况下冒着巨大风险增加实际库存，所以纺织企业陷入两难境地。

图 1　新疆某轧花厂堆积的籽棉

东证润和资本管理有限公司（以下简称“公司”）考虑到实体企业的现状，制订了一系列解决方案。

一、为上游企业控制成本

早在2019年秋天，棉花丰收之际，公司已根据新疆轧花厂的需求和特色为其制订了个性化的合作方案，确定了业务模式：“先点价后交货＋期现结合”。

“先点价后交货”是指新疆轧花厂在收购籽棉前，与公司签订皮棉销售合同，通过基差点价的方式在收购籽棉后尚未加工时便确定了销售价格，提前完成了销售。2019年、2020年，公司通过“先点价后交货”的业务模式帮助新疆等地的8家大型棉企的1.4万吨皮棉提前进行了销售，直接避免了企业损失700多万元。

“期现结合”指轧花厂利用在东证期货开立的企业账户进行套期保值运作。轧花厂在籽棉收购后可根据成本进行卖出保值，生产成皮棉后在销售现货时买入平仓。

精河县一家轧花厂，皮棉生产的成本是12 100元/吨。2020年1月13日，轧花厂在期货CF2005合约的14 300元/吨时，进行了卖出保值。如果期货继续上涨，轧花厂可以选择将皮棉进行交割。实际上，2020年2月5日，CF2005合约下跌至13 000元/吨，轧花厂将现货以12 500元/吨的价格销售给了一家纺织厂，同时将期货头寸买入平仓。这样轧花厂不仅在现货端盈利了400元/吨，在期货端也盈利了1 300元/吨的净利润。这种操作模式既锁定了利润又规避了风险，深得企业客户的好评。

二、为下游企业解决资金压力

我国的棉花90%来自新疆，对于各地的纺织企业来说运输时间长，资金周转慢。针对这些问题，公司提供的解决方案有“锁基差”“建立虚拟库存”“代办运输补贴”等方式。

纺织企业可以选择与公司签订基差采购合同，锁定货源，根据下游订单情况随时点价，还可以在期货市场建立虚拟库存，买入套期保值，减少资金压力。对于在新疆各个仓库购买的皮棉原料，只需缴纳少量的保证金就可以委托公司适时地将货物从新疆发往各地存储于周边的期货交割仓库，以便纺织企业在生产需要时随用随提，也可由公司提前将出疆棉运输补贴支付给纺织企业。

兰考一家纺织厂需要用 10 批 3128B 级的棉花，但 2020 年 2 月 24 日 CF005 合约价格为 13 200 元/吨，高于纺织厂的采购预算，而且其附近的仓库没有合适的资源。这时，公司为其在新疆仓库匹配到合适的资源后，与其签订基差销售合同，纺织厂可在 1 个月内点价，结算价格为“CF005 合约 +300 元/吨”。纺织厂每批支付 5 万元保证金，公司安排火车发运至其附近的交割仓库。2020 年 3 月 13 日，当 CF005 合约价格为 11 980 元/吨时，纺织厂点价成交。扣除运费、服务费、运输补贴后，实际纺织厂只需支付 12 190 元/吨就可以在附近的仓库提货，符合纺织厂原料采购的成本预算。

纺织厂还可以支付延期费用后分批支付货款，分批提货。不仅采购到了适合生产的原料，还解决了资金周转的问题。

三、效果

公司通过对不同产业的深入分析以及不同企业的需求分析，提供了一流的服务平台为其打造个性化定制且专业化的风险管理方案，满足企业多样化、差异化的服务需求，帮助涉棉企业规避风险，在“黑天鹅”到来之际为客户保驾护航。同时，通过严格的风控系统，把关自身的经营风险，在疫情特殊时期也一如既往地做到了“零违约”。

健全的风控体系结合灵活的业务模式，为实体企业解决了实际困难，不仅使公司在行业内赢得了良好的口碑，也带给同业公司业务模式上的启发，为促进期货行业更好地服务实体企业做出了更多的试探和创新，也让更多的实体企业了解到了金融工具对实体经济的重要性，让期货公司真正做到了“走进产业，贴近行业，服务企业”。

四、感悟与思考

公司在为上下游企业提供服务的过程中深刻地体会到：经过一系列国

际金融形势和贸易环境的改变，实体企业的风险意识和参与期货市场的热情正在逐步提高，但仍有一部分企业对期货、期权等金融工具认识不足。相当一部分实体企业的经营思维仍停留在传统的贸易层面，无法应对大宗商品越来越强的金融属性，使企业身处巨大的经营风险中，而一部分对期货具备粗浅了解的实体企业，起步往往是运用套保的模式经营现货，结果由于风险意识不足、操作模式刻板等因素违背了运用期货套保的初衷，最终做成了投机。根据这些情况我们的建议有以下两点：

（一）传播风控意识

实体企业需要专业的期货从业人员为其传达风控意识，助其做好风险管理。具体可以通过分析其实际的库存情况、成本情况、套保比例、判断预警点位、评估风险度等关键点，引导和帮助企业深刻认识期货、期权类的风险管理工具，利用工具科学地进行生产经营管理，控制风险，提升企业的核心竞争力。

（二）专业化差异化服务

公司在内部管理中经常强调："公司要从过去的经纪业务模式走向风险管理、资产管理等多业务模式并举的专业化、差异化道路。"在期货服务实体的道路上，我们还有很长的路要走，遇到的困难是双向的，既需要通过深入的沟通使企业更了解期货行业，也需要从业人员更了解企业的实际需求，提供更健全的服务体系，建立更紧密的合作关系。

"道阻且长"，"吾将上下而求索"。疫情终将散去，但它提醒了我们所有期货人：风险无处不在。我们要做的就是普及风险管理理念，深入服务产业客户，做一流的实体企业服务商。

案例 41

广州期货：充分发挥期货风险管理功能，排解疫情期间企业经营风险

春节期间，受新冠肺炎疫情影响，不确定因素加大了全球各市场的价格波动，市场整体风险大增。2020 年 2 月 3 日，国内期货市场恢复交易，各品种均出现剧烈的价格波动，给企业和个人投资者带来巨大的风险。同时，在实体经济方面，企业复工进展缓慢，居民出行受阻，在一定程度上给信息沟通造成了障碍。在此情况下，广州期货立足品种产业链，利用期货衍生品工具，借助互联网的线上渠道，为客户提供专业的风险管理服务，帮助其最大限度地实现资产保值，排解疫情期间企业的经营风险。

一、充分发挥子公司期现平台优势，助力企业复工复产

东莞市某化工有限公司为华南地区核心橡胶企业，1 月 16 日与广州期货风险管理子公司广期资本在橡胶主力合约上完成点价，并签订 1 000 吨青岛交割仓库交货的天然橡胶采购合同，货物价值 1 231 万元，约定 2 月 10 日前支付银行承兑汇票结算，需方贴现付息。

春节期间由于新冠疫情扩散，广东省启动重大突发公共卫生事件一级响应。受此影响，包括银行在内的大部分企业远程上班或延迟复工。该橡胶企业银行承兑汇票已经开出，但大部分银行尚未正常上班，该企业仅有的贴现渠道无法贴现，且账户上并无足够现金可用于支付，如不能及时贴现将导致企业流动资金严重不足，从而严重影响企业履行与广期资本合同

的执行，将承担违约责任，甚至导致企业生产原材料的匮乏，影响企业的正常生产。经与该企业充分沟通，广期资本积极利用各种资源，多方寻找低息贴现渠道，最终找到中国银行广州南沙支行实现迅速贴现，完成货款支付。

在货物出库的过程中，受疫情影响仓库处于轮岗值班状态，且大部分仓库已经暂停出库业务。广期资本又积极帮助该企业协调货源，经过多方努力终于找到到青港国际物流胶州仓库的天然橡胶可供给该企业。但彼时青岛地区出现大雪恶劣天气，仓库表示因为恶劣天气不能出库。为保障货物如期供应企业生产，广期资本充分利用与客户及仓储企业长期紧密的合作关系，对仓库负责人说明此批货物出库的重要性。在多方共同努力下，帮助企业做了出库保证，并配合仓库要求以最快速度审批、出具出库责任保证函，从而赶在当天仓库下班前开出放行条，最终确保该企业 1 000 吨天然橡胶顺利提货出库，保证了企业后续的正常生产需要。

二、运用期货风险管理功能，帮助小微企业规避风险

广东佛山某化工贸易商以 PVC 材料销售为主营业务，如往年一样，春节前企业通过贷款提前备有 5 000 吨的库存，以保证节后平稳销售。长期以来，PVC 市场定价遵循以上游企业为主导、下游贸易商跟从的传统模式，小体量企业数量较多且需求分散，因此普遍缺乏议价权，抵御市场风险的能力较大中型企业更弱。

春节期间新冠疫情开始发酵，节后运输恢复缓慢，下游开工难以快速恢复，PVC 产业需求端订单量大幅减少，供需错配使 PVC 现货价格从节前的 6 800 元/吨跌至 6 400 元/吨。现货价格的下跌使企业库存出现减值风险，加上订单延后，库存积压，3 月后才能缓解从而使货物无法销售的情况更令企业面临巨大的还本还息压力。广州期货在积极与企业沟通后，基于该企业的销售流程，结合对相关产业链的深入研究，认为 PVC 后市仍有较大下行压力，因此，建议企业采用传统套保方式，在期货市场上建立空头头寸，同时根据现货市场价格给下游厂家报价，企业可把手上现货销售给下游厂家，再对期货头寸进行平仓，通过期货端的收益来弥补现货端的亏损。此外，广州期货根据 PVC 价格为企业提出动态灵活套保比例的

建议。

2 月中旬以后，企业根据自身需求，在风险可控的情况下，以大连商品交易所 V2005 合约为基准，按现货库存 50% 的套保比例建立期货空头头寸，入场均价为 6 300 元/吨。此后一个月，PVC 期现价格跌幅持续扩大至两年来的低位（见图 1），企业以 5 800 元/吨平仓 1 800 吨的空头头寸，实现 90 万元的盈利并用以及时偿还贷款利息。

广州期货帮助贸易商通过期货市场灵活地套保操作，较好地规避了 PVC 价格的波动风险，使企业可安心等待疫情缓解和需求的恢复，待 PVC 价格有所修复后能快速安排销售计划，稳定经营。

图 1　2020 年春节前后 PVC 华东电石法现货价格走势

三、深化远程服务，为多家实体企业排忧解难

受新冠肺炎疫情的影响，全国多地控制人员流动，居民出行受阻。很多企业对于节后市场的行情变化较难把握，广州期货过去由各地分支机构业务人员直接上门进行现场拜访与客户交流的服务方式也变得困难，企业的问题无法得到及时反馈。在疫情期间，河北邢台多家玻璃生产商的经营面临困扰，玻璃的原材料纯碱行情出现大幅下跌，但对于价格是否回调到位，未来价格是否继续下跌，当前是否适合采购，企业就无法及时了解市场供需情况及相关数据资讯了，所以较难做出决策。

面对这样的情况，广州期货迅速调整服务形式，深化远程服务，通过视频会议形式在线上及时与企业进行一对一沟通。广州期货研究院通过专业的行情分析，判断新冠疫情得到有效控制后，纯碱期价将实现低位反弹，下跌空间有限，并以此为依据建议企业在分批采购纯碱原料的同时在期货市场进行买入套期保值。若后期纯碱价格上涨，企业后续的原材料采购将出现亏损，但期货的多头盈利能弥补现货方面的亏损；若纯碱价格下跌，套保多头亏损，但企业可以从现货市场以更低的价格买到原料。最终企业采纳了建议，从 2 月初开始建立多头头寸，成功地将疫情期间的原材料采购成本锁定在 1 530 元/吨的低位附近，解除了复工复产的后顾之忧。

在监管机构的倡议、引导之下，广州期货在疫情期间积极推广线上服务，加强投资者风险管理意识。每天通过早评、日评报告等方式，向客户高频、及时地对各个品种短期的风险进行提示和解释。2 月 2 日，广州期货在官方微信公众号上发布《春节不打烊——细“鼠”假期外盘关注点》，点评了春节期间国外金融市场变化并强调潜在风险，帮助投资者更理性地看待市场。另外，广州期货在多个财经直播平台针对农产品、有色金属、能源化工和金融等板块举办疫情分析专题线上报告会共 11 场，总参与人数超过 3 500 人次，其中，推出的《值得期待的春季反弹》线上路演，线上参会人数更是超过 1 000 人次。广州期货研究院不仅在网络直播平台呈现客观的宏观基本面、品种供求关系变化，同时还鼓励投资者利用在家的时间学习交易和风控知识，理性地把握特殊时期的投资机会，彰显了期货公司线上直播业务的社会责任心。

四、不忘初心，期货行业秉承服务实体理念

2020 年，一场新冠肺炎疫情突袭我国，扰乱了春节期间其乐融融的节日气氛，更打乱了节后全国经济的发展节奏。面对突发状况，广州期货及其风险管理子公司广期资本充分发挥专业能力和行业优势，利用在金融领域和现货领域的跨界经营的优势，及时调整服务形式，为相关企业提供了从融资到供货、从保障库存到稳定排产、从线下到线上咨询的全方位一条龙服务，帮助企业利用期货等衍生品工具在疫情期间对冲价格风险，为期货行业应对突发风险、服务实体企业树立了榜样。

案例 42

中州期货：猪饲料成本指数“保险+期货”助养殖户抗“疫”保收益

一、项目背景

广西南宁市隆安县是我国国家级贫困县。广西扬翔股份有限公司是一家以饲料业、养猪业、肉食品加工业为主导，兼营育种的现代大型农牧企业。隆安县当地的贫困养殖户购买广西扬翔的苗猪、猪饲料进行养殖。疫情期间，猪饲料的主要原料玉米及豆粕的供给均受到影响。豆粕受进口端的影响，巴西和美国豆粕排船出现问题，使豆粕价格升高；而国内疫情持续，隔离封锁措施严格，在一定程度上限制了余粮进入流通的速度，玉米价格随之攀升，猪饲料价格也随之升高。对该县的贫困养殖户来说，猪饲料的价格波动，使养殖成本面临极大的考验，无法实现稳定的养殖收入。生猪养殖行业的困境凸显，价格风险与供需矛盾亟待解决。养猪户规避饲料价格上涨风险的需求十分迫切。这种背景下，猪饲料成本指数“保险+期货”项目应运而生。期货公司、保险公司合作为养殖户推出“保险+期货”价格险，确保其规避玉米和豆粕价格大幅上涨造成的猪饲料价格上升的风险。

中州期货积极向企业了解复工复产情况（见图1），采取猪饲料“保险+期货”模式，由大型民营企业参与，服务广西国家级贫困县的贫困养殖户，具有代表性与推广性和重要的社会意义，符合国家政策号召以及扶贫攻坚战略方针，也是期货行业助力实体企业抗击疫情、积极复工复产的具体体现。

图 1　中州期货向企业了解复工复产情况和养殖户需求

二、项目参与主体

（一）申请主体

项目申请主体中州期货有限公司（以下简称“中州期货”）成立于 1995 年 4 月，是全国最早成立的期货公司之一，总部在山东烟台。公司计划在广西设立分公司，加强产业服务优势。在本次试点中，中州期货为饲养户免费提供猪饲料指数险保费。

（二）合作保险公司

本试点项目中的保险公司是中华联合财产保险股份有限公司。

中华联合财产保险股份有限公司（以下简称“中华财险”），是我国农险的先行者和财政补贴型农险试点工作的承担者之一，已经在农险领域耕耘和服务了近 30 年，是我国规模化经营农险时间最长的保险公司，农业保险的市场份额长期保持第二位。本次试点中，中华财险为农户提供猪饲料指数保险。

（三）服务对象

项目服务对象为与广西扬翔合作的贫困生猪养殖户。其中，养殖户 9 户，涉及生猪 10 960 头，对应一个月猪饲料 750 吨。贫困户都得到了隆安县扶贫办的认定，均为建档立卡户。

三、项目方案

（一）基本情况

品种：猪饲料（其中含有玉米、豆粕，两者比例为 3.4∶1）

区域：广西南宁市隆安县

规模：750 吨（其中 150 吨豆粕、510 吨玉米，其余 90 吨为不可对冲成分）

周期：2020 年 4 月 27 日至 2020 年 5 月 26 日

（二）原理简介

该项目在中州期货的支持下，养殖户免费获得猪饲料指数保险的投保，中华财险用该笔保费向对冲平台购买场外看涨期权，以玉米期货 2009 合约和豆粕期货 2009 合约为期货标的，当期货标的价格上涨时，中州期货设计的场外期权权利金价格上涨，按照合同约定对保险公司进行理赔，而保险公司给养殖户进行理赔，由此保障了养殖户免受猪饲料价格上涨造成的损失。

（三）具体操作流程

流程 1：与广西扬翔合作的生猪养殖户购买扬翔的猪饲料。

流程 2：生猪养殖户免费获得保险公司的猪饲料指数保险，保费由中州期货给予全部的补贴支持。其中，中州期货补贴 2 万元。保险公司进一步适当降低赔付门槛。

流程 3：中华财险卖出保险后，为转移风险，购买对冲平台的玉米、豆粕场外期权产品进行“再保险”。

流程4：对冲平台卖出玉米、豆粕场外期权后，承担理赔义务，若未来玉米、豆粕价格发生不利变化，期货公司风险管理子公司必须对保险公司进行赔付。对冲平台利用专业手段在场内期权及期货市场进行风险对冲，将风险转移到期货市场中。

流程5：保险到期后，若触发理赔条款，则保险公司对养殖户进行理赔，期货公司的风险管理子公司对保险公司进行补偿。

（四）保险产品设计和保费测算

1. 保险产品设计

根据对行情的判断及农户需求的分析，中华财险对猪饲料指数保险产品进行了设计。保险产品相关要素见表1。

表1　　保险产品要素

保险标的	生猪饲料（含玉米、豆粕比例为3.4∶1）
投保数量	750吨（其中玉米510吨，豆粕150吨）
保险期限	一个月
保险目标价格	约定饲料价格为2 202.27元/吨
理赔结算价格	理赔结算价格根据大连商品交易所豆粕2009、玉米2009期货合约在理赔统计期间各交易日收盘价格按权重计算出的饲料价格的算术平均值确定，期货合约收盘价低于约定价格时，按约定价格作为当日计算价
理赔金额	理赔结算价高于约定饲料价格如下区间时，按15.15元/吨乘以承保吨数进行赔付：0元/吨至15.15元/吨（不含）。理赔结算价高于约定饲料价格15.15元/吨（含）时，按差值乘以承保吨数进行赔付
保费费率	1.4284%左右
保费构成	中州期货提供2万元

2. 期权产品设计及定价

依据中华财险的再保险需求，中州期货为其设计了增强亚式看涨期权，场外期权产品要素见表2。

表 2　　场外期权产品要素

标的合约	大商所玉米期货 2009 合约、豆粕期货 2009 合约
标的数量	660 吨
期权类型	增强亚式看涨期权
期权期限	一个月
理赔结算价格均价期权	期权期限内的最后一个月
行权价格	玉米期货 2009 合约 2 100 元/吨，豆粕期货 2009 合约 2 770 元/吨
理赔结算价格	以期权有效期内各交易日收盘价与行权价之间的较大值计算出平均值作为理赔结算价格
理赔金额	0.68 ×（C2009 结算价格 − 2 100）× 数量 + 0.2 ×（M2009 结算价格 − 2 770）× 数量
权利金率	1.26% 左右

四、项目成果

本次“保险 + 期货”试点覆盖隆安县 9 个养殖户，合计承保 10 960 头生猪，风险保障金额 140 万元，涉及的玉米和豆粕量分别为 510 吨和 150 吨。项目到期总赔款 1.16 万元，中华财险向对冲平台购买玉米和豆粕看涨期权的权利金共计 1.98 万元，最终到期后获得行权收入 379.5 元。最后中州期货和中华财险向养殖户兑付了理赔资金（见图 2）。

图 2　中州期货和中华财险上门向养殖户兑付理赔资金

从结果来看，本次猪饲料成本指数“保险＋期货”项目充分保障了参与各方的风险管理需求，分散了价格的系统性风险。养殖户通过购买保险，保障了稳定的养殖收益；保险公司通过购买期货风险管理公司的期权产品，分散了可能面临的系统性风险；期货风险管理公司通过精确的对冲，确保了期权风险的有效释放。项目各方的风险敞口得以充分缩小，形成了风险分散、各方受益的闭环。

五、总结

（一）试点项目促进了企业和养殖户的合作与收益

1. 保障企业猪饲料销售，完善服务模式

猪饲料价格险保障养殖户维持饲料成本的同时，促进其对广西扬翔企业猪饲料的购买和支持，使企业和养殖户在猪饲料价格上涨期间仍保持良好的合作关系。

2. 引入补贴资金支持，养殖户零成本

项目由中州期货进行资金支持，最终使得农户在资金零压力的情况下，获得猪饲料成本的保值服务。大型民企广西扬翔的参与与支持，为项目的可持续发展奠定了基础。

（二）预期经济社会效益

1. 锁定养殖成本　助力抗疫和复工复产

该项目通过期货公司资金支持，以及保险公司、期货公司的专业化手段帮助农户规避饲料价格上涨的风险，保障了农户的养殖收入，大大提升了农户复工复产、扩大养殖的积极性。

2. 服务国家级贫困县，体现精准扶贫

试点地区广西隆安县为国家级贫困县，当地农民人均收入较低，养殖户抗风险能力弱。项目选择这些农户作为服务对象，进行试点推广的同时，还能帮助农户改善收益状况，一举两得，意义重大。

3. 响应金融服务农业的政策号召

期货市场的本质功能是服务实体经济。近年来，“中央一号”文件明确指出应以衍生品市场服务“三农”，本项目在实现金融服务实体经济目标的同时，贯彻落实了国家以衍生品市场服务“三农”的政策号召。

案例 43

弘业期货：场外衍生品助力 PTA 企业防疫复产

一、背景介绍

2020 年的新冠肺炎疫情给化工企业造成较大影响，原油巨幅波动造成 PTA 价格大幅下跌，大量化工企业复工复产过程中遇到很大的困难。江阴汉邦科技发展有限公司（以下简称“汉邦科技”）是一家经营范围包括化工原料、化工产品的研究和开发以及化工产品销售的公司，股东为汉邦石化。汉邦科技复产将面临 PTA 现货价格下跌的情况，需要风险规避。

二、项目开展情况

（一）项目简介

弘业期货股份有限公司（以下简称“弘业期货”）成立于 1995 年，注册资本 9.07 亿元人民币，主要从事商品期货经纪、金融期货经纪、期货投资咨询、资产管理业务、基金销售、风险管理业务、境外业务。2015 年 12 月，弘业期货在香港联合交易所主板上市，成为江苏省国资委 2003 年以来首家在境外首发上市的省属企业。

为了支持企业防疫复产，弘业期货积极响应中国证监会及中国期货业协会的“金融抗‘疫’”号召，充分发挥弘业资本在风险管理方面的专业优势，为汉邦科技设计并提供了场外期权保值方案，使得企业可以放心生产。疫情期间，汉邦科技需要持续生产，但是 PTA 持续下跌，公司经营层对此非常着急。弘业期货和汉邦科技是多年的合作伙伴，在了解到汉邦科技的忧虑和诉求以后，弘业期货在第一时间进行了客户访谈工作，提供了美式看跌期权、亚式看跌期权、领式期权等多个策略进行现场推演，最终客户选择了美式看跌期权策略，合计为 15 000 吨 PTA 买入看跌期权进行保护。

（二）项目执行情况

针对企业实际生产需求及客户风控需要，根据对行业的预判，弘业期货设计了虚值看跌期权方案为企业生产进行保护。基本原理为：企业在生产现货的情况下，向弘业资本买入看跌期权进行价格保护，弘业资本通过期货市场进行风险对冲，从而达到风险闭环的效果。

2020 年 2 月 28 日至 2020 年 4 月 3 日，弘业期货分批建立头寸。客户分三次买入看跌期权，每个合约交易 5 000 吨，具体内容及效果如下：

1. 2020 年 2 月 28 日购入 PTA 看跌期权（见表 1）

表 1　　PTA 期权产品要素

标的合约	TA005 期货合约
期权类型	美式看跌期权
交易数量（吨）	5 000
执行价格（元/吨）	4 134
到期时间	2020 年 4 月 15 日
结算价格	期权到期时 TA005 期货平仓时的成交价
权利金	59.55 元/吨（总共 297 738 元）
赔付方式	若结算价格≤4 134 元/吨，则赔付 4 134 元/吨与结算价格的差额 若结算价格 >4 134 元/吨，则不进行赔偿

实际效果：客户在 3 月 10 日获得利润后，择时提前平仓了结头寸，获得了 1 449 000 元的总收益，净收益为 1 151 262 元。

2. 2020 年 3 月 10 日购入 PTA 看跌期权（见表 2）

表 2　　PTA 期权产品要素

标的合约	TA005 期货合约
期权类型	美式看跌期权
交易数量	5 000 吨（即 1 000 手）
执行价格（元/吨）	3 688
到期时间	2020 年 4 月 15 日
结算价格	期权到期时 TA005 期货平仓时的成交价
权利金	85.54 元/吨（总共 427 680 元）
赔付方式	若结算价格≤3 688 元/吨，则赔付 3 688 元/吨与结算价格的差额 若结算价格 >3 688 元/吨，则不进行赔偿

实际效果：客户在 3 月 23 日获得利润后，择时提前平仓了结头寸，获得了 1 619 000 元的总收益，净收益为 1 191 320 元。

3. 2020 年 3 月 10 日购入 PTA 看跌期权（见表 3）

表 3　　PTA 期权产品要素

标的合约	TA005 期货合约
期权类型	美式看跌期权
交易数量	5 000 吨（即 1 000 手）
执行价格（元/吨）	3 700
到期时间	2020 年 4 月 15 日
结算价格	期权到期时 TA005 期货平仓时的成交价
权利金	89.72 元/吨（总共 448 500 元）
赔付方式	若结算价格≤3 700 元/吨，则赔付 3 700 元/吨与结算价格的差额 若结算价格 >3 700 元/吨，则不进行赔偿

实际效果：客户在 3 月 19 日获得利润后，择时提前平仓了结头寸，获得了 992 480 元的总收益，净收益为 543 980 元。

（三）项目结算情况

具体结算收益如表4所示：

表4　　结算收益

合约	执行价（元/吨）	规模（吨）	入场时间	行权时间	结算价（元/吨）	结算收益（元）
TA005	4 134	5 000	2020年2月28日	2020年3月10日	3 844.2	1 151 262
TA005	3 688	5 000	2020年3月10日	2020年3月23日	3 364.2	1 191 320
TA005	3 700	5 000	2020年3月10日	2020年3月19日	3 501.5	543 980

三、项目成果

近年来，期货公司及风险管理子公司在帮助企业管理价格及经营风险上发挥了越来越重要的作用。企业在面临生产或销售的价格风险时，可以向风险管理子公司购买场外期权，通过付出一定的权利金成本，达到保价锁价、稳定正常生产经营的目的。

在本案中，客户根据现货销售情况，进行分批建仓操作，总共购入三单PTA看跌期权。所有业务了结时，企业套保总体净收益为2 886 562元，起到良好的风险管理效果，为防疫复产提供了保障。

四、总结与建议

通过本次助力企业防疫复产项目的开展，使得企业可以很好地利用场外期权进行风险规避，对行业利用期权套保具有示范效应，社会效益明显。

本次项目的效果得到了企业的高度认可，赔付率分别达到了486%、378%和221%。因为场外期权非标准化的特性，可以根据投资者需求进行产品定制，提供不同的策略组合，满足投资者套期保值、套利等各种需求。相比于期货套期保值，场外期权只需要损失少量的期权费，企业能更好地进行资金分配和利用，同时，作为期权买方，亏损有限但又保留了行情正向走势的超额收益。

（一）项目面临的主要困难

1. 模式的推广和普及难度大

在和企业客户接触时发现，企业对金融工具的认知还比较陌生，有参与的积极性，但是顾虑多、观望多，宣传工作任务很重。

2. 基差问题解决途径有难度

场外期权多对标期货合约，期货合约价格与现货价格有时存在较大的差距，基差问题会使企业通过场外期权管理价格风险的效果减弱。

（二）思考和建议

1. 加快发展场内期权

企业通过场外期权管理价格风险需要场内期权的支撑。目前，有些品种已经推出了场内期权，但是流动性较差，对于场外期权的定价和稳定对冲成本帮助有限。因此希望能够增加场内期权的成交量和流动性，以便更好地服务企业。

2. 业务规模的扩大，需要解决基差交易问题

面对基差问题，一方面需要期货公司谨慎选择企业购买场外期权的时机；另一方面也希望今后能够上市“基差/升贴水”期货交易，通过交易所集中交易化解基差矛盾。

案例 44

国联期货：鸡蛋“保险+期货”，助力湖北武汉抗疫情

一、项目背景

2020 年春节期间，新冠肺炎疫情暴发，湖北省尤其是武汉市的鸡蛋外运受阻，同时消费者外出购买鸡蛋数量明显减少，鸡蛋价格随之大幅下跌到 2.3 元/斤，与春节前相比，下跌幅度超过 30%。新冠疫情的蔓延使养殖户面临饲料供应不足、资金紧张、库存贬值、鸡蛋销售困难等各种挑战，养殖户苦不堪言。

二、项目开展情况

（一）项目简介

武汉鑫牧源生态养殖专业合作社在 2020 年 1 月 3 日购买了国联期货联合人保湖北分公司在湖北武汉新洲区开展的鸡蛋“保险+期货”项目保险。该保险为合作社约 2 个月的产蛋量（即 2 100 吨鸡蛋）提供价格下跌的价格保护。具体情况见表 1 和表 2。

表 1　　试点基本信息

参保企业名称	武汉鑫牧源生态养殖专业合作社
项目地点	武汉新洲区
保险品种	鸡蛋

续表

参保企业名称	武汉鑫牧源生态养殖专业合作社
保险时间	2020 年 1 月 3 日至 2020 年 2 月 20 日
保障规模（吨）	2 100
总保费（万元）	113.34
目标价格（元/吨）	7 710

表 2　　保费来源

地方财政补贴——市级（万元）	地方财政补贴——县级（万元）	农户缴纳金额（万元）
34	39.67	39.67

（二）服务方式及原理简介

“保险 + 期货”项目的主要原理是：农户或合作社根据自己的产量情况购买相应数量和结构的农产品价格保险，从而规避农产品价格波动的风险；保险公司通过向国联期货全资风险管理子公司——国联汇富，购买相对标的、数量及结构的场外看跌期权进行再保险，从而将风险转移出去；而国联汇富通过在期货市场上复制相对的期权并进行动态对冲，进一步分散风险，最终形成风险分散、多方受益的闭环。

（三）具体操作流程

第一步：2019 年 12 月，了解企业情况，沟通并确定“保险 + 期货”方案。

第二步：2020 年 1 月 3 日，项目开始，企业与保险公司签订保单，同时，保险公司与国联汇富签订场外期权协议。

第三步：2020 年 1 月 3 日至 2020 年 2 月 20 日，项目运行，国联汇富按照市场行情进行场外期权的对冲。

第四步：2020 年 2 月 20 日，项目结束，国联汇富向保险公司出具清算报告并进行后续清算事宜。

（四）合同执行情况

项目开始后，鸡蛋价格持续不断地下跌，最终触发赔付条件，按照合约条款约定，到期后需赔付企业的金额为134.94万元。

2020年2月24日，国联汇富向保险公司完成赔付；2020年4月1日，保险公司向企业完成赔付。

表3 期权要素

期权类型	亚式期权
客户方向	客户买入看跌
参与率	0.7
入场价格	3 527元/500千克
执行价格	3 855元/500千克
单位权利金	230.1元/500千克
结算价格	3 396.03元/500千克
赔付总额（万元）	134.94

三、项目成果

"保险+期货"方式为农业生产经营者提供了一种操作性较强的金融避险工具，完善了农户与期货市场之间的连接机制，使得期货市场的风险管理功能得到了更好的发挥。鑫牧源生态养殖专业合作社购买"保险+期货"项目保险后，鸡蛋价格持续不断地下跌，最终触发赔付条件，到期后赔付金额为134.94万元，赔付率高达119%。国联期货携手保险公司为合作社规避了鸡蛋价格下跌的大部分风险，一定程度上帮助合作社稳定生产经营，缓解因疫情造成的生产经营困境。同时，经过这次项目，该合作社也充分认识到了此类金融工具为实际运营带来的巨大优势，不仅价格风险得到充分控制，而且管理者也可以放松紧绷的心态，将重心放在实际生产问题的解决上，为整个企业的运营带来了积极影响。

四、总结与建议

（一）总结

近几年，蛋鸡养殖产业逐步走向规模化、专业化的发展道路，在发展过程中，如何在鸡蛋价格波动剧烈时规避价格风险，成为所有蛋鸡养殖企业共同面临的问题。“保险＋期货”的出现与发展，为企业规避价格风险提供了新的金融工具。

武汉鑫牧源生态养殖专业合作社根据自身产能情况购买“保险＋期货”产品，在疫情期间鸡蛋价格暴跌的时候获得了可观的赔付，从而实现了企业的稳定经营。

在本项目中，国联期货响应国家服务“三农”的号召，践行国有企业的社会责任，为企业在疫情肆虐的时刻撑起了一把强有力的保护伞。从业务角度来说，发挥了自身对于期货市场以及衍生品深刻理解的优势，在项目前期与企业进行反复沟通，引导企业理解“保险＋期货”的项目模式，激发企业对风险管理的思考和热情。在与合作社沟通的过程中，国联期货充分理解企业所处的境况，并据此为企业量身定制了相应的期权方案，最终圆满地达成了项目目标。

（二）思考

由于“保险＋期货”项目还处于尝试阶段，许多企业的风险管理意识不深，对此类项目并不熟悉，从而导致很多企业出资购买保险的意愿不强烈。因此，如果能将此类补贴纳入政府财政，让企业看到他们踏出的第一步有来自国家相关政府部门的支持，那么既有利于企业放心地进行有益的尝试，又能够在整体上提振第一产业的发展。

（三）建议

一是加强投资者教育，在项目开始前后对企业进行“保险＋期货”业务的相关培训，加强农户或涉农企业对“保险＋期货”业务的了解。

二是建立完善的会商制度，进一步加强各方沟通。通常“保险＋期货”项目的参与者众多，且期货市场瞬息万变，通过会商制度可以针对市场最新情况讨论、制订最优的方案。

三是重视宣传及赔付工作，让农户及涉农企业充分体会到“保险＋期货”项目在农业风险管理方面的好处。

案例 45

华西期货："一站式"服务，帮扶饲料企业渡难关

一、项目背景介绍

四川是我国生猪养殖第一大省，2019 年生猪出栏量为 4 852.6 万头，占全国的 8.9%。2018 年 8 月非洲猪瘟以来，国际经济及政治局势动荡，农产品价格波动剧烈，加上受 2020 年初国内外新冠疫情的影响，装运、物流、人力等方面的不确定性增大，影响了大豆和豆粕进口。3 月底短短几个交易日，大豆、豆粕价格就上涨了 10%。据了解，春节前，川内多数饲料企业备货不足，突发的疫情打乱了市场供需，令饲料市场价格阶段性上涨，走势偏离常态，导致养殖企业采购成本随之增加，增加了饲料企业及生猪养殖企业的经营风险，由于养殖产业本身具有较强的周期性，企业确实存在避险需求。

恒丰饲料成立于 2012 年 9 月，占地 120 亩，拥有 6 条全进口的 2 段式制粒生产线，年生产能力可达 40 万吨，是四川龙头饲料企业。疫情期间，生产饲料的大豆、豆粕等原材料价格上涨，物流运输及人力成本明显增加。同时，养殖户的肉禽运输难度增大，消费相对低迷，对饲料需求有所下降，导致企业生产成本增加，销量减少，给企业生产经营带来压力。

二、项目开展情况

（一）服务方式及具体操作流程

为了保障恒丰饲料的稳健经营，结合该企业的采购和生产计划，根据客户的需求，2020 年 4 月 14 日，华西期货有限责任公司（以下简称“华西期货”）携手风险管理子公司华期创一成都投资有限公司（以下简称“华期创一”）选择大商所猪饲料成本指数（其中，玉米与豆粕的比例为 0.68∶0.2）作为标的，为客户提供一份为期 2 个月的亚式看涨期权，设计了实值亚式看涨期权，免收其 5 万元期权费。行权价为实值 2%，合约价值达 175 万元，包含玉米 595 吨，豆粕 175 吨，期权费价值 5 万元。具体操作流程见图 1。

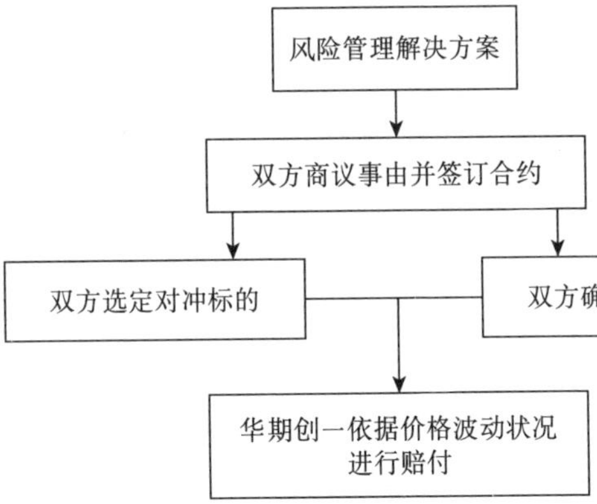

图 1　具体操作流程

（二）合同执行情况（见表 1）

表 1　　项目要素

期权买方	四川恒丰饲料有限公司
期权卖方	华期创一成都投资有限公司
合约类型	亚式看涨期权
标的物	大连商品交易所猪饲料成本指数

续表

期权起始日	2020 年 4 月 14 日
签约行情价	844.5 点
期权到期日	2020 年 6 月 14 日
执行价格	827.52 点
期权费合计	0 元
卖方向买方赔付金额	37 478.35 元

项目存续期间，期货市场玉米价格上涨导致大商所猪饲料成本指数大幅上涨。华期创一采取 delta 中性原则，并根据市场行情运用玉米、豆粕场内期权控制 gamma 和 vega 风险。最终，恒丰饲料获得赔付约 3.75 万元，有效地管控了饲料的采购成本，降低了恒丰饲料的经营风险。

（三）后续情况

国内疫情高危期过后，玉米需求仍然旺盛，价格持续走高，因此，华期创一将继续与恒丰饲料保持紧密沟通，确认该企业的保值需求，为其开展企业风险管理计划，运用期货、期权工具为该企业规避原材料价格上涨的风险。

三、项目成果

该项目是期货行业支持抗疫工作的创新探索，为推动与疫情高度相关企业利用场外期权进行风险管理提供了宝贵的经验。

对于生产经营而言，该企业在合约存续期内，实现了以合适的价格买入饲料原料以控制成本的期望，并迅速地把现有原料用于饲料生产及自身生猪养殖业的日常经营，在疫情的特殊时期保证了企业收益的稳定。此外，生产的饲料也被交付给地区内其他生猪养殖企业，保持了所在地区生猪产业链良性运转。

四、项目意义

1975 年至 2018 年，我国生猪生产和消费总量持续上升。作为全球最大的生猪生产和消费国，近年来我国猪肉生产和消费占全球比重的40%至50%。猪肉消费是我国居民肉类消费的主要方面，也是衡量居民价格指数的重要指标，对我国的宏观经济有重要的影响。由于猪肉产业自身具有强烈的周期性，也易受其他外来因素的影响，对猪肉产业的风险管理势在必行。要管理猪肉企业的风险，成本管理是主要途径，而饲料成本控制则是生猪养殖过程中的重要管理之一。本次项目设计了“一站式”风险管理的方案，锁成本、保利润。不仅保证了四川恒丰稳定经营，也引发了良性的连锁效应，使整个地方性的猪肉产业链避免了因上游饲料供应商的原料风险而承担过大压力，对生猪企业复工复产起到了积极作用。

案例 46

中信期货：代销售业务助力实体企业锁定销售目标，改善经营困境

一、背景介绍

作为中信期货旗下期现业务子公司，中信寰球商贸（上海）有限公司（以下简称“中信寰球商贸”）始终秉承服务实体产业客户的经营宗旨，在中国期货业协会的监管下为大宗商品产业链上的上、中、下游客户提供仓单服务及基差贸易等个性化风险管理解决方案（见图 1）。

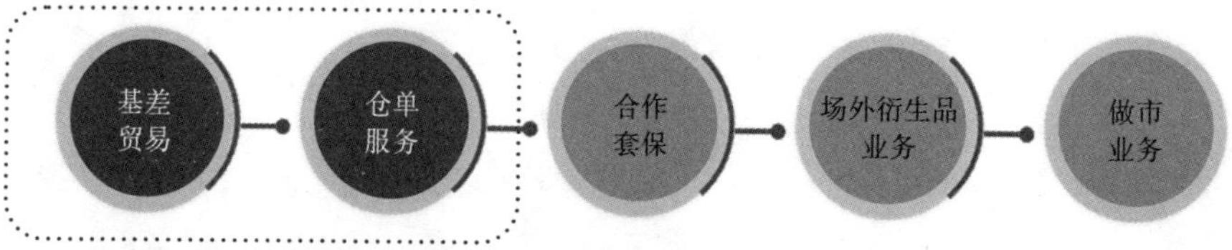

图 1　风险管理解决方案

注：风险管理子公司业务类型，中信寰球商贸从事其中的基差贸易、仓单服务两项业务。

2019 年 4 月中信寰球商贸完成股权变更以后至今，已与 300 多家客户建立了良好的合作关系，2019 年业务规模达到 50 亿元以上，已成为有色、能化、黑色、农产品、棉花、油脂等各类大宗商品客户重要的风险管理服务商，为相关产业客户提供了优质的风险管理业务。

2020 年春节后，由于新冠疫情的发生，下游企业复工复产进度缓慢；由于区域性封锁，导致物流运输不畅，产品被迫转化为库存，大宗商品原材料严重积压，企业库存高企，商品价格大幅下跌，各行各业的实体企业

难以通过常规销售渠道回笼资金，企业日常经营面临巨大的现金流压力。

钢铁在国民经济领域中占有重要地位，是国家基础设施建设的重要原材料之一，钢铁行业产业链具有资金量占用大、周转周期长、企业集聚广等特点。疫情期间，一些钢厂受下游需求萎靡的影响，企业的产品库存大幅增长，产品周转周期被进一步拉长，企业对流动性资金的需求迫切。中信寰球商贸心系灾区，心系客户，秉持更好地服务实体经济、更好地服务产业客户的理念，积极开展客户线上调研工作，了解客户的实际情况，解读客户的真实需求，创新出最具针对性的业务模式，解决了企业的燃眉之急，和实体客户肩并肩，一同抗击疫情，共渡难关。

二、项目情况

（一）项目简介

2020 年春节前，川内某钢厂在成都 ZC、ZT 仓库有 8 万多吨的螺纹钢库存，货物价值 3 亿多元。按照原计划，春节后该钢厂将进行该批货物的销售，实现资金周转。但受疫情影响，这批货物滞留仓库，未能实现资金回笼，巨大的库存积压给企业的现金流带来巨大的不利影响，严重危及企业的正常生产经营活动。

中信寰球商贸在了解该钢厂的实际困难之后，随即成立专项小组，与钢厂展开业务对接。通过与该钢厂的深入沟通与了解，最终在两周内顺利完成业务细节的协商、合同签订、货权转移、支付货款等一系列操作，在约定式购回业务类型项下创新出了“代销售”业务模式，与钢厂完成了 5 万吨的螺纹钢交易，为该钢厂解决了资金周转上的燃眉之急。

（二）服务方式及原理简介

仓单服务业务是指以商品现货仓单串换、仓单质押、约定购回等方式为客户提供服务的业务行为。其中，代销售业务是指上游客户将存放于合作仓库的现货仓单先销售给中信寰球商贸，并约定由中信寰球商贸将现货仓单远期销售给指定客户，从而实现存货变现和提前实现销售的目的。

（三）具体操作流程（见图2）

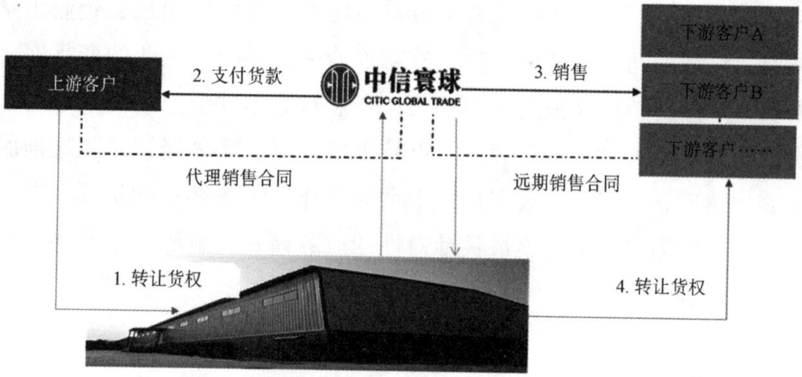

图2　具体操作流程

第一步，上游钢厂与中信寰球商贸签订采购合同，约定将5万吨螺纹钢销售给中信寰球商贸，单价为3 700元/吨。

第二步，上游钢厂通过仓库将货权过户给中信寰球商贸，仓库向中信寰球商贸出具5万吨螺纹钢入库单。

第三步，中信寰球商贸向上游钢厂支付85%，即1.57亿元货款。

第四步，约定期限内中信寰球商贸将货物销售给指定下游客户，并与上游钢厂进行二次结算，支付剩余货款。

（四）合同执行情况

该笔业务2月18日执行，合同约定业务到期日为2020年5月18日，期限为3个月。随着复工复产的逐渐启动，中信寰球商贸在2020年4月8日将货物销售给该钢厂指定的客户，具体操作如下：

第一步，4月8日，上游钢厂的指定客户向中信寰球商贸支付5万吨螺纹钢的货款，总金额约1.79亿元。

第二步，中信寰球商贸通过仓库将5万吨螺纹钢的货权过户给该下游客户。

第三步，中信寰球商贸与上游钢厂结算剩余15%的货款及相关费用，将剩余款项一次性支付给上游钢厂。

三、项目成果

通过该笔代销售业务，中信寰球商贸为该钢厂盘活了积压滞留的库存，解决了其经营中的流动性需求，帮助其实现了提前销售、提前回笼资金、促进生产经营的目的。

此外，中信寰球商贸在以代销售方式服务产业客户的过程中扮演的是风险管理服务提供者的角色，而非贸易商角色。到期时将货物销售给钢厂指定的客户，在整个业务的存续期间，中信寰球商贸不与客户争利，不主动介入和影响客户的购销产业链，维护了客户的正当利益，保护了客户产业链的畅通，维持了产业客户生产经营和销售的健康生态环境。

除钢厂外，有色、能化、黑色、农产品、棉花、油脂等行业的生产加工企业及大型贸易商均可与中信寰球商贸积极开展代销售模式的业务，提前与下游客户锁定销售，提前回笼货款，在满足流动性需求的同时，也实现了价格管理的目的。

四、总结和建议

（一）总结

自成立以来，中信寰球商贸始终坚持以客户需求为导向，把更好地服务实体企业作为公司最核心的工作理念，以产业服务为基础，以客户需求为导向，推动业务的开展。疫情暴发以来，中信寰球商贸采用灵活多样的业务模式为客户解决生产经营中的实际困难，通过线上高效办公，各同事之间密切配合，保障业务的审批、执行效率，与疫情拼速度，争分夺秒地协助客户及时脱离困境。

截至2020年上半年，中信寰球商贸累计仓单服务业务规模达40.35亿元，同业占比21%，居同行业之首（见图3），已成为服务实体经济客户不可或缺的重要力量。

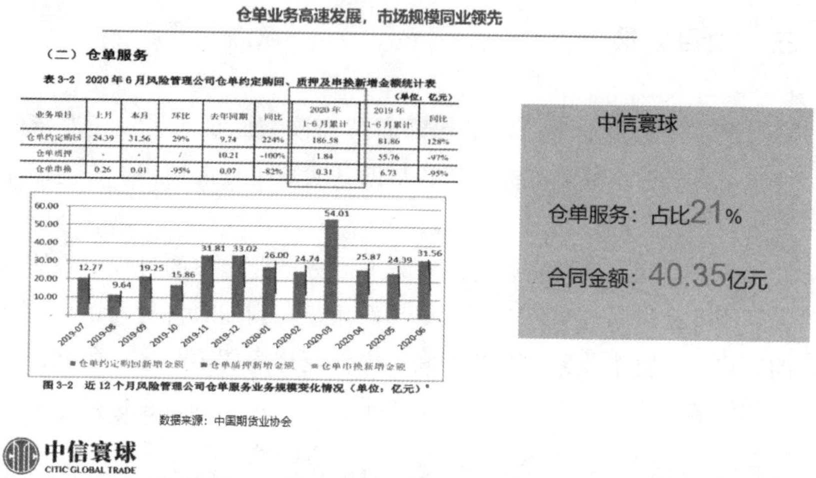

业务项目	上月	本月	环比	去年同期	同比	2020 年 1-6 月累计	2019 年 1-6 月累计	同比
仓单约定购回	24.39	31.56	29%	9.74	224%	186.58	81.86	128%
仓单质押	-	-	/	10.21	-100%	1.84	55.76	-97%
仓单串换	0.26	0.01	-95%	0.07	-82%	0.31	6.73	-95%

图 3　仓单业务规模同业领先

未来，中信寰球商贸将不断创新业务模式，提升服务质量，一如既往地为广大客户提供优质高效的个性化风险管理综合服务，为实体经济“保价护航”。

（二）建议

中信寰球商贸经营资金主要来源于注册资本金，目前资本金已充分使用。拓宽资金来源已成为中信寰球商贸在拓宽业务市场、服务实体客户时所面临的亟待解决的问题之一。但目前依靠自身的资质及财务状况获得银行授信比较困难，希望相关监管机构结合同类型公司的特点出台拓宽资金渠道的指导意见，助力其打通银行等机构的资金渠道，拓宽同类型公司的资金来源，让同类型公司更好更快地发展。

案例 47

中信建投期货：风险管理服务扶助蛋鸡养殖户

一、项目背景介绍

2020 年春节以来，受新冠肺炎疫情影响，鸡蛋产销不畅，下游市场需求持续低迷，库存高企，鸡蛋价格承压。养殖企业和养殖户急需管理鸡蛋的价格风险。但是对于大部分养殖户和养殖企业而言，极度缺乏专业的期货人才，参与期货市场的风险较大，资金也较为短缺。

中信建投期货通过为蛋鸡养殖企业客户提供场外期权这一套期保值工具，助力企业进行风险管理，同时还联合中国人民财产保险股份有限公司在四川泸州开展了多期鸡蛋“保险 + 期货”扶贫项目。

二、项目开展情况

（一）广东贸易商项目

中信建投期货和某广东鸡蛋贸易商沟通后了解到，该鸡蛋贸易商在湖北有蛋鸡养殖企业，长期从湖北运送鸡蛋到广东销售，目前受疫情影响，积压大量库存，在鸡蛋价格一路下跌的行情下，面临库存贬值的巨大风险。

通过和客户的沟通，中信建投期货建议客户买入看跌期权来规避鸡蛋价格继续下跌的风险。如果未来价格下跌，客户可以通过期权获得赔付，弥补现货库存贬值的损失；如果未来价格上涨，客户可以将现货库存高价销售，而期权方面仅仅损失少量权利金。

2月3日，鸡蛋期货跌停，2月5日，鸡蛋期货开始出现反弹，但在疫情的阴影下，未来鸡蛋期货价格仍有下跌的风险，该行情非常适合买入看跌期权进行套期保值。在中信建投期货的建议下，该鸡蛋贸易商自2月5日起连续几日分批次买入4笔看跌期权，挂钩标的合约为JD2005合约，期权周期为1个月，对应现货规模合计1 025吨，保障的名义本金的金额为676.91万元，期权费合计24.60万元。

期权的具体信息见表1。

表1　　期权的具体信息

起始日	到期日	数量（吨）	入场价（元/500千克）	名义本金（万元）	权利金（元）	执行价（元/500千克）	结算价（元/500千克）	期权赔付（元）
2020年2月5日	2020年3月5日	195	3 225	125.8	45 680	3 225	3 440	0
2020年2月7日	2020年3月9日	165	3 310	109.2	39 814	3 310	3 414	0
2020年2月7日	2020年3月9日	165	3 285	108.4	39 514	3 285	3 414	0
2020年2月10日	2020年3月10日	500	3 335	333.5	121 010	3 335	3 382	0

期权到期时，鸡蛋期货价格上涨，该贸易商未获得期权赔付，现货端却得以高价销售，损失的仅仅是部分权利金。通过买入期权，该鸡蛋贸易商等于为自己的库存买了一份价格保险，从而能够在鸡蛋价格波动的行情下保持稳定经营。

（二）四川“保险+期货”项目

为了助力脱贫攻坚，自2020年1月起，中信建投期货联合中国人民财产保险股份有限公司在国家级贫困县四川泸州叙永县开展了三期鸡蛋“保险+期货”扶贫项目。泸州叙永县是国家扶贫开发工作重点县，是四川省13个乌蒙山集中连片特困地区片区县之一。中信建投期货于2019年12月与叙永县签订“扶贫服务备忘录”，通过“保险+期货”等产业扶贫手段助力当地的脱贫攻坚工作。

新冠肺炎疫情发生以来，四川地区的养殖户在饲料采购和鸡蛋运输上受到较大程度的影响。通过“保险+期货”项目，能够减少价格下跌风险，降低疫情的负面影响。

中信建投期货与人保财险通过与当地农户会谈、电话调研等形式，深入了解农户的养殖成本、生产情况、销售情况、面临难题等，共同制定符合实际情况和农户预期收益的鸡蛋价格保险产品。泸州鸡蛋“保险+期货”价格险项目累计开展了三期，周期为每期1个月，每期保障规模为50吨，保险产品对应的期权产品为看跌期权。其中，期权产品的具体信息见表2。

表2 期权产品的具体信息

起始日	到期日	挂钩标的	数量（吨）	名义本金（万元）	权利金（元）	执行价（元/500千克）	期权赔付（元）
2020年1月16日	2020年2月17日	JD2005	50	39.02	41 992	3 902	30 200
2020年2月21日	2020年3月23日	JD2005	50	35.25	39 658	3 885	74 000
2020年4月14日	2020年5月14日	JD2009	50	42.58	44 988	4 691	52 865

该项目累计提供风险保障约为116.85万元，惠及农户约400余户，且均为建档立卡贫困户，中信建投期货资助的总保费合计14万元，分三个批次给予风险保障。项目赔付合计15.7065万元，有效帮助农户弥补了鸡蛋价格下跌带来的损失。

三、项目成果

（一）广东贸易商项目

企业如何有效地利用金融工具对原材料或产成品价格进行风险管控至关重要。广东某贸易商通过参与场外期权进行风险管理，实现了企业的稳健经营。

（二）四川“保险+期货”项目

“保险+期货”项目的开展在当地有效地普及了“保险+期货”知识，

养殖户们意识到风险管理的重要性。在中信建投期货和人保财险的大力宣传下，养殖户热情高涨，踊跃咨询并积极准备饲料成本保险，计划进行小规模尝试，以此对鸡蛋养殖的产业链进行了全面风险管理。

为提高赔付效果，此次试点采取分批入场的形式，有效提高了赔付效果，规避不同月份鸡蛋价格下跌风险，最大限度地保障养殖户利益。“高效”“高赔付”“圆满完成”，是参与试点的各方对该项目的评价。此次项目得到了养殖户的高度认可。

“保险+期货”系列项目不仅是践行“保险+期货”金融服务实体经济新模式的重要尝试，也为完善农业保险制度、改革相应机制和方式提供了宝贵的经验积累。

四、总结

场外期权套保项目的开展，在当地蛋鸡养殖行业普及了期权这一新工具。“保险+期货”项目的陆续开展在当地有效地普及了“保险+期货”知识。在中信建投期货的大力宣传下，贸易商和养殖户都有计划地尝试了饲料成本管理，以此对鸡蛋养殖的产业链进行全面风险管理。

在新冠疫情的影响下，实体企业面临资金短缺、物流不畅、全面复工难等经营困境。对企业而言，有效利用金融工具对原材料或产成品价格进行风险管控，可以提高资金使用效率，优化经营模式，尽可能地降低疫情对企业的负面影响，并把握疫情消退后的经济复苏机会。在此期间，中信建投期货的风险管理子公司上海方顿投资管理有限公司特向企业免费推出企业定向远程“风险管理业务”培训，培训内容涵盖企业如何利用场外期权保值增利、公司场外期权服务体系介绍和期现业务服务模式介绍等，内容还可根据企业需求定制。

在利用期货、期权等金融工具进行风险管理方面，行业应继续优化模式，加强培训与宣传。中信建投期货将加强与地方各机构的沟通交流，加强对地方财政、金融办、农委等相关部门关于“保险+期货”、期货与期权功能发挥等相关知识与运作模式的培训与交流，增进相互了解，共同推进“保险+期货”、期货与期权模式更广泛、更深入的应用。加强与农业龙头企业的合作。在农业规模化、现代化的趋势下，及时把握农业龙头企业的风险管理需求，将利用期货、期权等金融工具进行风险管理的模式嵌入企业的日常经营中，为现代农业的规模化、可持续发展奠定坚实的基础。

今年是脱贫攻坚战收官之年，又遭遇疫情影响，中信建投期货积极响应国家号召，尽锐出战，攻坚克难，发挥专业优势，立足期货及衍生品市场风险管理功能的发挥，不断深入开展并创新业务模式，帮助贸易商和养殖户抵御价格波动风险，带动当地养殖产业的发展，巩固脱贫攻坚成果。

中信建投期货一直积极响应国家号召，牢牢把握服务实体经济和服务“三农”的宗旨，探索利用期货及衍生品市场对冲农业市场风险的保障机制，助推“三农”服务工作，为金融服务实体经济探索可持续的运作方式。未来，中信建投期货将继续利用金融创新工具为实体企业和农户提供风险保障服务，履行金融企业服务实体的责任。

案例 48

华融融达期货：期货助力老区生猪养殖行业锁成本、稳复产

一、项目背景介绍

继非洲猪瘟之后，2020 年初暴发的新冠肺炎疫情成为压在生猪养殖行业头上的又一座大山。其中，3 月份以来，在新冠肺炎疫情蔓延的背景下，多国纷纷宣布限制粮食出口，导致作为饲料的豆粕、玉米价格走高，对生猪养殖利润形成挤压。而目前国内生猪养殖行业相对分散的行业格局和仍较传统的经营模式，导致其市场风险抵御能力整体较弱，往往不能利用现代衍生品工具来对冲价格不利变动的影响，在严重情况下会出现行业整体亏损甚至弃养现象。为帮助相关生猪养殖场规避饲料（玉米和豆粕）成本进一步上升的风险，华融融达期货此次全额补贴保费资金，利用猪饲料成本"保险 + 期货"这一养殖经营主体更易理解和接受的方式，打通期货市场服务实体经营者的"最后一公里"，帮其实现锁成本、稳复产。

二、项目开展情况

（一）项目简介

河南省桐柏县地处豫鄂两省交界处的桐柏山腹地，为革命老区，2020 年 2 月刚实现脱贫摘帽，脱贫成果尚待巩固。据桐柏县月河镇闵庄村月河鸿华养猪场场长谢建华反映，非洲猪瘟和新冠肺炎两大疫情直接导致许多

养殖户弃养，桐柏县当地生猪存栏量较疫情发生前下降了一半以上。2020年春节过后，虽然当地生猪价格较为稳定，但玉米和豆粕较春节前每吨分别上涨了100元和200元，并且可能会继续涨价。

为帮助当地生猪养殖业经营主体规避饲料成本上涨风险，平稳复工复产，4月10日，在河南证监局的推动和指导下，华融融达期货联合人保财险河南省分公司，签约运作了桐柏县首个猪饲料成本“保险+期货”项目，使当地生猪养殖产业获得管理市场风险的新工具。本项目为桐柏县当地2万头猪1个月所需的1 600吨饲料（包含1 200吨玉米和400吨豆粕）用量提供成本保障，保险期限为1个月。

（二）服务方式及原理简介

在本项目中，参保养殖户无须参与复杂的期货衍生品交易，只需持有一份成本价格险保单。若玉米、豆粕期货价格（观察价格）高于保单约定价格，参保养殖户即可获得差价赔付，由此对冲饲料成本上涨的风险。保险公司在向养殖户出具保单的同时，通过向华融融达期货的风险管理子公司上海华信物产有限责任公司（以下简称“华信物产”）购买看涨期权转移风险，华信物产则利用期货市场复制期权进行风险对冲，为保险公司提供“再保险”。

本次“保险+期货”项目采用兼顾较低成本和较高赔付概率的增强亚式期权设计。增强亚式看涨期权的结算方式为：在期权有效期内，某交易日的收盘价如果高于行权价，则该收盘价为该交易日的观察价格，收盘价低于或者等于行权价的，以行权价为该交易日的观察价格。增强亚式期权最终结算价为所有观察价格的算术平均值。

（三）具体操作流程

本项目主要分为四个操作流程：

一是人保财险3月份在桐柏县寻找合适并愿意尝试猪饲料成本“保险+期货”价格险项目的养殖业经营主体，由当地人保财险在当地的支公司与之进行沟通，详细阐述保险原理。

二是4月9日、10日人保财险为养殖户提供猪饲料成本保险产品，帮助养殖户规避饲料成本上涨风险，保费由华融融达期货全额支付给人保财险。

三是4月9日，华融融达期货为人保财险提供相应的期权产品，帮助人保财险进行风险转移，同时，期货公司在期货市场进行风险对冲操作。

四是5月10日，项目到期后，触发理赔条件，期货公司向人保财险支付期权结算款，人保财险向参保养殖户支付理赔款。

（四）合同执行情况

为了过滤掉不利的价格因素，降低对入场时机的依赖，可以在错综复杂的市场环境中为农户提供更为有效的保障，华融融达期货设计了以下保险产品。

保险产品要素见表1。

表1　　保险产品要素

产品名称	猪饲料成本价格保险
被保险人	月河鸿华养殖场
保险标的	玉米、豆粕
投保数量	20 000头猪，折合1个月猪饲料1 600吨，其中，玉米1 200吨，豆粕400吨
目标价格	玉米2 043.17元/吨，豆粕2 820.85元/吨
保险期限	2020年4月9日至2020年5月8日
结算价格	保险期限内玉米和豆粕每日收盘价和目标价格之间较大值的算术平均值，即 $\frac{\sum_{i=1}^{n}\max(C_i,K)}{n}$（$C_i$为每日收盘价，$K$为目标价格，$n$为期货交易日天数） 最终结算价格：玉米2 068.97元/吨、豆粕2 823.51元/吨
理赔金额	理赔金额=（玉米结算价格－玉米目标价格）×玉米数量+（豆粕结算价格－豆粕目标价格）×豆粕数量 总计理赔金额：32 024元
期货端对冲方式	Delta中性对冲，随标的价格的变化动态调整期货持仓头寸
保险费	33.97元/吨
保费规模	54 347元
保费构成	华融融达期货全额补贴

整个项目严格按照保险产品设计进行对冲，总计对冲量为玉米156手，豆粕48手，到期后按照保险产品约定的结算方式进行结算并理赔。

三、项目成果

2020年5月，经过一个月的运行，玉米价格稳步上涨，但豆粕价格回落，该猪饲料成本“保险+期货”项目玉米结算价为2 068.97元/吨，行权收益25.8元/吨，获得30 960元的赔付，豆粕获得1 064元的赔付，总计实现3.2万元理赔，赔付率逾60%，达到保障目标，为这个刚实现脱贫摘帽地区的生猪养殖户规避了饲料价格上涨的风险。

由于本项目对生猪养殖行业的风险规避和转型升级起到引领和示范作用，新华社、《期货日报》等央媒及行业权威媒体在今年四五月间，对项目签约和理赔进行了跟踪报道。参与该项目的月河鸿华养猪场场长谢建华表示，过去饲料采购只能随行就市，“保险+期货”项目的出现不仅给养殖场提供了成本保障，也给未来经营带来了新的思路。他表示，生猪期货上市后，如出现生猪养殖利润保险项目，希望能够继续参加，在获得养殖利润保障的情况下，可进一步扩大养殖规模。

四、总结与建议

（一）总结

1. 践行金融机构社会责任，引导养殖业经营主体转型升级

桐柏县是华融融达期货的结对帮扶县，桐柏县猪饲料成本“保险+期货”项目的开展，树立了期货经营机构积极发挥专业能力，勇于承担金融企业的社会责任对于帮扶企业月河鸿华养猪场来说，此前从未对期货及相关衍生品有过了解，正常经营过程中基本是“靠天吃饭”，对饲料成本难以进行有效控制。通过本次猪饲料成本的“保险+期货”项目，该养殖场规避了4月至5月猪饲料成本上涨的风险，同时通过本项目了解了“保险+期货”这一创新金融工具，获得了规避市场风险的方式和方法。待生猪期货上市之后，相关养殖企业还可以运用“保险+期货”及其他相关方

式对生猪养殖风险进行全方位的管理。

2. 夯实群众基础，推广生猪“保险＋期货”险种

2002 年美国联邦保险公司（FICC）首次推出两款畜牧保险产品——畜牧价格险和畜牧收益险。在这两款保险产品中，美国农业部给予了一定的补贴（畜牧价格险补贴 13%，畜牧收益险补贴 18% 至 50%）。畜牧保险产品和瘦肉猪期货很好地推动了美国生猪市场的发展，起到了金融支持产业发展的作用。

当前，国内生猪市场的发展接近 20 世纪的美国，生猪规模化发展已成趋势。国内生猪期货将于年内挂牌交易，目前华融融达期货已与中原农险、人保财险河南分公司、中华财险河南分公司、平安财险等多家保险机构合作开发畜牧保险产品。

“保险＋期货”连续五年写入“中央一号”文件，通过生猪期货、玉米期货和豆粕期货可以合成生猪价格保险、生猪饲料成本保险、生猪收益保险等多个产品，能够很好地帮助养殖企业和养殖户对冲市场价格波动的风险。同时，开展相关业务的保险公司可通过期货公司的风险管理子公司来转移风险。这种方式不仅有利于保险公司和期货公司联合给养殖企业和养殖户提供经营保障，也有助于优化国内期货市场的投资者结构，使期货市场更好地服务于国民经济。

3. 响应政府号召，助力生猪产能恢复

生猪养殖是农村经济发展的重要一环，是全面建设小康社会的支撑之一，也是高质量打赢脱贫攻坚战的重要阵地。为了更好地服务生猪养殖行业，稳定肉类价格，保障广大人民群众的蛋白需求，华融融达期货联合保险机构开展了此次猪饲料成本“保险＋期货”价格险项目。本项目旨在从成本端为养殖户提供保障，保障其免受饲料成本价格上涨的风险，实现在饲料成本涨价情况下养殖利润可控的目标，进而达到在疫情防控背景下助力生猪产能恢复、保障市场猪肉供应的作用。

（二）思考

本项目采用的增强亚式看涨期权方式能够过滤掉不利的价格因素，降低对入场时机的依赖，可以在错综复杂的市场环境中为农户提供更为有效的保障。但本项目操作的不足之处在于，5 月 10 日项目到期后，考虑到风

险管理公司的承受能力，保险产品没有持续运行，此后玉米和豆粕价格都出现继续走高的情况。为了能给养殖企业和养殖户提供持续的保护，“保险 + 期货”项目需要引入更多的资金来源。

此外，由于受新冠肺炎疫情的影响，在本项目运行过程中及结项后，没有组织桐柏县的养殖企业和养殖户进行全方位解读，失去了一次为当地养殖行业进行风险管理培训宣导的机会。未来，在条件允许的情况下，华融融达期货将积极为养殖业经营主体提供关于风险管理知识和衍生品工具应用的培训，以提高其风险管理意识，促进我国生猪养殖行业的转型升级。

（三）建议

我国自古有“猪粮安天下”之说，生猪养殖产业链涉及玉米和大豆的种植，大豆进口，生猪的养殖、屠宰、销售以及兽药、疫苗等多个产业，对经济发展具有重要作用。2020 年“中央一号”文件明确提出“生猪稳产保供是当前经济工作的一件大事”，而生猪价格保险、收益险可以有效地管理养殖风险，保障养殖业经营主体的收入，促使其更好地经营和发展，起到稳定猪肉供应、推动规模化发展的作用。推动生猪价格险、收益险试点并铺开需要政府的政策支持，更需要资金的支持，也需要风险管理子公司和保险公司形成稳定、长期和可持续的合作机制，为养殖业经营主体提供稳定可靠的保险产品。建议政府考虑将生猪“保险 + 期货”相关保险品种纳入财政补贴的范围。同时建议保险公司能够与特定的期货公司形成良性互动，以避免相关期货公司为了抢占市场而不惜采取零利润甚至亏损的方式开展相关业务。如果用于对冲风险的场外期权出现运作风险，也不利于“保险 + 期货”项目的稳定运行和进一步的普及推广。

案例 49

宏源期货："三农"为本助力甘鲁两地，企业为媒实现农企双赢

一、项目背景介绍

疫情期间，受需求下降、物流受阻等影响，农产品出现严重滞销情况，其中蔬菜、水果是滞销情况最严重的农产品。春节期间本应是苹果的销售旺季，但在疫情的影响下，很多果农都承受着库存滞销和价格下跌的双重风险。苹果 2005 合约春节后价格的下跌趋势见图 1。

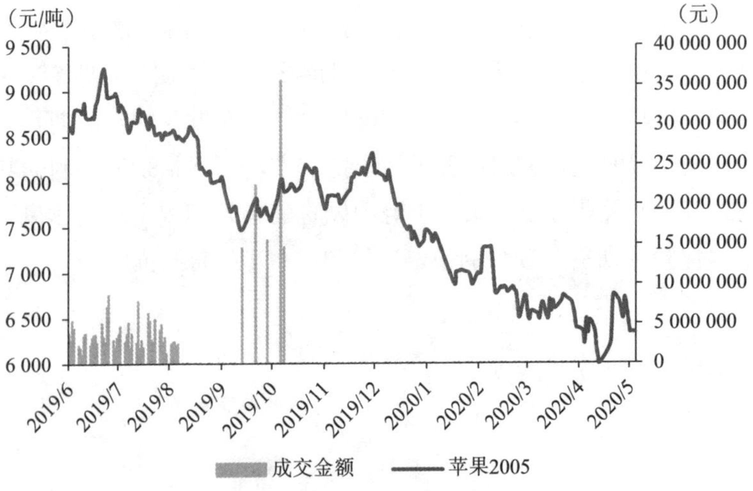

图 1　苹果 2005 合约春节后价格下跌

深圳舜明商贸是申万宏源集团的产业客户，主营大宗商品的批发、零售等业务，疫情期间向其供货的当地果农都面临价格风险和收入保障的困境。因此，果农有增厚销售利润、防止苹果价格下跌的需求，舜明商贸有防止采购苹果价格上涨的需求。

二、项目开展情况

1. 产品结构

基于上述背景，申万宏源集团下属宏源期货为舜明商贸设计了定制化交易方案，希望为身处疫情的果农提供价格保护，也为舜明商贸降低收果成本。

2020 年 2 月 7 日，甘肃、山东两地果农与舜明商贸公司签订了 300 吨苹果的远期销售合约，当时苹果价格为 7 050 元/吨，约定以 2 月 19 日价格确定最终采购价，若 2 月 19 日苹果价格高于 7 150 元/吨，则以 7 150 元/吨的价格成交，若苹果价格低于 7 150 元/吨，则以当时实际价格成交。同时，在 2 月 7 日签约当日，舜明商贸公司即支付果农 58. 29 元/吨，合计 17 487 元，作为对果农的补偿。所以该方案实际是果农卖给了舜明商贸一个现价为 7 050 元/吨、行权价为 7 150 元/吨的看涨期权，果农在未销售的情况下即得到的“权利金”，可用于日常开销，以及弥补疫情带来的未来潜在苹果价格下跌的风险。舜明商贸又将该看涨期权转卖给了宏源期货，名义本金共计 211. 5 万元。所以实际上，是宏源期货以舜明商贸为通道与果农实现了含权贸易（在产业链上的贸易中嵌入期权），58. 29 元/吨的补贴也是由宏源期货支付给果农的。

2. 具体流程

含权贸易的好处在于农户不需要在期货经营机构开户，通过与产业客户签订买卖协议即可锁定销售价格，之后产业客户再与贸易公司或直接与期货经营机构进行期权交易，如图 2 所示。

3. 项目成果

2 月 19 日，苹果价格为 6 997 元/吨，低于 7 150 元/吨的行权价，所以果农最终以 6 997 元/吨的价格将 300 吨苹果销售给了舜明商贸，加上期初 58. 29 元/吨的补贴，合计实际销售价格为 7 055. 29 元/吨，高于当时的

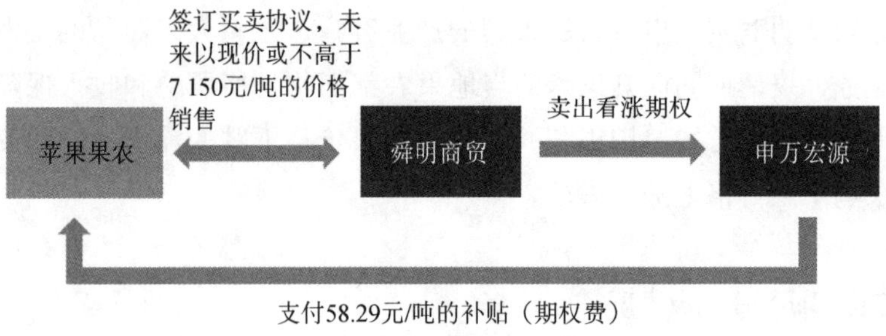

图2　具体流程

市场价格 6 997 元/吨，帮助果农实现了增厚销售利润的目标，也帮舜明商贸成功规避了采购价格风险。

三、总结与建议

（一）总结

在该项目中，宏源期货通过含权贸易，一方面为产业客户舜明商贸锁定了上游采购价格；另一方面通过补贴的方式为苹果果农实现了高于现价的销售目标，在疫情导致的农产品滞销、库存积压的困境中，帮助果农增厚了销售利润，保障了当地民生。

同时，通过该方案的实施，改变了上下游在现货交易时零和博弈的环境，以产业客户为通道辐射到更多无法参与期权市场的农户或中小企业，使其享受到通过期权来管理风险的好处，而采购企业也可以锁定成本，实现双赢，对于传统销售模式是一个好的创新方式。

此外，农民获得的 58. 29 元/吨的补贴实际上是期权的权利金。在该笔权利金的计算方面，宏源期货对于果农做出了较大让利，在正常公允价值的基础上增加了支付，让果农能够得到更好的保护，体现了国企的担当和社会责任。

（二）建议

建议产业客户加强对金融知识的学习，提升在价格波动较大时期通过专业金融工具管理风险的能力。

建议期货经营机构加强宣传，提升全社会对金融工具的认知，与产业客户相向而行，在社会公共事件中共同承担更多的社会责任。同时，期货经营机构要在日常经营中努力提升自身本领，提高运用专业金融工具的能力，使金融便利逐步覆盖到更广大的产业链上下游，惠及更广大的一线劳动人民。建议地方政府能够提升对当地农民和企业在科学经营方面的教育力度，使各类经营者都能及时地把握市场动向，及时获取市场中如“保险＋期货”类的红利，来完善自身经营。

案例 50

华金期货：战“疫”所指，金融所向

实体企业是经济平稳发展的“压舱石”，也是点亮抗疫复工“双胜利”的希望所在。在这场没有硝烟的疫情防控阻击战中，华金期货带领子公司上海华发盈期实业有限公司（以下简称“华发盈期”）及相关部门，与实体企业并肩同心，通过优化服务流程，发挥风险管理专业优势，助力复工供需的高效精准匹配，千方百计地打通企业复工复产“最后一公里”。

一、项目开展情况

（一）项目简介

春节假期以来，全国各地受疫情的影响，实体企业尤其是中小微企业复工复产面临各种困难和风险。天津市嘉华棉业有限公司（以下简称“嘉华棉业”）作为天津地区老牌棉花龙头企业，同时也是天津市棉花协会会员、中国储备棉加工定点单位，在疫情期间同样受到了较大的冲击。公司前期积累了大量的棉花库存，由于受疫情影响，下游加工厂无法正常复工，订单量急剧下降，造成公司库存积压，占用了大量的企业资金，使原本就复工困难的嘉华棉业雪上加霜。如何能够解决公司大量的现货库存，减少资金占用就成了嘉华棉业的当务之急。

（二）服务方式及原理介绍

华发盈期作为华金期货风险子公司主动展现国企担当。协同华金期货武汉营业部对嘉华棉业进行了现场调研，在充分了解企业面临的困境和需求后，克服特殊时期的一系列问题，加班加点地制订详细的业务方案。即嘉华棉业和华发盈期签订购销合同，将棉花仓单销售给华发盈期，华发盈期收到客户转过来的仓单后，向客户支付货款。到合同约定时间后，客户申请购回仓单，向华发盈期支付货款，华发盈期收到货款后，将仓单转给客户。通过这种仓单服务方式，帮助企业降低库存风险，同时缓解企业资金压力。

（三）具体操作流程（见图1、图2）

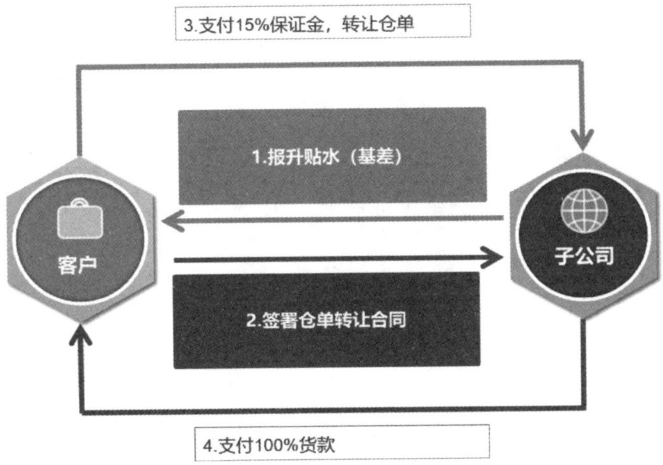

图1　仓单服务

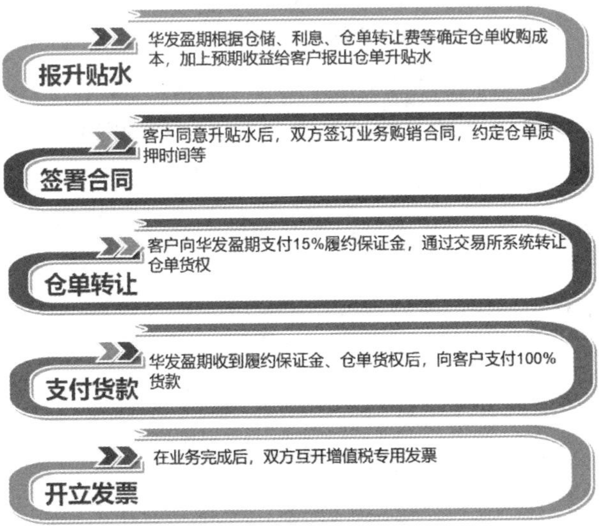

图2　具体操作流程

华发盈期以郑州商品交易所CF2005合约为基准，于2020年2月24日购买嘉华棉业棉花现货总量388.714吨，货值逾500万元。业务周期1个月，3月25日，合同到期后嘉华棉业支付货款购回了仓单。

在此过程中华发盈期优化服务、主动让利，降低企业融资成本，为企业节省成本近万元。华发盈期用专业优势助力嘉华棉业渡过难关，提供有温度的精准金融服务。

二、项目成果

通过本次合作，华发盈期通过仓单回购的方式，帮助企业降低了现有库存，解决了短期资金占用问题。以专业的金融服务，降低了疫情对嘉华棉业的影响，同时提升了嘉华棉业管理库存风险的能力。从而真正实现了金融帮助实体的使命。

三、总结

该案例是华金期货驰援客户行动中的生动注脚。春节假期，在华发集团的统筹指导下，华金期货积极带领服务实体产业的前沿部门——黑色事业部，与经纪业务总部、风险管理子公司协调联动，逐家回访客户，深入剖析梳理客户可能存在的经营压力与风险及延期复工造成的资金紧张等问题。基于此，应分类制定疫情防控金融支持方案，通过开辟绿色通道、简化业务流程、优惠收费等方式强化服务能力；利用科技赋能，以远程会议、线上直播、网上服务等多种方式为客户量身制定多元化的解决方案，全方位为实体产业客户分忧解难，用实际行动践行华发集团的国企责任与创新担当。

图3是天津市嘉华棉业有限公司感谢信。

感谢信

上海华发盈期实业有限公司:

岁末春来，一场突如其来的疫情突袭了武汉，蔓延至全国。上海华发盈期实业有限公司在此次疫情期间，为天津市嘉华棉业有限公司提供了专业、精准的金融服务，为天津市嘉华棉业有限公司抗击疫情、复工复产付出了巨大的努力，在此向华发盈期对我公司的帮助和支持表示衷心的感谢！

受疫情的影响，全国超过九成以上的中小企业延迟复工。物流不畅、生产停滞、下游工厂停工，这些都给我公司带来了较大的冲击。华发盈期在特殊时期不畏艰难，通过互联网的方式积极与企业沟通，充分了解企业的需求和困惑，并制定相应的解决方案，通过仓单回购的方式切实解决了企业的资金压力。真正的把工作做到了实处，让我们更有信心打好这场阻击战。

你们的服务态度和敬业精神让我们感动，你们的工作态度不仅彰显了你们的担当，同时也彰显了华发的品牌魅力。再次感谢上海华发盈期实业有限公司在疫情期间对我公司的支持和帮助，我们期望与贵单位进一步展开全方位多元化的合作。

天津市嘉华棉业有限公司

2020年3月3日

图3 天津市嘉华棉业有限公司给上海华发盈期实业有限公司的感谢信

案例 51

和融期货："通链"加"扩链"，助力企业复产复工

一、项目背景

受新冠肺炎疫情影响，部分生产加工型企业受到物流缓慢导致的原料供应紧张、原有产业链条出现断点的影响，既定生产计划不能按时实施，生产经营短时期面临较大困难。

和融期货有限责任公司（以下简称"和融期货"）始终坚持金融服务实体经济宗旨，不忘初心，牢记使命，不断探索服务实体经济新模式。面对疫情下的客户实际需求，公司利用自身金融背景、期货专业知识、现货产业资源信息沟通优势等能力，克服目前不具备风险管理子公司业务资质，无法直接利用相关金融工具服务实体企业的困难，在坚持合规展业的前提下，为实体企业提供多方位的服务支持，积极为实体企业排忧解难，帮助其复工复产，全力支持疫情防控和企业发展。

二、项目开展情况

（一）案例简介

天津某金属材料贸易有限公司（以下简称"贸易公司"）是与和融期货签订战略合作协议的重点客户。该贸易公司从 2008 年开始从事有色金属贸易业务，主要经销注册品牌电解铜、电解镍、无氧铜杆等有色金属，以

天津为中心辐射保定、沧州等周边地区，为终端生产加工企业供应原材料产品。目前，电解铜月销量1 500吨左右，产品包括云铜等国内知名品牌。

疫情期间由于人员未完全复工、物流不畅、供需周期加长等问题，全国企业大面积停工停产，该贸易公司在上游的货源以及下游的加工商供给方面均受到很大影响。和融期货了解到相关信息后，积极与企业沟通，并通过自身资源，为贸易公司拓展上下游产业链，通过“通链”“扩链”模式，实现了稳定企业货源、增加企业销售的目的，最终帮助企业抵御了疫情影响，并借机扩大了贸易规模。

（二）案例流程及推进情况

疫情期间，和融期货重点了解了该实体产业客户的情况。通过走访，和融期货发现，因受全球疫情不断扩散的影响，全球品牌商A公司（以下简称“A公司”）在国内外的多个代理加工渠道出现停工停产情况，导致其对加工部件的供应出现短缺。A公司通过内部调节各代理加工渠道订单量，增加可正常开工生产的零部件加工商的订单量，确保生产正常进行。由于国内疫情控制得较好，A公司加大了天津某零部件加工商B公司（以下简称“B公司”）的订单量。B公司虽然得到了订单增加的机会，但同样因为疫情扩散、交通受阻的原因，原材料的供应受到限制，不能有效扩大加工量。

1. “通链”工作

和融期货通过走访了解到B公司的具体需求，并利用自身资源优势，向贸易公司反馈B公司对原材料品质、货量、周期等的需求。因B公司对原材料有指定要求，而贸易公司当前无对应原材料的供应货源，和融期货再度利用自身资源优势，向贸易公司介绍有相应货源的原材料生产商C公司（以下简称“C公司”）与贸易公司对接。通过和融期货的推荐与协调，贸易公司成功与C公司达成长期采购协议，并与B公司签订了销售合同，最终实现了“通链”，打通贸易公司的采购与销售链条。此次业务促成贸易公司30吨电解铜的采购合同和铜杆加工合同，有效解决了疫情期间贸易公司销量与销路问题。此外，由于受疫情影响物流未能恢复，和融期货多次与贸易公司沟通，通过调整发货模式保证原料供应，帮助企业顺利复产。

2. “扩链”工作

在完成帮助企业“通链”的基础上，和融期货继续积极为合作伙伴扩大贸易、加工规模。因B公司对冶炼加工企业加工的初级产品品质在相关指标上有特定要求，导致虽然使用的原材料相同，但部分冶炼加工企业加工的初级产品不符合B公司的要求。当前符合B公司要求并与其有合作的冶炼加工企业因产能问题，不能为B公司提供更多的初级加工产品，在A公司对其增加订单的情况下，B公司的产量也无法满足A公司的要求。和融期货了解该问题后，积极寻找符合相关资质的冶炼加工企业，并向B公司推荐。通过和融期货的推荐，B公司、冶炼加工企业、贸易公司三方多次沟通、论证，最终达成了统一的合作意向。后期将按照约定模式进行原材料的购销及冶炼加工。“扩链”工作达到了预期效果，不但帮助B公司拓宽了供货渠道，也帮助贸易公司扩大了销售规模。

三、项目成果

和融期货积极为战略合作伙伴拓展上下游产业链渠道。通过和融期货的介绍，合作伙伴与上下游渠道对接，与冶炼加工企业对接，达成初步合作意向，后期将按照相关模式进行原材料的购销，“通链”“扩链”模式基本符合服务预期。通过该模式的运用，企业抵御了疫情影响，并借机扩大了贸易规模。

四、思考与总结

和融期货通过对服务实体经济新模式的探索，实现了在自身无风险管理子公司的前提下，为实体经济提供合规的服务支持，得到了客户的认可与好评。期货公司服务实体经济，期货风险管理子公司是其中一条途径，但并非唯一途径，期货公司依然有诸多方式为实体经济提供服务与支持，促进实体经济发展。

和融期货重新定位服务实体经济的工作原则，转变服务角色，致力于从单一的产业客户交易服务商或者交易对手方，转变为协助产业客户业务增量发展的战略成长伙伴。在这个过程中，和融期货以提供传统的风险管理业务方案为基础，延伸至与企业共享产业链业务信息和业务资源，帮助企业拓宽上下游关系，实现增量发展，进而帮助企业建立内部自成体系的风险管理运行系统，具备自生发展能力。

未来，和融期货将始终秉持“不忘初心，牢记使命”的信念，继续把服务实体经济作为公司业务发展的前提。在守住合规底线的前提下，合法合规利用公司优势资源，为实体企业发展提供特色化的服务支持。

案例 52

中原期货：“疫”路同舟　未来可“期”

一、项目背景

2020 年初新冠肺炎疫情暴发，2 月 3 日开市，股票、期货市场出现暴跌行情。棉花行业受疫情影响比较明显。春节前，棉花现货价格从 15 000 元/吨跌到 11 000 元/吨左右，很多棉花加工企业及贸易商由于没有运用期货避险工具，单吨损失高达 4 000 元，给企业经营带来极大不利影响。面对纺织服装出口受阻、消费市场萎缩的情况，大多数棉纺企业普遍不看好后市，对未来行情信心不足。为规避经营风险，棉纺企业一方面放缓皮棉采购，减少皮棉库存，因为担心皮棉价格大幅下跌导致还没有生产就面临亏损的局面。2019 年 12 月下旬，多数皮棉库存有 1 个月左右，少的 10 天左右，有两个月皮棉库存的工厂已寥寥无几；另一方面加快棉纱销售，有厂家以低于市场价格抛售棉纱，走货为主，争取“落袋为安”，不想让库存的棉纱成为“烫手的山芋”。

二、项目开展情况

（一）项目简介

中原期货股份有限公司风险管理子公司豫新投资管理（上海）有限公司（以下简称“豫新投资”）以“基差 + 期货盘面点价”方式报价，与河南同舟棉业（以下简称“同舟棉业”）进行棉花购销交易，于 2019 年 12

月24日签订基差购销合同。

（二）服务方式及原理简介

豫新投资基于同舟棉业的实际需求，认为“基差+期货盘面点价”模式是最适合的贸易模式。

第一步：豫新投资发现12月份现货与5月份期货合约出现价差，即基差能覆盖手续费、交割费、仓储费、检验费和资金利息等；

第二步：与同舟棉业签订基差购销合同，用期货点价等方式买入现货或标准仓单，在远期合约卖出相同数量期货；

第三步：若豫新投资购买的是标准仓单，则持有到期交割实现固定收益，并可在交割前进行基差贸易，增厚销售利润。

（三）具体操作流程（见图1）

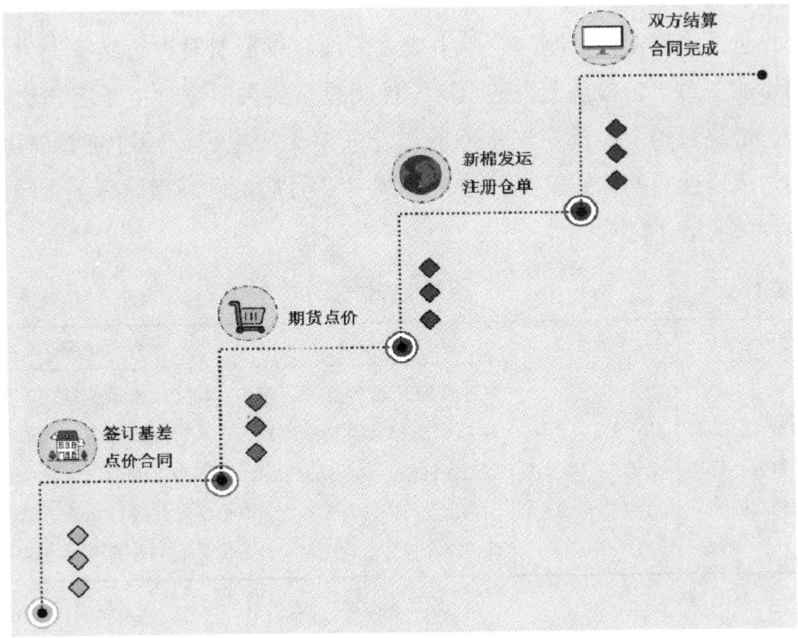

图1 具体操作流程

2020年1月，豫新投资购买的棉花大部分还处于新疆发往各地的在途状态。棉花从发运到生成仓单周期较长，由于豫新投资是按基差进行采购的，棉花绝对价格的变化对豫新投资影响不大。如果等到客户生成仓单之后再进行采购，一旦棉花价格下跌，会给卖方造成很大的损失。故豫新投资春节前与客户签订了基差采购合同。合同中约定卖方于2020年1月20日前交货，允许分批付款货转，并带有追保条款，盘面每下跌5%，当日需追加5%的保证金。

合同实际结算价格 = CF2005点价价格 + 郑商所二检升贴水 + 基差

基差 = 最后交割日与实际交货日期间的天数差 ×3.5元

先行支付首付款15%，在棉花期货价格处于高位时，向客户进行点价。以14 210元/吨的期货价格锁定同舟棉花资源，后期随着棉花移库到各地交割库生成仓单，豫新投资再分批结算，支付尾款。

（四）合同执行情况

由于受疫情影响，在春节过后，棉花价格1吨跌了4 000元左右。豫新投资购买的4 000吨棉花资源有将近2 000吨都在湖北孝感三三八库，二次公检进度受到很大影响。仓单生成之后豫新投资及时进行结算，由于受疫情影响，对于公检进度慢的批次，豫新投资最大限度地给予客户交货宽限期，最终只剩余5批三三八库的棉花仓单无法生成，经过与客户协商，最终达成以换货的方式解决，并于2020年3月底前圆满地履行了合同所约定内容（见表1）。

表1　　合同执行情况

合同签立	点价价格	对冲期限	结算情况
2019年12月24日，双方签订基差购销合同	2020年1月2日，以价格14 210元/吨点价建仓	对冲自建仓起至2020年2月11日，棉花价格中途跌破追保价格，豫新投资按合同约定及时向同舟棉业支付保证金，保证货物顺利交付	新棉陆续发运至湖北孝感三三八、菏泽棉麻、江苏银隆等期货交割库，二检生成仓单，双方进行结算，结算均价为15 000元/吨左右

三、项目成果

豫新投资以合适的基差锁定了优质的棉花资源，并在期货端套保，完成了当期采购计划；同舟棉业负责人在本次合作之后，也做出了高度的评价："在这种操作方式下，买方通过基差方式提前锁定性价比高的资源，点价套保后，在风险可控、保证基本收益的基础上，利用期货价格波动和基差的强弱变化，以及如果能在交割前实现棉花提前销售，可以获得超出预期的收益。"作为疫情之前的一次常规性风险管理交易，却意外地使交易双方在面对突发疫情的情况下无惧市场风险，坦然地生产经营，可见将风险管理普及整个实体经济具有重要的现实意义。

四、项目总结

相比传统"一口价"定价模式，基差模式中买卖双方是合作方，而非对立方，避免了行业不良竞争。

对于基差卖方（同舟棉业）来讲，影响基差的首要因素是当地供求关系，企业对当地供求格局越熟悉，就越容易把握基差波动。同时，基差贸易模式可利用期货市场主动管理价格风险，为现货市场提供新的销售模式。此外，通过对市场的判断，基差卖方与下游企业可以共享市场变动利润，有效帮助下游节约采购成本。

对于基差买方（豫新投资）来说，通过基差方式采购，既能提前锁定优质货源，又可灵活地利用期货市场进行定价。基差模式相较于传统现货采购方式，既节约了资金利息成本，减少了现货仓储等管理风险，又能使企业有机会以更低的价格进行采购。同时，定价周期更加灵活，企业可以选择符合自身需求的定价周期，丰富采购模式。虽然棉花产业链已经非常成熟，但贸易定价模式还处于初级阶段，贸易群体庞大但规模较小，贸易企业以及下游需求企业对基差交易的理解参差不齐，企业进行基差交易的风控体系尚不成熟。

总体来看，当前棉花产业主要还是以一些理念先进、模式成熟的大型贸易企业向下游客户进行基差报价，棉花基差贸易参与度虽相比两年前有所提高，但普及还需要时间。

基差贸易模式能够帮助生产企业降低成本，其发展也需要买卖双方有足够的契约精神、执行力和抗风险能力。

开展"基差+点价"项目并推广基差贸易，不仅会使下游企业降低成本，更能促进产业中更多的贸易主体参与进来，提高贸易套保数量，促进品种活跃，进一步提高期现市场联动性。

五、思考及建议

（一）运用期权产品满足多元需求

风险管理公司可以借助场内场外棉花期权工具，为客户提供更多选项，在满足客户多元化需求的同时，也让自身掌握更多的金融衍生品工具，拥有多种手段来抵御市场风险。

（二）扩大服务对象覆盖面

豫新投资的服务对象应该不只局限于贸易商及棉纺厂，对于棉农，我们也可以借助交易所及中国期货业协会的“保险＋期货”政策，让助农服务更加细致及深入。

交易所及中国期货业协会可以加大对棉花期货期权以及基差贸易的宣传力度，给予参与企业更多的优惠、补贴，或提出交易费用减免政策。提高市场参与热情，让期货市场服务实体经济落到实处，实现合作方的互惠共赢，一起迎接疫情防控的全面胜利！

案例 53

迈科期货：专业指导、贴身服务，扶助实体企业共克时艰

一、背景介绍

突如其来的新冠肺炎疫情给众多实体企业尤其是中小企业带来了巨大影响，为抗击疫情，服务实体企业，迈科期货利用大股东迈科金属集团在有色金属行业多年的行业积淀，沉下去，贴上去，运用期货专业知识，和企业客户一起研究制定应对措施，帮助实体企业应对疫情带来的市场波动和经营困难。

疫情期间，迈科期货研究部、投资咨询部和各业务部门负责人多次召开电话会议，对实体企业开仓持仓情况进行摸底排查，一方面化解市场风险；另一方面和企业一起制定应对市场波动的业务方案，帮助企业解决实际困难。

二、项目开展情况

（一）风险管理子公司助力客户解决疫情期间资金和运输困难

1. 项目简介

疫情期间，部分企业出现资金紧张、物流停运的实际困难。迈科期货全资风险管理子公司——迈科资源管理（上海）有限公司积极发挥资源优势，与钢铁行业重点贸易企业上海某汽车配件公司（以下简称“汽配公

司”或“客户”）开展了紧密合作，助力客户解决疫情期间资金和运输困难的问题。

2. 服务方式及原理简介

首先，迈科资源与汽配公司以联合采购的形式向广州某钢贸公司进行订货。汽配公司作为直接采购方与钢贸公司签署销售合同一，以月为单位确定每月的采购规模，在保证每月有足够采购量的基础上，与钢贸公司商定采取一个合理的定价方式来减小因疫情等因素导致的市场行情波动，从而缓解双方面临的市场风险。销售合同一中约定汽配公司于每月 20 日之前支付下月货款总金额的 15% 作为定金，于 25 日之前支付剩余 85% 的货款。每月结算单价按照标准价格、修正价格、价格优惠的三项之和计算，其中，标准价格以三个钢厂日在“我的钢铁”网站中的价格作为钢厂日选取价格，三个钢厂日选取价格的算术平均值作为最终日选取价格，并以计价期间日选取价格的算术平均值作为月标准价格；修正价格是考虑钢贸公司产品的品牌效应及市场涨跌情况选取一个数值；价格优惠是考虑码头提货到仓库的费用等因素后，选取一个数值。以此定价方式确定的货物单价是较为稳定的，能够较好地应对价格波动带来的不利影响。其次，基于汽配公司与钢贸公司已签署的销售合同一，迈科资源通过与汽配公司签署销售合同二向汽配公司采购同批货物，销售合同二以销售合同一的内容为基础。销售合同二中约定迈科资源于每月 25 日之前向汽配公司支付销售合同一中下月货款的 85% 作为首付款，以此来解决客户资金紧张的难题。最后，迈科资源通过销售合同二取得货物的所有权，再由汽配公司协助迈科资源与下游企业签署销售合同三，从而对该批货物进行销售。至此，完成整个现货贸易链条的所有环节。

迈科资源与客户通过开展联合采购，为其提供了流动性支持，解决了客户在资金方面的燃眉之急，稳定了客户与广州某钢贸公司的合作关系。在每月的贸易款中，汽配公司只需占用其 15% 的资金，剩下 85% 的货款由迈科资源提供支持，共同完成对钢贸公司的联合采购。在此模式下，汽配公司一方面通过销售合同一中钢贸公司给予的价格优惠，在每月贸易量较大的基础上取得了公司盈利；另一方面也履行了自身在疫情期间稳生产、保就业的社会责任。

3. 具体操作流程

在迈科资源的资金支持下，客户累计向广州某钢贸公司订货 3 300 余万元。同时，针对春节后黑色品种价格出现大幅跳空低开然后逐步振荡回升的走势，迈科资源充分发挥自身在风险管理方面的长处，一方面协助客户与上游钢厂积极沟通，在长约采购合同中约定以月度均价进行后结算，一方面根据订单量和钢厂发货进度，利用期货市场进行动态保值，使价格在剧烈波动的情况下也没有给客户造成损失。具体操作见图 1。

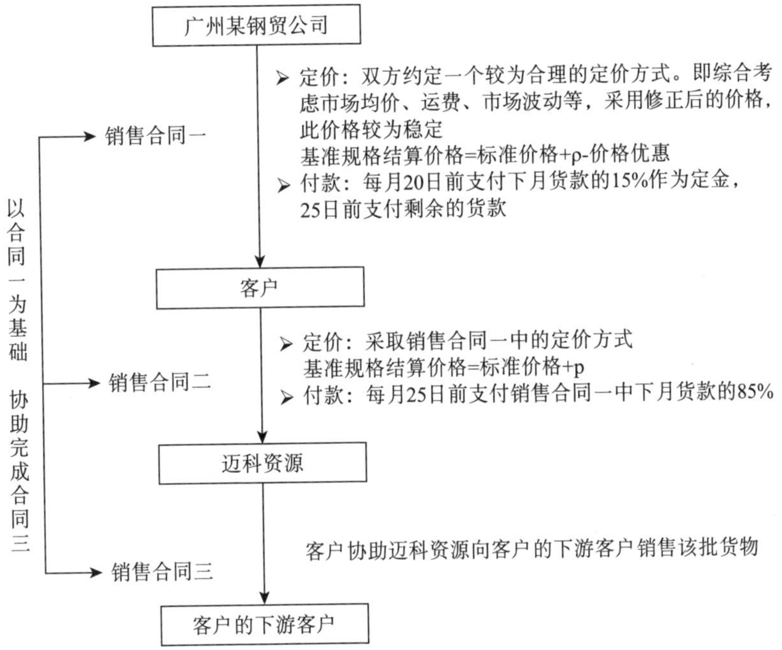

图 1 具体操作流程

4. 项目成果

在迈科资源提供风险管理服务的帮助下，客户得以平稳应对春节后价格的剧烈波动。同时，通过与广州某钢贸公司的紧密合作，有效地规避了货物物流运输方面的风险，确保了货物运输通畅。截至 2 月末，汽配公司已在迈科资源的支持下率先恢复采购订货和向下游销售。在疫情期间，广州某钢贸公司针对长约订单的排产发货也一直持续正常进行。2020 年长单首批 1 500 吨冷轧板已完成集港发运，有力地保障了对终端用户的供应，推动了疫情期间钢材行业的正常运转。

（二）疫情期间帮助客户完成交割，确保资金回笼

1. 项目简介

重庆某金属贸易公司（以下简称“客户”或“该企业”）是一家经营铝锭贸易的企业。在疫情环境下，该企业出现了库存积压的难题。针对这个难题，迈科期货主动作为，第一时间建议该企业尽早通过期货市场交割来缓解库存压力，并帮助客户联系上海期货交易所沟通疫情期间的交割政策动态。同时，帮助客户联系交割仓库，办理入库手续，全方位地帮助客户实现顺利交割。

2. 服务方式及操作流程

在疫情管制的环境下，迈科期货全力协助客户准备交割材料清单，并积极协调上期所，派遣专人跟进审批进度。在后续的交割流程中，迈科期货在合规的前提下特事特办，简化流程，最终保证客户顺利完成了交割。具体操作见图 2。

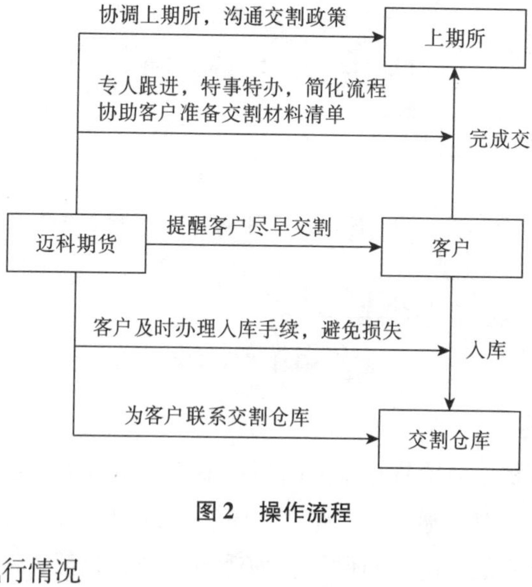

图 2　操作流程

3. 项目执行情况

2020 年 2 月，受疫情影响，客户持有的铝锭现货无法顺利销售，被动积压在手，造成资金的大量占用，进而导致了客户资金周转困难。迈科期货主动作为，指导客户在 2020 年 2 月上旬分批开仓，卖出沪铝 2 月合约 300 手，并参加交割，获得销售货款 2 034. 75 万元。

4. 项目成果

客户通过参与期货交割，解决了铝锭无法销售的困难，及时回笼了资金，解决了周转资金断流的问题。同时，建仓时上海现货市场铝现货较期货市场2月合约平均贴水60元/吨，于是客户进行了期货交割，比直接销售铝锭现货还额外获得了9万元的基差收益，不仅规避了市场风险，还获得了额外收益。迈科期货帮助企业顺利完成了交割，及时回笼了资金2 000万元，保证了企业的现金流，增强了客户在疫情之下的市场风险抵抗能力。

该企业在交割项目完成后，对迈科期货在疫情期间利用金融专业优势帮助其渡过难关，积极扶助实体企业的行为表示了充分的肯定，并给予了诚挚的感谢，表示“日后将更加积极地利用期货市场增加公司内部的风险管理效能”。

（三）利用期货市场避险功能，帮助企业“化危为机”

1. 项目简介

疫情期间，迈科期货为某大型国有冶炼企业、上海某贸易公司、国内某有色贸易企业、上海某合金材料有限公司等多家实体企业客户制订了专门的期货市场避险方案，涉及铅锭、铝锭、锌锭、镍、白银、石油沥青等多个商品品种，共计15 630吨，总计货款金额高达24 000多万元。

2. 服务方式及操作流程（见图3）

疫情初期，迈科期货根据政府提出的斩断传播途径的基本防疫思路，结合人员隔离、交通管控的具体措施，判断实体企业将面临原材料采购和产品销售的双重压力，进而判断商品期货市场也将迎来价格的大幅波动，市场整体可能面临急剧的价格风险。迈科期货当机立断，通过对所有客户基本情况以及期货市场持仓的梳理，提示客户规避风险。对有特别服务需求的客户，投资咨询部、研究部立即介入，和相关企业一起研究、制订避险方案，帮助企业顺利渡过疫情。

3. 项目成果

迈科期货指导某企业客户于2020年疫情期间分批开仓卖出镍品种合约共计1 301手，规避价格下跌风险，截至2020年2月26日，该企业实现期货盘面利润660.69万元。迈科期货指导某企业客户在春节前开仓卖出镍品

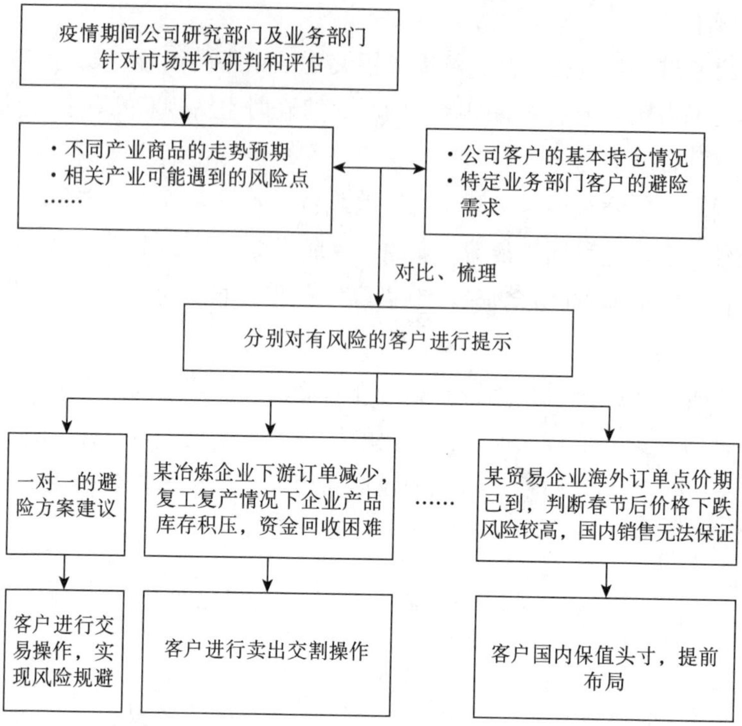

图3　服务方式及操作流程

种合约89手，截至2020年2月26日，该企业实现期货盘面利润62.57万元。迈科期货指导某企业客户在春节前卖出锌品种合约283手共1 415吨，截至2020年2月26日，该企业实现期货盘面利润253.96万元。

迈科期货积极利用自身在行业研究方面的专业优势，帮助多家实体企业在疫情期间利用期货市场有效地规避了市场风险，累计帮助企业挽回经济损失价值上千万元。

三、总结与建议

面对突如其来的严重疫情，迈科期货作为一家立足西部、面向全国的专业金融机构，在疫情发生之初就以公司名义捐赠了100万元。同时，公司高管个人捐赠达25万元，员工个人捐赠5.14万元，迈科期货共计捐赠130.14万元用于支持国家抗击疫情。另外，迈科期货认为捐赠仅是输血式的贡献，唯有以专业知识贴身服务于实体企业，方是造血式的帮助，才能助力实体经济早日复苏。为此，迈科期货积极响应行业号召，充分发挥自身专业优势，帮助各类实体企业复工复产，有效规避风险，缓解企业的资金压力，助力实体企业尽快回到正常发展的轨道上来。

通过疫情发生以来迈科期货对企业客户的专业服务经验，再结合与客户的沟通交流，迈科期货认为：

首先，客户对专业服务的需求是客观的，是长期存在的，也是动态变化的。作为专业机构，必须要能沉下去、贴上去，和企业交朋友，和企业共命运，帮助企业发现问题，解决问题，尤其是要帮助企业科学合理地运用期货市场的专业化工具，提示风险、规避风险、创造利润，进而实现高效经营。唯有如此，方能吸引客户，留住客户，与客户一起成长。

其次，期货公司需为客户提供有价值的服务。作为专业服务机构，期货公司在资金上并不具备太高的竞争力，那么如何提供有价值的服务就是期货公司必须思考并解决的问题。期货公司必须加强专业人员的吸引和培养，必须加强在研究工作上的投入，必须加强和实体经济的联系，必须加强对优势品种及其产业链的调研，必须加强期货风险管理子公司的业务拓展及子公司业务对期货公司传统业务的支持。同时，迈科期货在以上项目的实际操作过程中也存在对实体企业的需求未能充分理解并完全支持到位的问题，而且由于期货公司自身资金实力有限等原因，对实体企业的支持力度有待进一步提升。

最后，在目前全球疫情难以短期内完全控制的情况下，建议各交易所及期货公司对因疫情导致经营环境恶化的重点企业，进一步加大扶持力度，落实扶持方案，降低企业交易成本和运维成本，提升实体企业利用期货市场渡过疫情危机的能力，从而更好地实现金融服务实体经济。

案例 54

金瑞期货：定制鸡蛋看跌期权，助力养殖企业抗“疫”攻坚

一、项目背景介绍

2020 年暴发新冠肺炎疫情后，全国人民投入到这场紧张的抗“疫”行动中。受疫情影响，整个实体经济遭遇巨大冲击，其中，养殖行业更是一度陷入低迷，位于江西省国家级贫困县修水县的江西某农业发展有限公司（以下简称“该企业”）是一家蛋鸡养殖企业，疫情期间由于终端消费下降且物流受到管制，鸡蛋库存滞销严重，库存面临贬值风险，进而导致该企业流动资金紧张，收入无法保障，陷入生存困境。

金瑞前海资本管理（深圳）有限公司（以下简称“金瑞资本”）是江西铜业集团控股子公司，为响应国家共同扶贫、积极抗“疫”的号召和中国期货业协会“发动期货行业力量，众志成城抗击疫情”的倡议，金瑞资本主动作为，积极协助该企业管理鸡蛋价格下跌风险，帮助该实体企业排忧解难，共克时艰，为尽早夺取抗击疫情战役的胜利贡献期货力量。

二、项目开展情况

（一）项目简介

平常，该企业的产品都是以市价进行销售的，而疫情背景下蛋品需求处于尚未复苏的阶段，餐饮、酒店、农贸市场关闭，鸡蛋销售不畅，库存

堆积，加之鸡蛋有保质期短的特点，鸡蛋养殖企业不得不选择降价亏本出售。出于帮助企业规避库存贬值风险，并强化方案保值力度的考虑，金瑞资本经过与该企业进行充分沟通，最终将风险管理方案确定为：买入为期一个月、数量500吨的增强型亚式看跌期权。

（二）服务方式及原理简介

在新冠肺炎疫情期间，金瑞资本反复与该企业进行密切沟通，梳理并确认该企业的真实需求，为其提供鸡蛋库存保值的全流程服务。在方案确认后，金瑞资本更是免费为该企业提供了一笔鸡蛋看跌期权，最大限度地减轻该企业在疫情期间的经营压力。

看跌期权方案原理：当鸡蛋价格下跌时，该企业现货端库存贬值，但期权端可获得期权卖方即金瑞资本的赔付，从而弥补库存贬值损失；当鸡蛋价格上涨时，期权端无赔付发生，但企业库存可享受现货的升值红利。

（三）具体操作流程（见图1）

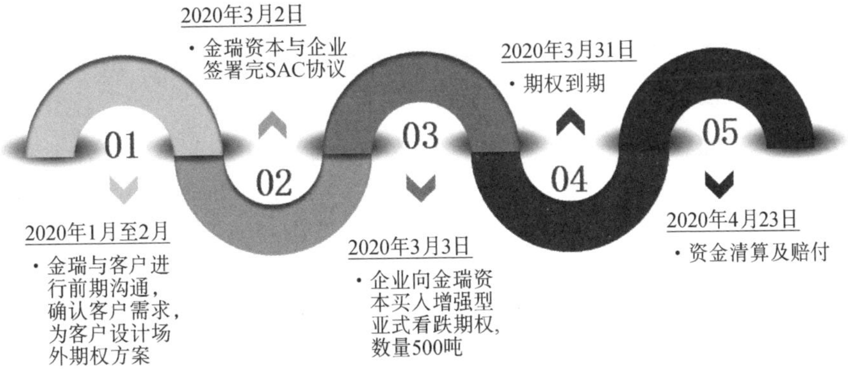

图1　具体操作流程

第一步：金瑞期货营业部、金瑞资本与该企业进行前期沟通，充分了解需求。

第二步：金瑞资本与该企业签署SAC协议、帮扶协议等。

第三步：期权端进场，出具交易确认书。

第四步：期权到期，出具清算确认书。

第五步：依据清算情况，将赔付款按照协议约定按期汇至该企业指定账户。

（四）合同要素展示（见表1）

表1　　合同要素

项目存续时间	2020年3月3日—2020年3月31日
保障规模（吨）	500
入场价格（元/500千克）	3 441
执行价格（元/500千克）	3 441
结算价格（元/500千克）	3 191. 2857
赔付公式	当标的合约当日收盘价低于或等于3 441元/500千克时，以当日收盘价计入平均值；当标的合约收盘价高于3 441元/500千克时，以3 441元/500千克计入平均值，最终计算得到结算价格 金瑞资本赔付客户＝（执行价格－结算价格）×数量
理赔情况	249 714. 3元

2020年3月3日，金瑞资本根据前期的沟通与调研情况，免费向该企业赠送了一笔500吨的平值看跌期权。在保障期满时，于3月31日以3 193. 29元/500千克的价格进行结算，最终通过风险对冲为企业实现了249 714. 3元的赔付，并将赔付款根据协议规定，按期划拨至该企业的指定账户。

三、项目成果

本次项目结束后，风险管理效果得到了该企业的高度认可。本次项目是该企业首次接触的创新型金融工具。通过本次项目的实施，该企业认识到了创新型金融工具在风险管理方面发挥的功能，并且也开始着手培养自己的相关专业人才，搭建专业套保团队。该企业表示，希望将鸡蛋场外期权等金融衍生品工具与其现货业务结合起来，提高库存管理和销售管理能力，最终提升企业整体的行业竞争力。

四、总结与建议

（一）总结

本次项目的开展有效地帮助了实体企业解决了库存保值问题，减轻了疫情期间库存贬值给实体企业经营带来的不利影响，对企业实现疫情期间的稳定生产、平滑利润起到了重要作用。

金瑞期货及其风险管理子公司在项目运作过程中积极发挥期货行业的专业优势，切实担负期货公司的社会责任，通过持续不断的高效履职，达成了金融行业服务实体经济的又一次成功实践。

（二）思考

本次项目挂钩大商所鸡蛋主力合约，期货市场合约价格波动与企业实际面临的现货市场价格波动的不同步可能导致基差风险，而该风险目前尚无法完全消除。因此，希望后续期现两市可以深入配合，互联互通，通过现货市场引入期货价格基差定价模式、期货市场提高流动性或设计基差合约的方式，逐步消除基差风险在实体企业风险管理中的不利影响。

案例 55

华西期货：期权服务抗疫，助力钢企渡难关

一、项目背景介绍

2020 年初，一场突如其来的新冠肺炎疫情向全国蔓延。此次疫情传播速度快，感染范围广，防控难度大，给世界经济造成了较大冲击。受疫情影响，大宗商品市场波动剧烈，企业套保困难，给生产经营带来了极大挑战和困难。尤其是对于商贸公司，更加急需金融工具来保障公司利润以求得生存和发展。

2020 年春节假期后 2 月 3 日开盘，国内黑色系商品期货几乎跌停，之后一路反弹，黑色系成材反弹幅度约 15%，短期内如此巨大的振幅给螺纹贸易企业——四川聚义商贸有限公司（以下简称“聚义商贸”）的生产经营造成了困扰。虽然近期国内疫情状况已经好转，但是建筑业形势仍然不太明朗。一方面，各个企业响应国家号召，积极复工复产；另一方面，疫情会长期存在的客观事实又给建筑业带来了挑战。因此，在供需情况未知的条件下，螺纹钢作为重要的建筑材料，其价格出现了大幅度的波动，这也为聚义商贸经营螺纹钢的工作带来了巨大的挑战和风险。

为积极履行国有企业的社会责任担当，华西期货有限责任公司（以下简称“华西期货”）联合风险管理子公司华期创一成都投资有限公司（以下简称“华期创一”）在全国上下万众一心阻击疫情的关键期间，积极为聚义商贸的螺纹钢贸易量身定制风险管理方案，为疫情防控、复工复产纾困解难，共渡难关。

二、项目开展情况

（一）服务方式及原理简介

根据企业的实际需求情况，华期创一主动为聚义商贸免费提供了一份“区间累积期权”，即一种以双边价格区间为参考从而进行风险管理的金融衍生品工具。一般来说，该种期权卖方可在合约期间锁定挂钩资产在期货市场价格变动的上下限，并在期货价格变动的区间内，按照一定的利率以及时间累积制度对客户进行赔付。此策略可以帮助客户在日常经营中稳定而有效地对冲市场风险，把市场风险对企业的冲击限制在可控范围内。

本次期权的存续期为一个月，华期创一在合约 RB2010 中锁定螺纹钢在期货市场价格变动的上下限：上限为 4 420 元/吨，下限为 2 380 元/吨。只要期权存续期内合约锁定螺纹钢期货价格未突破 4 420 元/吨与 2 380 元/吨，聚义商贸都可获得华期创一的赔付，且随着期货价格在区间内天数的增加，赔付额也逐步增加。期权项目要素见表 1。如果螺纹钢价格小幅振荡，华期创一就会给企业一定的赔付来增大企业的运营利润，保证企业顺利挺过疫情给实体产业带来的冲击。

（二）具体操作流程

2020 年 4 月 14 日，华期创一与聚义商贸双方就聚义商贸的经营状况、将要开展的风险管理活动进行了讨论。为了更加精确地为聚义商贸提供风险管理服务，华期创一公司选择在螺纹钢市价为 3 400 元/吨时进场，这个价格相对合理，有利于企业获得贸易利润，也有利于华期创一公司进行风险管控。

在签订合约之后，华期创一持续进行风险管控，确保在合约存续期内，企业稳定地收到应得的赔付，从而帮助其管控成本风险。具体操作流程见图 1。

（三）合同执行情况

2020 年 4 月 14 日，华期创一免费赠送聚义商贸标的为螺纹钢 RB2010

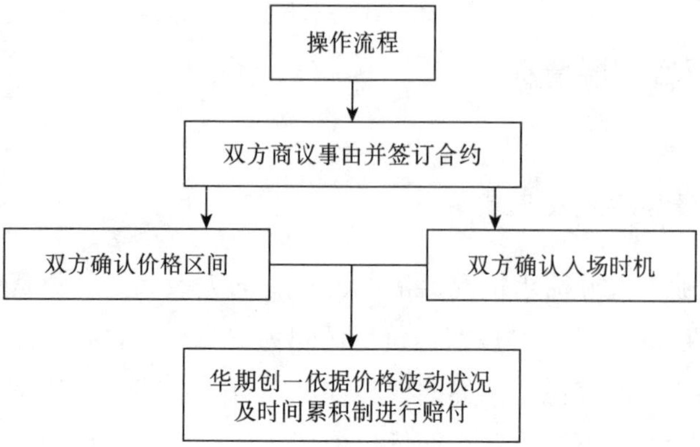

图1　具体操作流程

合约的区间累积期权。合约数量为 1 470 吨，进场价格为 3 400 元/吨，共计 499.8 万元。

在合约存续期间，华期创一每日进行盯盘对冲，确保了合约的顺利进行与完成，并且时常与客户公司联系，了解其螺纹钢的生产经营情况。双方协同努力，保障企业的复工复产。

2020 年 5 月 14 日，合约到期并结算，合约标的螺纹钢 RB2010 的价格在存续的 30 天内均在划定的价格区间内变动。按照合约计算，华期创一最终向聚义商贸赔付 49 980 元。

表1　项目要素

期权买方	四川省聚义商贸有限公司
期权卖方	华期创一成都投资有限公司
合约类型	区间累积期权
标的物	上海期货交易所螺纹钢 RB2010 合约
期权起始日	2020 年 4 月 14 日
签约行情价（元/吨）	3 400
期权到期日	2020 年 5 月 14 日
区间上限（元/吨）	4 420
区间下限（元/吨）	2 380
期权费合计（元）	0
卖方向买方赔付金额（元）	49 980

三、项目成果

该项目是期货行业支持抗疫工作的实践，为推动与疫情高度相关的企业利用场外期权进行风险管理提供了宝贵的经验。

对于生产经营而言，该企业在合约存续期内，达到了螺纹钢生产贸易的自身既定目标，不仅在疫情期间为该公司带来了期望的利润，同时在合约结束时，这些交付给其他企业的螺纹钢也按时被用于建筑工程，保证了工程进度，从而促进了整个产业链的发展。

对于风险意识而言，此项目卓越地表现了期货期权等金融衍生品对实体经济服务的作用，让实体企业家们认识了其重要性，引导他们逐渐以衍生品作为转移市场风险的重要工具，使实体经济更加稳健地创新、升级、发展。

四、总结

以螺纹钢为首的黑色系商品与国内宏观经济关系密切。过去十几年，投资为主导的经济发展方式带动了我国钢铁产业的快速发展，螺纹钢等钢材品种的产量和消费量都出现了大幅提升。螺纹钢是我国最重要的钢材品种之一，主要用于房屋、桥梁、道路等土建工程建设，是不可或缺的结构材料，其与基建投资、房地产投资关系密切，人们常将螺纹钢价格视作观察国内经济运行状况的指标之一。因此，螺纹钢产业对实体经济和金融市场的发展具有双重意义。针对螺纹钢品种的风险控制举措，不仅保证了聚义商贸不遭受重大损失，也实现了良性的连锁效应——使整个地方性的建筑产业链避免了因上游材料供应商的风险而承担巨大的压力，进而避免了更深层的不稳定动态。

五、总结与思考

服务实体经济既是金融企业的初心使命，也是证券期货公司的职责所在。“授人以鱼不如授人以渔”，在金融服务实体经济的领域，如何把“输血”变为“造血”是一个长期的课题。后期，华期创一将继续为更多的企业提供原材料及产品的风险管理服务，让企业无后顾之忧地投入生产，齐心协力共渡“疫情”难关，以实际行动践行国企担当。在今后的工作中，华西期货也会继续以服务实体经济为己任，在纷繁复杂的市场变化中对冲风险，为实体经济的平稳高效运行做出贡献。对实体企业来说，不仅要把搞好自身生产发展放在首要位置，也要明确自身对社会经济的影响，加强学习金融知识，与金融机构合作，用专业、多样化的手段迎接外界的风险和挑战。

案例 56

安粮期货：锁定采购成本，金财汇顶助力抗“疫”

2020 年初，新冠肺炎疫情在我国暴发，安粮期货股份有限公司全资风险管理子公司金财汇顶投资有限公司（以下简称“金财汇顶”）积极响应中国期货业协会号召，贯彻落实各项疫情防控指示精神，勇于担当，主动作为，在充分了解企业客户需求及困境的前提下，引导合作，输入风险管理理念，帮助实体在疫情期间安然过关。

一、项目背景介绍

疫情暴发初期，国际原油价格经历了前所未有的大幅下跌，出现了历史罕见的负价格。这导致许多企业陷入资金链困境，大宗商品价格遭到重挫。针对疫情期间大宗商品价格波动剧烈的情况，金财汇顶主动出击，寻找、调研实体企业，共同探讨合作方案，积极推进方案落地，实现双赢。

通过调研，大型国有企业芜湖海螺型材贸易有限责任公司（以下简称“海螺型材”）为国内 PVC 大型生产商，受疫情影响及中美贸易摩擦的影响，该企业需解决原材料采购成本及产成品出口问题，通过协商，双方一致决定运用期货工具，实现该企业节约采购成本、降低价格波动风险的目标。

二、项目开展情况

（一）项目简介

金财汇顶与海螺型材于 2020 年 2 月 5 日确定合作方案，并将合作项目命名为“海螺型材 PVC 基差贸易业务方案”。而后，根据海螺型材的实际需求，双方确定交易标的为 VC 现货、PVC 期货主力合约，保障业务规模为 3.5 万吨，并采用 3 月至 12 月均匀交货的方式开展贸易。

根据确定的合作方案，双方签订了合作框架协议，并在双方确认的交易价格档位及对应数量进行基差贸易操作，避免承担单边价格风险。

（二）具体操作流程

第一步：金财汇顶与海螺型材签署合作框架协议，明确购销意向。

第二步：点价确认。当期货 V2005 价位到框架协议的档位点数（±10）时，金财汇顶即开仓档位点数对应的数量，将成交确认书给海螺型材确认价格。

第三步：签订销售合同。销售单价为成交确认价加 100 元/吨，同时，海螺型材按照约定付 15% 的保证金给金财汇顶。

第四步，配送货物。3 月 15 日以后，海螺型材按照采购计划给金财汇顶支付货款，并通知金财汇顶配送时间和配送地点，金财汇顶根据盘面和现货价差情况有序地进行采购并安排货物配送，采购的同时平仓期货相应的头寸。当进入 5 月交割月的时候，金财汇顶根据现货和期货的价差情况以及 5 月和 9 月的价差情况进行分析，按照如何对金财汇顶利润最有利或损失最小的前提进行期现调配。

（三）合同执行情况

在本方案中，年度合作总规模约定为 3.5 万吨 VC 现货，其中在疫情期间首次合同签订保障规模 7 500 吨，由金财汇顶利用期货工具帮助海螺型材锁定采购成本，具体见表 1。

表 1　节约成本情况　单位：元/吨

点价成本	现货成本（疫情期间）	现货成本（截止目前）	已实现节约成本
5 710	5 960 至 6 340	6 040	330

根据现货市场及期货盘面分析，金财汇顶可为海螺型材节约采购成本 250 元/吨至 630 元/吨，已实现节约成本 330 元/吨。截至 7 月末，已完成点价 2 963.5 吨，为客户节约采购成本 97.8 万元。剩余 4 536.5 吨待执行，

公司自身实现销售收入 1 442.73 万元，双方实现共赢。

三、项目成果

通过上述合作模式，金财汇顶帮助该企业解决采购价格不确定的风险，同时也帮助客户锁定了采购渠道与数量，让企业有更多的精力投入到下游销售与渠道维护中。

本项目的顺利实施，使海螺型材拥有了“主动”选择及锁定远期现货价格的能力，尤其对于运输周期较长或远期采购的货物，该企业可提前锁定未来 3 个月甚至更长时间周期内的采购成本，提高了企业资金周转效率，通过期货市场的价格发现功能有效规避了原材料价格风险。

而金财汇顶方面，由于一开始就锁定了自身销售价格，未来市场价格无论涨跌，其收益也已锁定在包含基差的固定利润中，圆满实现了期现双赢。

四、总结

通过此次合作，金财汇顶帮助实体企业规避了价格波动风险，提高了资金运转效率，得到了客户的高度认可，金财汇顶也已与该客户达成了战略合作意向。

通过本次项目的实施，再次证明了，在风险来临时，实体与金融相结合，既能应对风险，又能实现双赢。实体企业可以借助金融企业的专业优势化解风险，金融企业也可以借助服务实体的契机提升能力，希望此次合作后越来越多的金融机构能够主动投入到服务实体的行列中，也希望实体企业能够敞开心扉，接纳与金融企业的合作升级。

案例 57

长江期货：长江产业金融助力疫情背景下的蛋鸡养殖

一、项目背景介绍

自新冠肺炎疫情暴发以来，鸡蛋生产企业受疫情影响极为严重，由于饲料等原料的匮乏以及物流不畅、库存高企等原因，蛋鸡养殖产业面临很高的经营风险。其中，湖北作为最主要疫区之一，当地的蛋鸡养殖企业更是如履薄冰，急需合适的风险管理手段来保障养殖收益。长江期货及其风险管理子公司长江产业金融服务（武汉）有限公司（以下简称“长江金融”）作为武汉本土的专业金融机构，疫情发生后，积极响应中国期货业协会“发动期货行业力量，众志成城抗击疫情”的倡议，充分发挥自身优势，帮助产业客户渡过难关。经过前期充分的调研与沟通，长江金融于 2 月份向湖北某生态养殖场、湖北某农业股份有限公司和某家禽养殖专业合作社共 3 家蛋鸡养殖企业免费提供规模总计为 150 吨的鸡蛋亚式看跌类期权，利用金融专业工具帮助养殖企业化解疫情肆虐下的价格风险。

二、项目开展情况

（一）项目简介

新冠肺炎疫情暴发后，上述三家蛋鸡养殖企业突然陷入经营困境，前期已经生产的鸡蛋由于受市场惨淡、物流不畅等不利因素的影响。全都积压在仓库中，企业经营者可谓是有苦难言，心急如焚。为了及时扶助该3家企业渡过难关，长江期货携手风险管理子公司长江金融在第一时间主动作为，以免费赠送的方式为相关企业提供定制化的鸡蛋价格保障。

（二）服务方式及原理简介

这份免费的价格保障即长江金融向这三家养殖企业赠送鸡蛋亚式看跌类期权。这种期权式的保障可以理解为专业的金融机构所提供的一种价格“保险”，当商品价格下跌时，客户可以通过这份“保险”取得一定的价格补偿款，当商品价格上涨时，客户可以直接在市场中进行正常的现货交易。有了这份“保险”，在价格波动方向不明时，企业可以坦然地正常生产，不必再过多地顾虑市场价格的风险。

期权方案的标的最终选择了鸡蛋2005合约。鸡蛋2005合约作为主力合约，可以更好地反映近期鸡蛋市场的价格行情，减小基差过大所引发的期现价差风险。在期权方案的结构方面，经过长江金融与这三家企业的沟通协商，最终选取了亚式期权的结构。亚式结构是采用一段时间内的平均价格进行结算，可以更准确反映保障期间市场平均价格水平，也更符合客户实际出货情况。最后，经过充分的协商，期权方案的入场价格依据客户点价为准，并确定保障期限为1个月。

最后，在期权定价方面，长江金融利用Turnbull - Wakeman model对鸡蛋2005合约的算术平均路径进行对数正态的一二阶矩匹配，将几何布朗运动的算术平均路径近似为几何布朗运动的路径，然后再利用Black76 model的期权定价模型进行定价，从而得到解析近似模型。与此同时，长江金融还利用蒙特卡洛模拟对解析的期权定价模型进行校验和修正，以确保定价模型的合理、高效。

（三）具体操作流程

操作流程如图1所示，2月18日至19日，三家企业分别点价入场1个月期鸡蛋2005亚式看跌期权，采价期1个月，入场价格分别为3 350元/500千克、3 350元/500千克、3 448元/500千克，三家企业保障数量均为50吨。

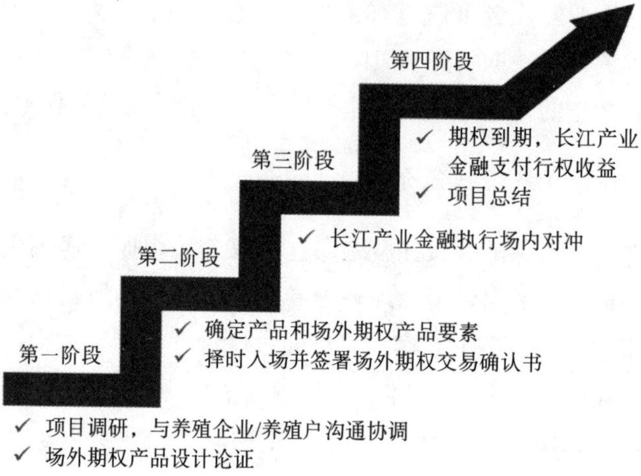

图1 具体操作流程

3月中旬项目到期，三家企业结算价分别为3 391.1元/500千克、3 391.1元/500千克、3 378.19元/500千克。为提高扶助效果，长江金融以结算价格与保底赔付孰高的方式对客户进行赔付，最终实际赔付三家企业总计约1.3万元，项目有关要素如表1所示。

表1 相关要素

客户编号	期限	入场价（元/500千克）	执行价（元/500千克）	保底赔付（元/500千克）	结算价（元/500千克）	实际赔付（元）
1	2020/2/18－2020/3/17	3 350	3 350	30	3 391.1	3 000
2	2020/2/18－2020/3/17	3 350	3 350	30	3 391.1	3 000
3	2020/2/19－2020/3/18	3448	3448	30	3 378.19	6 981

三、项目成果

本次项目为各家实现了共计1.3万元的赔付收益，得到了这三家企业的肯定和积极配合，验证了亚式期权产品在农业生产价格风险管理中的作用，是新型金融工具在农业经营风险控制中的一次有益的经验积累，为结合社会各界力量共同抗击新冠肺炎、维持经济稳定运行起到了良好的示范作用。

四、总结与建议

（一）总结

本次项目是长江期货携手长江金融积极响应中国期货业协会“发动期货行业力量，众志成城抗击疫情”的倡议，充分发挥自身优势帮助产业客户战“疫”克难的一次有益尝试。实体企业在本次项目中获得了1.3万元的赔付，深化了对场外期权这一新型风险管理工具的认识，为双方后续风险管理业务的进一步合作打下了良好的基础。鸡蛋场外期权是长江金融场外衍生品交易的重点品种之一，本次捐赠期权项目的顺利实施，再次为期货公司及其风险管理子公司积累下了金融服务实体经济的宝贵经验。

（二）思考

目前，鸡蛋期货没有场内期权，疫情期间鸡蛋期货波动较大，用期货对冲时非线性风险较大。建议各期货经营机构努力提升自身本领，以创新促发展，以自身本领践行初心使命，服务实体经济。

且本次项目保障的是鸡蛋2005合约，如果期货市场有逐月活跃的合约，保障效果可能进一步提高。希望后续交易所可以在突发事件来临时调整合约设置，以便更好地帮助实体经济化解风险。

（三）建议

鸡蛋期货没有场内期权，鸡蛋期货波动较大，所以非线性风险较大，如果能引入场内期权，可以大大降低对冲损耗，提高赔付率，增强保障效果。因此，建议加快场内期权品种的设置，充实期货市场对冲工具。

另外，场外期权需进一步推广宣传。产业客户对于场外期权的认知和把握能力的高低，对于推动项目前期进展和完成后期赔付十分重要。希望行业机构进一步加大期货、期权等金融产品相关知识的培训和宣讲，多举办相关会议，使广大产业客户更好地认识和接受这种风险管理工具。

案例 58

兴业期货："保险 + 期货"助力抗"疫"保民生

2020 年 1 月以来，我国湖北地区受到新冠肺炎疫情的严重影响，人民群众的生产生活面临巨大挑战，其中养殖业由于交通受阻等原因，受到较大冲击。在此背景下，兴业期货于 1 月 21 日与中国太平洋保险股份有限公司湖北分公司达成合作，由兴业期货全额出资，免费为湖北省麻城市（县级市）、湖北省黄冈市蕲春县两个国家级贫困县的两家农业合作社赠送了 5 000 吨鸡蛋的投保价格险，保险金额逾 3 315 万元。在疫情影响下，鸡蛋价格出现了下跌，在本项目的帮助下，麻城市鹤鸣农产品开发有限公司和蕲春强新养殖专业合作社两家农业合作社获得了共计 32. 86 万元的赔付，一定程度上减少了疫情对当地贫困农户造成的经济损失，保障了疫情期间当地的养殖收入。

一、项目背景介绍

麻城市位于湖北省东北部，黄冈市北部，面积 3 747 平方公里，人口 126 万人；蕲春县位于湖北省东南部，面积 2 397. 6 平方公里，人口 110 万人。新冠肺炎疫情给两地造成了较大影响。截至 2 月 18 日，麻城市共确诊新冠肺炎 240 例，死亡 5 例；蕲春县共确诊 265 例，死亡 3 例。疫情期间，为防止疫情蔓延，两地均实行了严格的交通管制，蛋鸡养殖户在饲料供应和鸡蛋销售渠道上都面临较大的困难，鸡蛋库存积压严重，鸡蛋价格大幅下跌，养殖企业迎来了严峻的生存挑战。据了解，2019 年 12 月，湖北地区鸡蛋现货价格约为 4. 5 元/500 克，而 2020 年 2 月初，价格仅为 2. 5 元/

500 克左右。蛋鸡养殖户因缺乏专业的风险管理手段，只能眼睁睁地看着鸡蛋价格下跌而无可奈何，完全破坏了他们春节期间的喜悦氛围。

二、项目开展情况

在疫情早期，兴业期货了解到相关情况，积极联系中国太平洋保险湖北分公司，紧急推动两县鸡蛋“保险 + 期货”项目的落地，最终于 1 月 21 日完成麻城及蕲春两地 5 000 吨鸡蛋价格险的投保工作，保险金额逾 3 315 万元。兴业期货出资 74.5 万元，通过鸡蛋增强型亚式期权保护鸡蛋价格下跌对农业合作社造成的损失，由兴业银期商品贸易有限公司利用场内期货进行专业的风险管理交易，转移增强型亚式期权的价格风险。值得一提的是，本次“保险 + 期货”项目于 1 月 21 日落地，先于湖北多地大规模交通管制的时间点，随着疫情的扩散、鸡蛋价格的下跌，“保险 + 期货”在一定程度上缓解了麻城市和蕲春县两地蛋鸡养殖户的燃眉之急，及时地保护了农业合作社的经济利益。本次鸡蛋“保险 + 期货”模式见图 1。

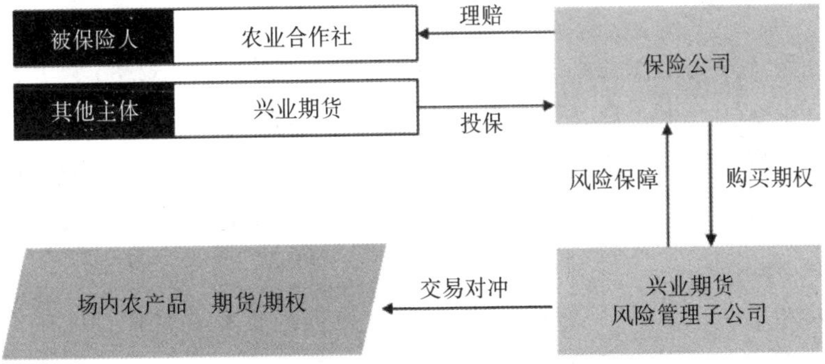

图 1　本次鸡蛋“保险 + 期货”业务模式示意图

此次“保险 + 期货”项目挂钩鸡蛋主力合约，以保险期间每日挂钩标的收盘价的均值为结算价格，并对结算价进行增强（见图 2），每吨鸡蛋增加 6 元。最终该收入险于 2 月 20 日到期，在疫情最严重的 2 月，为麻城和蕲春的农业合作社以及相关农户赔付了共计 32.86 万元的民生保障。

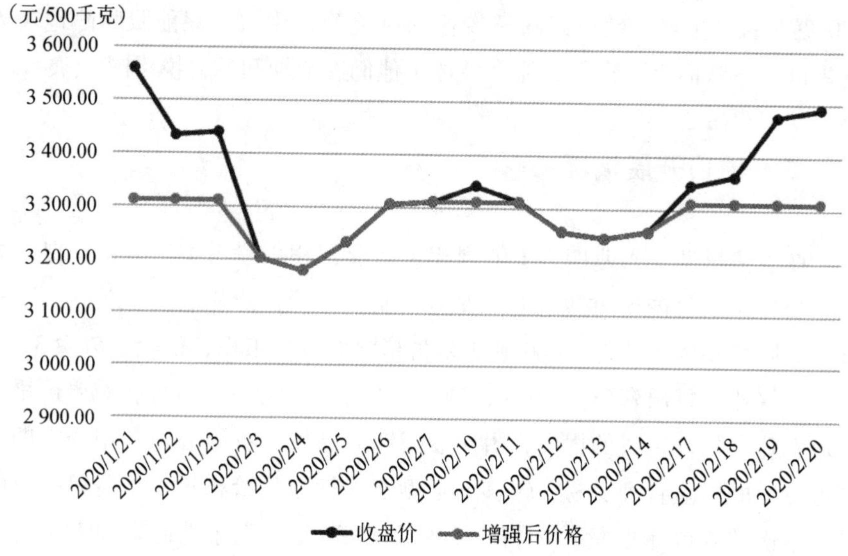

图2　保险期间鸡蛋期货主力合约每日收盘价及增强后价格示意图

三、项目成果

随着2月鸡蛋保险到期，两家合作社获得赔付共计32.86万元，惠及建档立卡贫困户134户，兴业期货为湖北地区农业合作社和贫困农户提供了切实的资金援助，起到了雪中送炭的效果，与兴业银行一起成为保障当地民生的坚强后援，为抗“疫”胜利和脱贫攻坚工作做出了积极重要的贡献。

此外，本次鸡蛋价格指数保险的赔付也提高了农业合作社的主动风险管理意识。在后续的回访中，两家农业合作社都表示，愿意在未来自筹一定比例的资金，参加“保险+期货”项目。

四、总结与建议

在新冠肺炎疫情的大背景下，兴业期货切实履行社会责任，不仅积极联系保险公司，推动“保险+期货”项目落地，还全额支付了保险费用，以高度的政治觉悟和卓越的专业能力，为湖北抗击疫情做出了实质性的贡献。本次“保险+期货”项目共实现了32.86万元的赔付，通过市场调节的手段，缓解了疫情对这两家农业合作社及某些贫困农户造成的冲击。疫情期间，“保险＋期货”项目不仅给帮扶对象带来了切切实实的经济利益，还以实际效果增强了帮扶对象的风险管理意识，更有助于向社会宣传“保险＋期货”业务模式的现实意义。

本次“保险＋期货”项目由于事出紧急，主要的关注点在及时推动项目落地、落实赔付上，对于“智力扶贫”这方面有所忽略。建议今后行业机构以及相关管理部门能够鼓励期货公司、保险公司积极地与各地政府部门建立长效的合作机制，形成对相关产业长期、无择时的风险保护。同时，建立“保险＋期货”项目回访机制，主动了解项目对被保险人的生产、生活的具体影响，认真听取他们的建议。同时，建议行业机构能积极推动农业及其他相关产业生产经营者主动进行风险管理，提高风险管理意识。若“保险＋期货”业务模式能够实现市场化转型，既可以降低国家财政的负担，又可以促进我国农产品及相关产业衍生品市场的蓬勃发展！

案例 59

宏源期货：巧用基差贸易解难题，服务实体企业抗疫情

一、项目背景

自 2018 年中美贸易摩擦以来，美国对中国的纺织品、服装的关税政策频繁变动，使国内棉纺织产业链经受了沉重打击，原料棉花半成品棉纱的价格也随政策“变脸”而剧烈波动。2020 年春天，新冠疫情的暴发又促使国内外棉纺织行业先后停工停产，闭商闭市，使得整个行业雪上加霜，遭受内需和出口的双重打击。在这种价格动荡的环境下，做好原材料棉花和产成品棉纱的价格风险管理，对于棉纺织企业来说，是关系到企业生存发展的决定性因素。

二、项目开展情况

（一）项目简介

中国国投国际贸易广州公司（以下简称“国投广州公司”）是集棉花生产加工、棉花贸易、棉纱生产、棉纱进口贸易于一体的综合性棉纺织龙头企业，2019/2020 生产年度在新疆承包经营的棉花生产加工量超过 10 万吨，在全国各地的棉纱生产产能超过 50 万锭，生产用棉年采购量超过 8 万吨。

国投广州公司作为棉花、棉纱加工与贸易一体化的企业，每年在新疆

投入巨大的资金和人力物力进行籽棉收购，以保障棉花的加工质量符合自身棉纱工厂生产的质量要求。棉花加工部门根据棉籽的收购价格和加工费核算生产成本。棉花销售价格越高，加工利润越高，而棉纱生产部门则根据棉花的采购成本和加工费核算生产成本，在棉纱价格不变的情形下，棉花采购价格越低，棉纱生产利润越高。企业内部两个生产部门的价格管理目标刚好相反，由于独立核算，两者往往无法在同一时间内达成一致的内部结算价格。

疫情发生后，国内采取停工停产、闭商闭市等严格防疫措施，可以预见，国内的消费品需求会受到严重冲击，棉花价格将大幅下跌。棉花加工部门此时希望在高价位套保销售全部棉花以兑现加工利润。而棉纱生产部门则面临多重困难，一方面是国内复市未明、国外疫情波澜再起，棉纱是否有订单及价格如何都是未知；另一方面，前期生产的棉纱库存无法销售，占用资金，同时，因疫情防控需要，春节后安排工人进厂隔离后实行封闭式管理，考虑到连续生产才能将单位产品运营成本降至最低，所以必须继续连续生产。这种情况下，棉纱生产部门需要一种能够在棉纱实际销售时再对原料棉花进行定价，同时又能让原材料棉花源源不断地进厂保障连续生产的价格管理工具。

（二）服务方式及原理

根据该企业的实际需求，宏源恒利推出了定制化的风险管理服务方案。项目方案为基差贸易与仓单服务相结合的风险管理服务模式。宏源恒利向国投广州公司棉花部门采购棉花，帮其锁定棉花加工利润，采购价格按棉花期货近月主力合约进行定价，如“CF2005 + 基差 A + 质量升贴水”，“基差 A”按宏源恒利采购货物并持有至近月主力合约 CF2005 交割日的资金利息加仓储成本等进行计算。宏源恒利向国投广州公司棉纱生产部门按照棉纱实际销售时，根据棉纱订单的销售价格和利润预期进行点价，具体价格按“CF2005 + 基差 B + 质量升贴水”进行定价，“基差 B”参照对应批次棉花采购时的“基差 A”加上期间持有费用。期间持有费用为宏源恒利持有该批次棉花对应时间的资金利息和仓储成本等费用的总和。

（三）操作流程

国投广州公司棉花加工部门按“CF2005 + 基差 A + 质量升贴水”先向

宏源恒利销售棉花。例如，2 月 10 日交付一批棉花，在 13 100 元/吨时点价（宏源恒利在 CF2005 开仓卖出），“基差 A”为 2 月 10 日到 CF2005 交割日 5 月 21 日的持有费用，约为 -300 元/吨，则该批棉花按“13 100 - 300 + 质量升水”的结算价格实现棉花销售，宏源恒利向国投广州公司支付全额货款，国投广州公司向宏源恒利开具增值税发票，一笔棉花销售的交易完成。

而该公司棉纱生产部门则根据订单生产需要回购棉花。例如，4 月 10 日回购上述批次，并在 11 100 元/吨点价（宏源恒利在 CF2005 平仓买入），宏源恒利计算 2 月 10 日至 4 月 10 日的期间持有费用为 180 元/吨，则销售给国投广州公司的“基差 B”为 -300 + 180 = -120 元/吨，棉花回购价格为“11 100 - 120 + 质量升水”，采购成本相比 2 月 10 日的销售价格节省 1 820 元/吨。宏源恒利通过销售“基差 B”与采购“基差 A”的差额 180 元收取固定的服务费率，主要覆盖资金占用利息及仓储费用。

（四）项目执行

截至 2020 年上半年，国投广州公司棉花加工部门与宏源恒利共签订 28 份销售合同并执行点价，实现约 4.3 万吨皮棉销售，销售点价在 12 700 元/吨以上，实现回款 5.35 亿元。国投广州公司棉纱生产部门分 132 批次与宏源恒利签订合同并点价采购合计 30 110 吨/吨棉花用于生产，采购点价在 12 300 元/吨以下，其中一部分通过先付暂定款后点价结算的方式延迟结算，使棉花采购点价时点与棉纱销售时点相匹配，便于锁定生产成本及销售利润。

2020 年 1 月至 5 月中国棉花价格指数及 CF2005 合约结算价格情况见图 1。

三、项目效果及分析

2020 年 2 月 3 日，在经历了一个非常特殊的春节之后，尽管大部分城市仍实施出行管制，鼓励居家办公，但国内金融市场仅延期一天便复工复盘了。开盘后，期货市场棉花价格快速下探，后因东南亚棉花种植区域蝗虫灾害的影响，期棉价格回升到接近春节前的价格，给棉农和加工企业带

图 1　中国棉花价格指数：328 级及郑棉 CF2005 合约结算价

来寒冬中的一丝暖意。宏源恒利与国投广州公司紧密配合，把握棉花期货价格回暖的良好时机，先后共签订了 15 份合同，在疫情期间实现近 43 000 吨新棉的点价销售与结算，总体点价销售均价在 13 000 元/吨（含质量升水）以上，较好地锁定了棉花加工利润。

随后国外疫情快速传播，尤其是日韩、欧洲、北美等中国纺织品出口的主要目的地都逐步提升了疫情防控等级，实施社交隔离的防疫措施。纺织品、服装的出口订单停顿，出口需求坍塌下滑，棉花期货价格一度跌破 10 000 元/吨的大关，创出该期货品种上市以来最低价格。

此时，经过全国人民的艰苦奋斗，我国疫情防控取得成效，工作重心转至逐步恢复社会经济秩序与疫情防控两手抓上面，国内服装需求出现好转，棉纱需求有所恢复。在此情况下，国投广州公司的棉纱加工部门，根据生产订单的价格和数量，开始在合适的价位进行点价，分批从宏源恒利回购棉花原材料，锁定了棉纱生产利润。

宏源恒利的基差贸易风险管理方案不仅帮助棉花加工部门在上市季节将棉花全部销售出去，还帮助棉纱生产部门按照销售订单的时间和销售价格锁定了棉花采购成本。无论是宏源恒利还是国投广州公司的棉花加工部门或者棉纱生产部门均规避了棉花价格单边波动带来的风险，达到了项目设计的预期目的。

四、总结与建议

宏源恒利在2019/2020生产年度共向新疆棉花加工实体企业收购棉花11万吨，向边疆农业输送收购资金超过15亿元，为加工企业在贸易摩擦大背景下实现棉花销售价格合理、回款及时的目标，实现农民、加工企业、收购商多方共赢。国投广州公司的经营层称，宏源恒利量身定制的风险管理服务方案让公司困扰已久的跨部门棉花定价及疫情期间棉纱库存占用资金等难题迎刃而解，业务团队的办事效率之高和服务之专业令人印象深刻，是实体企业的好帮手。

风险管理子公司作为期货经营机构践行“金融服务实体”“精准扶贫”的直接抓手，既向实体企业提供了资金支持，降低了融资成本，又帮助产业客户管理了价格风险，锁定了成本与利润。宏源恒利的发展离不开实体企业的发展壮大，风险管理子公司作为中国证监会监管体系下离实体经济最近的主体，期待承担更多金融服务实体经济的重任，也希望监管机构能给予更多的支持和更大的发展空间。

案例 60

华泰期货：未雨绸缪，规避棉花动荡行情极端风险

一、项目背景介绍

江苏地区一大型贸易商从事纺织原料及产品、化工原料及产品等大宗商品的购销，年贸易额超 18 亿元，企业通过网上交易，减少交易环节，降低了交易成本，解决传统棉花贸易中的信息不对称、价格不透明、沟通不畅等问题，以极具市场竞争优势的棉花资源与价格及专业的售前售中售后，服务于中国棉纺企业，推动棉花行业的转型升级。进入 2020 年 1 月下旬，棉花价格高位回落，该贸易商计划逢低在春节后进行采购，节日期间的风险成为关键因素。一方面，贸易商不想放弃低位采购的良机；另一方面，当时疫情已有蔓延态势，后市不确定性非常大。采用期货套保，还是采用场外期权套保，企业面临关键选择。

二、项目开展情况

（一）服务方式及原理简介

华泰长城资本根据贸易商控制春节后棉花采购成本风险的需求，结合客户行情预期，为其制订了针对性的场外期权方案。贸易商通过场外期权策略，利用较少的资金控制了采购成本，并且成功规避了极端行情下的流动性风险。

企业买入棉花“三腿”看涨组合期权策略，组合由买入一笔实值和一笔虚值看涨期权、卖出一笔平值看涨期权构成。日后，若棉花价格大幅上涨，虚值看涨期权能给予企业充分的保护；若棉花价格小幅上涨，期权不产生收益，企业承担有限的成本上涨；若棉花价格小幅下跌，期权的亏损与现货采购节省的成本相互抵消；若棉花价格大幅下跌，期权的亏损有限，企业成本节省的潜力无限。在价格不确定性较高的环境下，此结构有助于企业低成本管理价格风险，并保留获取更多收益的可能性。

（二）方案设计

华泰长城资本通过签署 SAC 协议下的场外期权协议，已持续服务该企业一年多，品种覆盖纺织品上游相关品种。针对特殊时期企业提出的风险管理需求，华泰长城资本提供的初版组合方案设计为：客户买入一笔虚值看涨期权，卖出一笔平值看跌期权，买入一笔虚值看跌期权。此组合与实际操作的组合具有完全相同的损益结构，但是在临近到期且期价处于上述两笔看跌期权执行价之间的情景下，因行业规则对 delta 保证金的要求，客户占用的保证金将显著提高，极端情况下可能接近同等数量的期货保证金水平。华泰长城资本从客户降低资金管理难度的实际需求出发，修订期权结构，使客户期权持仓的理论最大亏损等于期初权利金，用稍稍提高期初资金投入的代价，消除了期间追保可能。

（三）合同执行情况

1 月 21 日，棉花 2005 合约价格为 13 854 元/吨，买入实值 250 元/吨和虚值 250 元/吨看涨期权，同时卖出平值看涨期权，期限为 38 天，组合总成本约为 349 元/吨，数量 5 000 吨，期限 38 天，到期日 2 月 28 日。春节过后，新冠肺炎疫情暴发使市场一时陷入恐慌，CF005 合约首日跌停，次日跳空至 12 130 元/吨低开，随后几日经历了快速触底反弹走势。期权组合策略在动荡的市场环境中帮助客户有效地限制了衍生品端的最大亏损，简化了资金管理，优化了套期保值效果，虽然权利金全部损失，但客户到期后获得了比起初低 1 674 元/吨（以标的期货价计）的采购机会。期权要素见表 1。

表 1　　期权要素

标的合约	CF005
期权结构	看涨三项式组合
保障规模（吨）	5 000
买看涨执行价 1（元/吨）	13 604
卖看涨执行价 2（元/吨）	13 854
买看涨执行价 3（元/吨）	14 104
到期日	2020/2/28
入场日期	出场日期
2020/1/21	2020/2/28
入场价格（元/吨）	出场价格（元/吨）
13 854	12 180
开仓权利金（元/吨）	平仓权利金（元/吨）
349	0
期权了结收益（元）	0

三、项目成果

企业通过场外期权组合策略，获得了利用期货工具套保所达不到的效果。主要包括：初始投入资金的节省、套保头寸亏损的控制及综合效果优化、持仓期间追保压力的消除、套保持仓在极端行情下的持续生效。从结果上看，期权策略在价格动荡的环境下，不但帮助贸易商控制了现货端风险，也避免了诸多衍生品端的风险，使得贸易商综合采购成本实现有效下降。

四、总结与建议

一是本案例体现了疫情暴发所引发的价格剧烈振荡环境下期权策略所发挥的作用，该策略有效地保护了贸易商，降低了资金压力，同时化解了期现两端的风险，帮助贸易商成功渡过难关，实现了稳健经营。

二是基于期货合约的场外期权产品，其损益与现货损益不可避免，仍会受到基差变化的影响，在极端行情下，该影响尤其突出，故而依然是影响实体企业利用期货期权工具进行套期保值效果的重要因素。基差波动的稳定需要期货交易所、相关行业的实体企业与期货经营机构的共同努力。

三是希望相关监管部门继续支持各风险管理公司开展现货相关业务，引导风险管理子公司进一步提升帮助产业客户管理现货价格风险的能力。作为服务对象的企业也期待风险管理子公司不断推出更多基于现货价格的风险管理服务。

案例 61

南华期货：含权贸易模式为豆粕企业排忧解难

一、项目背景介绍

内蒙古某企业（以下简称“客户”）成立于 2015 年 7 月，是由中粮集团、蒙牛集团等四方整合资源设立的一家“互联网 + 畜牧业”新兴企业。该企业平台的建立可快速加强牧场与供应商的协同交流，提升采购效率，缩短采购周期，降低企业采购成本，更精准地扶持牧业发展。

受疫情影响，大宗商品价格短期波动加剧，企业面临的价格风险上升。由于隔离管制措施的推行，交通物流部分受阻，企业采购原材料货源不稳，企业面临的不确定性风险增加，影响企业复工生产。

为帮助解决客户疫情期间饲料采购问题及规避市场价格变动风险，南华资本通过与客户的充分沟通与探讨，最终通过含权贸易为客户量身定制了个性化风险管理方案。

二、项目开展情况

（一）项目简介

疫情防控期间，南华资本主动与客户密切交流，深入沟通，了解到客户认为在近一个月（2020 年 2 月）的期限内豆粕价格下行的可能性较大，因此希望能够随行就市采购豆粕现货，降低采购成本。另外，由于受疫情影响带来的不确定性，客户希望能够锁定最高采购价格，稳定饲料采购，确保供应充足、连续。南华资本根据客户需求，最终与客户签订了含权贸易销售合同。

（二）服务方式及原理简介

客户与南华资本签订的是豆粕采购合同，合同结算价与大连商品交易所豆粕2005合约（M2005）期货收盘价挂钩，嵌套买入看跌期权，实现锁定最高采购价格，并在价格下跌时，随行就市，降低采购成本。

也就是说，当嵌套的期权到期时，如果豆粕期货价格上涨超过约定执行价，客户以合同约定的固定价格进行采购，相当于锁定了未来一个时期的最高采购价。如果豆粕期货价格低于约定执行价，客户可以直接以低价进行市场采购。

（三）具体操作流程

1. 含权贸易合同设计及签订

2020年2月12日，南华资本作为卖方与客户签订豆粕含权销售合同（合同编号为NHZB－S－M－200023），合同数量500吨。该合同嵌套豆粕看跌期权，挂钩标的为大连商品交易所豆粕期货2005合约（M2005），定价条款如下：

（1）期权到期日：2020年2月28日下午3点。

（2）期权入场价格：M2005合约价格为2 637元/吨。

（3）价格执行：期权到期日M2005合约收盘价格为P：

A. 如果P≥2 637元/吨，按最高2 820元/吨价格执行；

B. 如果P＜2 637元/吨时，按“2 820元/吨＋（P－2 637元/吨）”结算。

（4）期权提前解约：双方可在到期前协调提前解约，费用由买方承担，并计入最终结算价格。

2. 风险对冲

客户为合同采购方，南华资本为合同销售方，就是南华资本作为期权卖方，承担价格风险。因此，南华资本的期现业务部门作为客户的交易对手方，为对冲其自身价格风险，需通过买入标的相同、周期相同、数量相同、方向相反的场外期权进行对冲，即标的为 M2005 合约，进场价和执行价都为 2 637 元/吨，数量为 500 吨，期权费为 33.66 元/吨的豆粕期货看跌期权，具体见表 1。买方为期现业务部门，卖方为场外衍生品部门。最后，场外衍生品部门通过期货市场对冲风险，形成风险管理闭环。

2020 年 2 月 28 日，场外期权到期，M2005 合约收盘价格 P 为 2 616 元/吨，到期价格为 21 元/吨，具体见图 1。

表 1　交易要素

要素	明细
开始日	2020 年 2 月 12 日
到期日	2020 年 2 月 28 日
标的资产	M2005
进场价	2 637 元/吨
数量	500 吨
执行价	2 637 元/吨
权利金	33.66 元/吨

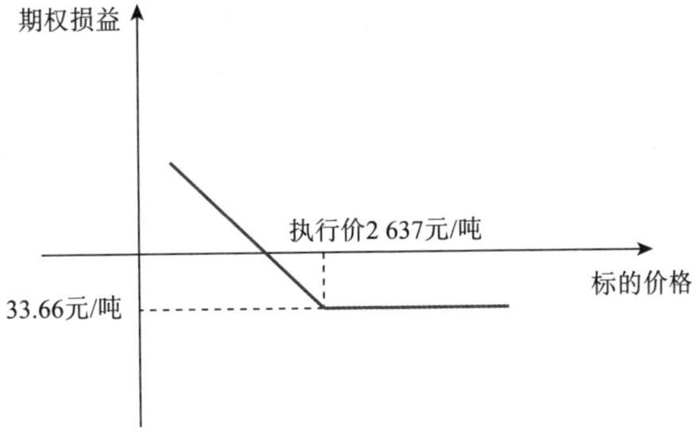

图 1　买入看跌期权到期损益

（四）合同执行情况

2020 年 2 月 28 日，豆粕 M2005 合约收盘价 P 为 2 616 元/吨，根据合同约定，当收盘价低于 2 637 元/吨时，结算价为 2 799 元/吨，即结算价 = 2 820 元/吨 +（P − 2 637 元/吨）。

最终，客户以 2 799 元/吨的价格采购了 500 吨豆粕，货款合计 1 399 500 元。客户的采购价格低于最高采购价格，较好地实现了客户的需求目标。

含权贸易流程见图2。

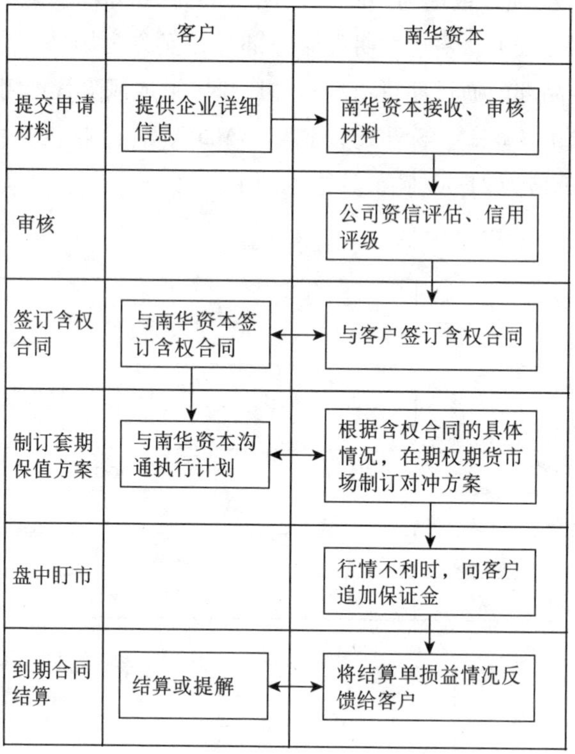

图2　含权贸易流程

三、项目成果

该含权贸易合同中，客户以2 799元/吨的价格采购了500吨豆粕，低于最高采购价格，较好地实现了客户风险管理的需求。

在生产经营上，客户将采购的豆粕直接销售给牧场，牧场利用牛奶来抵消货款，最终达到精准服务牧场的目的。在疫情防控期间，部分交通物流受阻，特别是有些饲料企业库存持续走低，此含权贸易合同的签订，一方面稳定了牧场原材料采购货源，降低其采购成本；另一方面解决了牧场部分牛奶的销售问题。

在风险意识上，该含权贸易业务的开展，大大提升了客户风险管理意识，为其生产经营提供了一种全新的管理思路，帮助实体企业突破传统被迫接受价格涨跌的局面，将金融衍生品工具嵌入贸易合同中。客户作为豆粕原材料的购买方，当豆粕价格上涨的时候，南华资本给客户的价格不涨（按照2 820 元/吨执行）；当豆粕价格下跌的时候，南华资本通过期权收益给客户一定的价格补贴。通过金融衍生品的引入，客户正逐步形成一种全新的、更具市场竞争力的经营模式。

四、总结与建议

（一）总结

该含权贸易合同创新了服务实体企业客户的模式，增加了客户黏性，稳固了现货客户群体。在疫情防控期间，公司利用其专业优势，通过发挥场外期权的风险对冲功能，有效实现服务“三农”。此项目创新了传统现货贸易模式，加入风险管理与服务的理念，其未来的推广意义重大。随着基差贸易模式与场外衍生品市场的逐渐成熟与紧密结合，相信以后会有更多的贸易商及工厂采取含权贸易模式。同时，南华资本在与客户的合作中也会不断优化方案，更好地为实体企业提供服务。

（二）建议

1. 该案例中的贸易合同仅将“单腿”期权嵌入，后期可根据客户多样化风险管理需求，为其设计不同的期权类型，比如双倍期权、跨式期权、“三腿”组合期权、障碍式期权等，能够切实有效解决企业生产经营活动中面临的诸多问题。

2. 建议在“三农”、扶贫脱贫等重点领域，推动金融机构合作，提供政策支撑与服务，使更多的金融创新工具能够应用到实体企业中。

3. 建议风险子公司拓宽服务领域，加大投资者教育力度，让更多客户了解场外衍生品业务，加强客户调研与拜访。

4. 持续提升风险管理子公司产品设计能力，结合企业状况，设计更贴近产业客户需求的风险管理产品，助其有效管理风险。

后　记

2020 年新冠疫情暴发以来，期货行业凝心聚力、践行使命，发挥风险管理专业优势，积极为实体企业提供服务，涌现出“口罩期权”“手套期权”等众多典型案例，有力地支持了各地实体企业抗击疫情、复工复产，为我国经济社会尽快恢复正常秩序做出了应有的贡献。

为记录期货行业在此次新冠疫情突发情况下的责任担当，宣传推广期货行业服务实体经济的经验，在中国证监会的指导下，从 2020 年 6 月开始，中国期货业协会向全行业广泛征集疫情期间有关助力抗“疫”复产的典型案例。征集工作得到了期货行业的积极响应。4 家期货交易所、38 家期货公司先后提供了 72 个真实案例。中国期货业协会对征集的案例进行了认真的审阅，最后筛选出 65 个典型案例汇集成书正式出版发行。

本书的出版得到了中国证监会和中国期货业协会各级领导的高度重视。方星海副主席亲自部署本书的编撰工作，期货部有关领导多次过问本书的进展，中国期货业协会洪磊会长对编撰工作提出了具体指导意见。案例征集过程中，各单位积极参与，踊跃报送典型素材。在案例修订过程中，中国证监会期货部三处、各期货交易所、期货公司及期货风险管理公司与协会高效沟通，密切配合，保证了案例内容丰富、真实。协会研究部具体负责本书的整理编辑工作，中国财政经济出版社负责本书的出版发行工作。

在此，向所有参与本书编撰工作的单位和人员表示诚挚的感谢，也特别感谢所有为抗“疫”复产工作辛勤奉献的期货经营机构和每一名期货人！

服务实体经济风雨无阻，让我们携手砥砺前行！

中国期货业协会

2020 年 12 月